Irene Hasenberg Butter

Wir hatten Glück, noch am Leben zu sein

Entkommen aus Bergen-Belsen

Unter Mitarbeit von John D. Bidwell
und Kris Holloway

Aus dem Englischen
von Uda Strätling

Schöffling & Co.

Kurzbiografien der erwähnten Personen
befinden sich am Ende des Bandes.

Deutsche Erstausgabe

Erste Auflage 2022

Originaltitel: Shores Beyond Shores: From Holocaust to Hope,
My True Story
Originalverlag: TSB, London 2019

Satz: Fotosatz Amann, Memmingen
Druck & Bindung: Pustet, Regensburg
ISBN 978-3-89561-539-9

www.schoeffling.de
www.irenebutter.com

*Zum Gedenken an meinen Papi, Held und Vorbild,
der alles gab, um seine Familie zu retten. Er wurde
uns genommen, als ich noch ein Kind war, gerade einmal
vierzehn Jahre alt. Doch seine Anwesenheit,
seine schützende und liebevoll lenkende Hand
habe ich ein Leben lang gespürt.*

Inhalt

Vorbemerkung 11

Glückliche Kindheit 13
Berlin und Amsterdam 1936–1940

Kriegsbeginn 45
Amsterdam 1940–1943

Gefangen 115
Durchgangslager Westerbork und
KZ Bergen-Belsen 1943–1945

Freiheit und Verlust 259
Schweiz und Frankreich 1945

Neubeginn 303
Auffanglager Jeanne d'Arc, Algerien 1945

Nachtrag 343
Kurzbiografien der erwähnten Personen 353
Dank 365

Vorbemerkung

Als ich 1945 an Bord eines Liberty-Frachters die Vereinigten Staaten erreichte, drängten mich die amerikanischen Verwandten, die mich aufnahmen, zu vergessen, was meiner Familie – was mir – während des Holocaust widerfahren war. Ich solle daran nicht mehr denken und auch nicht davon sprechen, meinten sie. Und weil sie die Erwachsenen waren, ich dagegen kaum fünfzehn, hörte ich auf sie. Ich schwieg vierzig Jahre lang. Wirklich frei wurde ich aber erst, als ich zu berichten begann, was mir als Kind geschehen war. Dies ist meine Geschichte.

Glückliche Kindheit
Berlin und Amsterdam 1936–1940

I

Ein rotes Dreirad und ein schwarzes Zickzack

Berlin, Sommer 1936

Geboren wurde ich als Irene Hasenberg, aber ihr könnt ruhig Reni sagen. Das taten schließlich alle. Ich hatte Glück. Ich wuchs mit meinem zwei Jahre älteren Bruder Werner bei meinen Eltern John und Gertrude Hasenberg und meinen Großeltern Julius und Pauline Mayer in einer großen, hellen Wohnung in der Nassauischen Straße 62 in Berlin auf, der strahlenden Hauptstadt Deutschlands. Eltern und Großeltern umgaben uns mit Liebe und vielen schönen Spielsachen. Mein liebstes war das rote Dreirad, das ich an meinem vierten Geburtstag bekam. Ich strampelte damit so schnell es ging durch den Park, sauste über die Gehwege und putzte danach auch immer brav die Reifen und den blitzenden Lenker.

Die jüdischen Feiertage und alle Geburtstage begingen wir zusammen mit verschiedenen Verwandten, versammelten uns mit ihnen am Esstisch, um die mehrzöpfige Challa zu verspeisen, unsere hebräischen Lieblingslieder zu singen und viel heiße Schokolade zu trinken. Wir hatten keine besonders schönen Stimmen, aber wen kümmerte das? Wir waren beisammen. Wir wollten ja keine Schallplatte aufnehmen! Als kleines Mädchen erlebte ich in Berlin herrliche Jahre, auch wenn sich Deutschland veränderte.

Aber was wusste ich schon davon? Ich war ja erst fünf.

Mein Opa und meine Omi hatten nicht weit von der Wohnung in Wilmersdorf einen kleinen Schrebergarten. An einem warmen Morgen meinte Opa, es sei ein prima Tag zum Aussäen, ganz besonders die Gurken und Radieschen, meine Lieblingsknabbereien. Wir zogen alle zusammen los. Es machte ganz schön Arbeit, die Erde umzugraben und Beete »anzulegen«. Behutsam betteten wir winzige, platte Samen in Weiß und kleine runde in Braun in den krümeligen Boden und deckten sie zu. Als ich mit meiner Reihe fertig war, guckte ich. Ich guckte und wartete sehr, sehr lange – bis die Erde oben an der Sonne trocken und hell wurde. Es geschah nichts.

»Reni, können wir los?«, fragte Papi.

»Lass uns noch auf die Knabbereien warten.«

»Da sind wir ja im Sommer noch hier!«, meinte Werner.

»Reni, es dauert eine ganze Weile, bis aus den Samen Gemüse wird«, erklärte Mutti.

»Was?«

Tränen kullerten mir über die Wangen. Opa kniete sich zu mir; seine Knie krachten.

»Nicht weinen, Kind. Das sind ganz besondere Samen. Sie wachsen sehr schnell, schneller als andere. Du musst nur etwas Geduld haben. Schaffst du das?«

»Ich versuch's ja.«

»Eine gute Übung.«

Daheim hatten Mutti und Papi eine Überraschung für uns: Wir würden in die Stadt in den Zoo fahren. Ich vergaß die Samen. Aber erst, mahnte Mutti, müssten wir uns frischmachen.

»Hab ich schon«, sagte Werner. »Gleich als Erstes.«

Es stimmte. Selbst seine Schuhe blitzten. Ich besah mir mein Kleid und meine Fingernägel. Überall Dreck. Ich klopfte mich ringsum tüchtig ab und schüttelte mir sogar die Haare aus.

»Fertig!«

»Von wegen, Reni«, sagte Mutti, packte meine Hand und schleifte mich ins Bad.

Sie schrubbte mich feste mit Wasser und Seife ab, wischte mir sogar die Ohren aus und drum herum.

»Du machst mich kaputt«, begehrte ich auf.

Mutti wickelte mich in ein großes Badetuch, drehte mich und rubbelte, als würde sie Kissen aufschütteln. Dann ging es ab ins Kinderzimmer, wo sie mich fein machte. Erst dann durfte ich endlich in die Diele laufen, wo Papi und Werner warteten.

»Ach, Reni, du bist auch da«, staunte Papi. »Vorhin war hier ein kleines Mädchen, aber ich habe es vor lauter Schmutz nicht erkannt.«

»Das war *ich*!«

Wir nahmen zum Zoo die große gelbe Straßenbahn, genau die, mit der Papi jeden Tag zur Arbeit fuhr. Automobile und Lastautos hupten und kurvten hin und her. Wo die hinfahren würden, wusste man nie, die gelbe Straßenbahn aber folgte immer derselben Spur und den Drähten darüber. Sie kam und fuhr zu festen Zeiten, also wusste ich stets genau, wann Papi zur Arbeit aufbrechen und wann er heimkommen wurde. Die knallgelbe Bahn war leicht zu erkennen; wenn ich aus einem der Wohnungsfenster schaute, konnte ich sie schon von Weitem kommen sehen und mich bereit machen, Papi gleich an der Tür in die Arme zu springen. Neulich hatte er gemeint, er kann mich kaum noch heben. So groß sei ich geworden.

Ich blickte auf Berlin hinaus. Es wimmelte wie Ameisen auf einer Picknickdecke.

»Mutti«, fragte ich, »was ist das schwarze Zickzack da?«

Es war überall: auf Fahnen groß wie Häuser, auf Lastwagen und Autos, auf Anziehsachen.

Sie meinte, das sei nichts weiter, also beugte ich mich zu meinem Bruder rüber und fragte den.

»Also ehrlich, Reni. Das ist ein Hakenkreuz«, sagte Werner.

»Was denn für ein Haken …?«

»Haken*kreuz*«, verbesserte er.

»Gut, die werde ich jetzt alle zählen. Eins, zwei, drei, vier, fünf …«

»Such dir etwas anderes, Reni«, befahl Mutti.

»Die vielen Banner und Fahnen sind für die Olympischen Spiele im August«, erklärte Werner.

»Was sind das für Spiele?«, wollte ich wissen.

»Ehrlich, Reni, weißt du denn gar nichts?«, meinte Werner.

»Ich weiß jedenfalls, dass es mindestens fünfzig Hack- … Zickzacke sind«, sagte ich und schielte rasch zu Mutti hin, um sicherzugehen, dass sie nicht mithörte. »Oder sogar mehr. Ich habe ganz viele gezählt.«

»Die Olympischen Spiele sind, wenn Sportler aus aller Welt kommen«, erklärte Werner. »Sie kämpfen um Medaillen. Ich habe gehört, dass Deutschland richtig viele holen wird, besonders die Turner und Leichtathleten. Das ist eine ganz große Sache.«

»Ja, ist es«, bestätigte Papi, »und wir beide, Werner, gehen hin.«

Ausnahmsweise fehlten Werner die Worte, er stammelte: »Is wahr?« Papi nickte.

»Und ich? Und ich?«, rief ich. »Ich will auch.«

»Wir beide gehen einkaufen«, sagte Mutti.

Na ja, so dringend wollte ich dann auch wieder nicht zu diesen Olympischen Spielen.

Wir gingen ans Tor zum Zoo, und ich vergaß die schwarzen Zickzacke.

Drinnen ließ Papi meine Hand los, und ich lief mit Werner voraus, aber nicht zu weit. Alles dort war so grün: die buschigen Bäume und das spitze Gras. Beete voll gelber und roter Blumen duckten sich an kleine Zäunchen. Das Rot war so grell wie die großen Fahnen, die über den Dächern wehten. Ich wäre am liebsten mitten in die viele Farbe gelaufen, aber ich wusste inzwischen, dass ich auf den grauen Wegen bleiben musste. Wir sahen Elefanten ihre Schwänze und Rüssel schwingen, ich zeigte auf die großmäuligen Nilpferde. Wir fütterten die Ziegen, die uns umkreisten und unsere Hände beknabberten. Am liebsten war mir das Affenhaus mit den herumtollenden, schaukelnden Affenfamilien.

Auf der Heimfahrt lehnte ich mich an Papis Brust und den dunkelgrauen Anzug. Und da fielen mir die Zaubersamen wieder ein. *Wie die wohl aussahen, wenn sie sich in ihren kleinen Erdbetten hin- und herwarfen*?, fragte ich mich laut. Werner nannte mich hoffnungslos, und Mutti zwickte ihn in den Arm. Auf dem Weg von der Straßenbahnhaltestelle schlug sie vor, wir könnten doch am Schrebergarten vorbeigehen. Von Weitem schon sah ich auf der Erde grüne und rote Tupfer: blanke Gurken und Radieschen. Ich sauste quer über die Beete hin, obwohl ich das eigentlich nicht sollte, schnappte mir eine Gurke und biss gleich hinein, um mich zu vergewissern, dass sie echt war. Eine so saftig knackige Gurke hatte ich noch nie gekostet. O ja, es waren wirklich besondere Samen! Opa hatte recht.

»Warte doch. Die muss man erst waschen, Reni«, rief Mutti.

Ich stopfte mir so viele wie möglich in die Taschen meines Kleids. Den Rest sammelten Mutti und Werner ein.

»Opa, Omi, seht nur!«, rief ich daheim in der Küche, als ich meine Taschen auf den Holztisch ausleerte.

»Da musst du aber sehr tüchtig gesät haben, Kindchen. Dass sie so schnell reifen, habe ich noch nie erlebt«, sagte Opa.

»Genau, und noch dazu ganz ohne Blätter«, sagte Werner. »So als kämen sie direkt vom Gemüsestand.«

»Es sind eben sehr *besondere* Gurken«, beschloss ich.

Ich biss noch mal von einer ab. Meinetwegen waren die Samen besonders, aber wir waren eben auch sehr, sehr gute Gärtner.

Am Abend, gemütlich im Bett, dachte ich an die bevorstehende Geburtstagsfeier von meinem Vetter Bert und freute mich darauf, eines meiner besten Kleider tragen zu können. Vielleicht das blauweiß karierte mit den gelben Knöpfen oder, wenn ich großes Glück hatte, würde mir Mutti erlauben, das weiße mit den winzigen roten und blauen Herzen zu tragen, das mit dem gesmokten Oberteil, wenn ich versprach, es nicht schmutzig zu machen und daheim gleich wieder auszuziehen. Ich mochte an beiden die kurzen Puffärmel so gern und …

Ich hörte Werners Bett knarzen. Auch ohne den goldenen Schimmer meines Nachtlichts mit dem Äffchen wusste ich, dass er aus dem Bett gestiegen war und neben mir stand. Ich drehte das Gesicht zur Wand.

»Reni«, flüsterte er, »schläfst du?«

»Ja.«

»Reni, ich muss dich was fragen. Glaubst du, ich werde schlecht träumen?«

Seine Stimme bibberte ein bisschen. Ich antwortete nicht. Neuerdings träumte Werner oft schlecht – das wurde mir zu dumm. Als legte er es regelrecht auf schlimme Dinge und Träume an. Ich wollte nicht mit ihm reden. Ich wollte darüber nachdenken, was ich zu Berts Geburtstagsfeier tragen sollte. Bert würde sechs werden ... wie ich im Dezember.

Als ich nichts sagte, sprach er weiter.

»Es sind die vielen Hakenkreuze. Die sind jetzt überall, wie die Nazis. Und ich habe gehört, dass die Nazis schlimme Dinge tun. Juden Schlimmes antun. Juden wie uns.«

»Hör auf«, schimpfte ich. »Es ist alles gut, Werner. Du wirst nicht schlecht träumen.«

»Ach ... dann ist ja gut«, sagte er. »Danke. Gute Nacht.«

Und damit kehrte er in sein dunkles Bett zurück und kroch unter die Bettdecke.

2

Wir müssen fortgehen

Berlin, Winter 1936

Adolf Hitler war jetzt seit vier Jahren unser »Führer«, das Oberhaupt unseres Landes. Er mochte nur die wahren Deutschen. Die seien besser als andere, sagte er, und wenn sie rein blieben – und sich nicht mit anderen Leuten mischten –, würden sie eines Tages die ganze Welt regieren. Laut Hitler waren Menschen, die nicht rein deutsch waren, weniger gut, und die mochte er nicht. Die besudelten alles, sagte er, waren wie ein großer Fleck auf seinem schönen weißen Tischtuch. Das galt für viele Menschen, auch Juden wie uns.

Die Angst war so, als hätte jemand heiße Schokolade verschüttet, die uns zu verbrühen drohte. Mein Opa hatte sein Leben lang daran gearbeitet, eine Bank aufzubauen, und jetzt musste er sie an jemanden abgeben, der nicht jüdisch war. Mein Papi arbeitete auch in dieser Bank.

Eines Abends war ich vorm Schlafengehen noch im Bad und sah Mutti weinen. Ich hatte es nicht gern, wenn die Erwachsenen weinten, und guckte schnell weg. Kurz darauf kam Papi noch Gute Nacht sagen.

»Reni, ich werde nicht mehr mit der Straßenbahn zur Arbeit fahren«, sagte er und strich mir übers Haar. »Ich werde gar nicht mehr arbeiten … vorerst.«

Was war ich froh, dass meine Eltern nicht wegen irgendwas traurig waren, was ich angestellt hatte.

»Dann bist du zu Hause, wenn ich von der Schule komme?«, fragte ich.

»Ja, hier bei euch, erst mal, aber ich muss auch schnell wieder Arbeit finden«, sagte er.

»Und warum ist Mutti dann traurig?« Dass er zu Hause sein würde, klang doch gut.

»Sie ist traurig, weil es nicht leicht sein wird, wieder Arbeit zu finden. Aber ich werde mich ordentlich ins Zeug legen, und ich wette, es klappt.«

»Ja.«

»Schlaf jetzt, mein kleiner Fratz, morgen, wenn die Sonne scheint, wird alles besser.« Er drückte mir einen Kuss aufs Haar.

Besser? Aber was war denn so schlecht? Irgendwas stimmte da nicht.

Wenige Tage drauf vergaß Mutti, mir abends noch vorzulesen. Ich lag im Bett und horchte, hörte meine Eltern aufgeregt flüstern und konnte nicht einschlafen. Was sie sagten, kriegte ich nicht richtig mit, nur wie. Werner muckste sich in seinem Bett.

»Was streiten sie sich?«, flüsterte ich.

»Weiß ich nicht.«

Wir schlichen zusammen an die Tür. Kalt war mir nicht, aber ich nahm trotzdem meine rosa Decke mit. Muttis und Papis Stimmen schwappten aus dem Wohnzimmer in den Flur. Ich warf mir die Decke um und einen Zipfel auch über Werner.

»Selbst die Freunde wenden sich gegen mich«, hörten wir Papis Stimme. »Gegen uns. Auch Kameraden, mit denen ich im Krieg gekämpft habe! Grundgütiger, warum helfen sie nicht? Wir haben zusammen im Schlamm … der Schützengräben gelegen, gestorben, haben Seite an Seite für unser Land … *dieses* Land … gekämpft, unser Vaterland! Zusammen! Und jetzt wollen sie nicht helfen. Es ist unfassbar. Selbst Frank meldet sich nicht mehr. Frank!«, knurrte er wütend, dass es mir kalt den Rücken runterlief.

»Pscht, John, wir wecken die Kinder«, mahnte Mutti. »Ich weiß, es ist ungerecht. Es ist nicht recht.«

»Wir waren IMMER Juden, wissen sie das dennn nicht? Waren es damals, im Krieg. Sind es heute. Auf immer. Seit wann sind wir plötzlich das Böse schlechthin?«

Ich hatte Papi noch nie so laut werden hören.

»John, bitte. Ich weiß ja, ich weiß.« Schweigen. »Was ist mit Karl? Hast du es bei dem versucht?«

»Leider das Gleiche, Trudi«, sagte er milder. »Ich war bei ihm im Büro – und wurde nicht vorgelassen. Dabei weiß ich genau, dass er da war. Alle benehmen sich anders, selbst die, die keine Nazis sind. Sie haben Angst. Ducken sich weg. Das grassiert, die reinste Epidemie.«

»Bleibt noch Leo.«

»Ja, es bleibt uns noch Leo, aber dem ergeht es ja genauso. Er hat neulich sogar gemeint, er wolle die ganze Familie fortschaffen in die Niederlande.«

Leo war im Krieg der beste Freund meines Vaters. In Papis Arbeitszimmer hing ein Foto von den beiden Arm in Arm in ihren feschen Offiziersuniformen.

»Vielleicht sollten wir auch fortgehen. Ich sehe immer mehr judenfeindliche Schmierparolen und Plakate«, sagte Mutti. »Wenn ich einkaufen gehe. Wenn ich zur Post gehe. Es ist schlimm. Die Kinder sehen sie ja auch.«

»Trudi, das ist längst nicht das Schlimmste.« Er senkte die Stimme, ich musste sehr die Ohren spitzen. »In der Bank hören die Kassierer Gerüchte, dass man Juden zusammentreibt, ganze Familien, sie in Züge packt und in Arbeitslager schickt. Angeblich auch schon in Teilen von Berlin.«

Ich stupste Werner an und hauchte über die blanken Dielen: »Was reden sie da? Lager. Plakate. Und was sind Pa- … Pa-…?«

»Parolen. Wenn man Gebäude mit schlimmen Sachen vollkritzelt.«

»Is wahr?«

»Ich habe so ein Plakat auch schon gesehen. Darauf wird ein Speer in eine Schlange mit unserem Davidstern gebohrt.«

Dass es jüdische Schlangen gab, war mir neu. Schlangen fand ich scheußlich, ganz gleich, welche. Bäh.

»Und einige Schulkameraden haben auch von den Zügen gehört, die in solche Lager fahren«, sagte Werner.

Wir nahmen eigentlich nur einen Zug, um Ferien zu machen oder zum Spaß mal woandershin zu fahren.

»Warum steigen die Leute in einen Zug, der hinfährt, wo es doof ist?«

»Sie werden gezwungen.«

»Wer macht das?«

»Die, die unser Land regieren, Reni. Die Nazis.«

»Ich finde die Nazis gemein.«

»Sie mögen niemand, der nicht ist wie sie.«

»Wen denn?«

»Alle, die nicht arisch sind.«

»Was heißt das, arisch?«

»Reni, du stellst zu viele Fragen. Deutsche sind arisch. Groß. Blond. Blauäugig.«

»Aber wir sind doch deutsch. Und blaue Augen hab ich auch!«

»Wir sind aber nicht gemeint.«

»Aber warum denn nicht?«

»Weil wir Juden sind. Hörst du denn nie zu?«

Ich verstand das alles nicht, aber schon das Wort *Nazi* klang gemein, als könnte es dich schneiden. Und in einen Zug zu steigen, der an einen schlimmen Ort fuhr, klang gar nicht nach Ferien. Wir hörten die Stimmen unserer Eltern mal mehr, mal weniger klar heranschweben, bis ich zu müde wurde. Ich ging ins Bett, mit meiner Decke, und ließ Werner weiter lauschen und bangen.

3

Schlechte Träume
Berlin, Frühjahr 1937

Wenige Wochen später nur drückte Papi uns alle zum Abschied und sagte, er werde weit weg Arbeit suchen. Er versprach, ganz bald wiederzukommen. Ich versuchte, mir einzureden, es wäre ein ganz normaler Morgen und er würde in seinem Anzug mit einem Lächeln den Gehweg entlangschlendern zur Straßenbahn. Aber im Innern wusste ich, dass nichts normal war. Papi hatte einen großen Koffer dabei, aber kein Lächeln. Und dann war er weg.

Ab da schien alles anders: Papis Abreise riss ein Loch in unsere Welt und ließ das Grau rein; Mutti weinte jetzt oft und herzte mich immerzu. Ich war froh, dass Opa und Omi da waren und nicht auch Arbeit suchen mussten. Auf dem Schulweg hielt Opa jetzt meine Hand. Er erzählte mir dabei ein paar Lieblingsgeschichten – *Weißt du noch letztes Jahr die Zaubergurken im Garten?* –, aber es fehlte das Lächeln dazu. Wenn er mich auf der Schultreppe zurückließ, spürte ich selbst nach dem Loslassen den Griff seiner Hand. Meine Schulfreunde waren stiller. Es gab keine Einladungen mehr zu Feiern. Unsere Lehrerin Frau Schmidt hatte keine Kraft, sie welkte dahin. Sogar die Häuser und Bäume bei uns an der Straße wurden traurig. Es brannten weniger Lichter, Vorhänge blieben geschlossen, und an den Bäumen kümmerten die neuen Blätter vor sich hin und rollten sich ein.

»Reni, ich habe wieder schlecht geträumt«, sagte Werner eines Abends. Er ließ sich so auf die Bettkante plumpsen, dass ich oben gegen das Ende rumste, und das riss mich aus dem Beinahe-Schlaf. Ich rieb mir den Kopf, als täte er weh, und vergrub das Gesicht im weichen Bettzeug.

»Es war schrecklich. Es goss in Strömen. Wir beide, du und ich, waren im Wohnzimmer. Nur war es nicht ganz wie vorher, die Stühle waren gelb, nicht grün, und ...«

»Werner«, murrte ich gähnend und schlug die Decke zurück, »jetzt MACH SCHON. Was will ich mit Stühlen!«

»Es trommelte so viel Regen aufs Dach. Es war pechschwarz und ... und wir konnten überhaupt nichts sehen. Als wär da ein großes Loch oder gäbe es gar kein Dach. Und dann sah ich plötzlich, dass das Dach tatsächlich verbrannt war, und durch das Riesenloch, das da zwischen Teppichen und Holz und Metall klaffte, sah ich draußen Feuerwehrleute, und ich roch Rauch, aber als sie die Löschpumpe anstellten, kam aus den Schläuchen kein Wasser heraus, sondern lauter Schlangen. Nicht Wasser, sondern *Schlangen*.«

Igitt.

»Du weckst mich, um mir von Schlangen zu erzählen?«, protestierte ich.

Er sprach weiter.

»Aufs Haus plumpsten lauter Schlangen, Sie zuckten und zappelten überall, im Haus und an uns auch. Sie spritzten zu den Fenstern und Türen herein, sie glitschten durch die Dielen hoch. Zuerst waren sie noch klein, lauter Knäuel, aber die platzten dann auf und wurden lang und kriegten ganz große Köpfe mit Riesenhauern. Schau, so, Reni.«

Er machte eine Faust und spreizte dann die Finger halbkrumm zu Zähnen. Da war ich aber ganz schnell wach. »Die

Feuerwehrleute wollten uns retten, aber in Wirklichkeit haben sie uns bloß mit beißenden Schlangen bespritzt.«

»Schluss jetzt!«

Er wollte von mir hören, wie blödsinnig der Traum war und dass er wieder ins Bett gehen solle. So machten wir das nämlich immer. Es ging ihm dann besser. Aber ich war erschrocken und sauer, weil ich mir nun lauter Schlangen in den Zimmerecken vorstellte.

»Na ja, könnte schon sein, Werner. Wenn in der Erde nicht genug Wasser ist und sie stattdessen die Schlangen aufsaugen, die da unten hausen. Könnte schon sein.«

»Sei nicht albern«, sagte er, zog aber die Beine aufs Bett hoch.

»Schlangen beißen einfach alles, weißt du.«

»Nein«, widersprach er, »das stimmt nicht.«

Ich schob die Hand unter der Bettdecke entlang und packte sein Bein.

»Reni!« Er sprang auf.

Ich wollte lachen und so tun, als wäre es komisch, aber es fühlte sich nicht komisch an, und mein Lachen klang mehr wie ein trockenes Husten. Werner schlich wortlos in sein Bett zurück. Vielleicht würde er mich jetzt wenigstens in Ruhe lassen.

Ein anderes Mal holte Mutti mich von der Schule ab, und ich sah gleich, dass sie wieder geweint hatte. Sie hatte Flecken im Gesicht, ihre Augen waren rot und huschten hin und her.

»Reni, war auf dem Schulweg mit Opa alles in Ordnung?«, fragte sie, zog mich dicht zu sich heran und blickte zu mir herunter.

»Doch, ja«, sagte ich, als wir auf die Straße traten.

»Da bin ich froh«, sagte sie und hielt mich dicht an ihrer

Seite. »Es war keiner gemein zu euch oder hat euch was getan?«

»Na ja.«

»Was denn? Sag's mir.« Sie blieb stehen und hockte sich vor mich. Ihr Parfüm roch nach Ruhe und Blütenblättern. Die großen Augen wurden in ihrem runden Gesicht noch größer. Die kurzen Ärmel ihres Kleids schnürten ihre Arme ab, der Saum des Kleids puffte hoch und sank dann auf den Ascheweg.

»In meiner Klasse feiert Karl Geburtstag, und ich bin nicht eingeladen.«

»Oho«, machte sie lächelnd und legte mir die Hände auf die Schultern. »Wer ist Karl? Ein Freund von dir?«

»Kein so ganz richtiger. Aber alle in der Klasse sind am Wochenende zu ihm in sein großes Haus eingeladen. Nur ich nicht ... und Lisell.«

»Nun, Reni ich weiß, wie gern du feierst, aber du kannst nicht erwarten, jedesmal eingeladen zu werden.«

»Lisell sagt, es ist, weil wir Juden sind.«

Mutti holte tief Luft.

»Karl hat ein großes Haus, und bei ihm wird immer toll gefeiert. Kann ich nicht mal den einen Tag nicht jüdisch sein und auf die Feier gehen? Nur den einen?«

»Sieh mich an, Reni«, sagte Mutti mit einem strengen Blick. »Du wirst immer jüdisch sein. Wir alle werden immer jüdisch sein, und fertig. Du solltest stolz sein. Du solltest ...« Dann kam nichts mehr, bis sie sagte: »Karl ist wohl kein wirklicher Freund, oder?«

Ich schüttelte den Kopf. Sie zog ein Taschentuch aus ihrer blanken gelben Handtasche und tupfte mir die Augen ab.

»*Ihm* entgeht was, wenn er dich ausschließt«, sagte sie.

»Ihnen allen. Wir können doch Lisell zu uns einladen und unsere eigene Feier abhalten.«

Ich nickte. »Mit Kuchen?«

»Einem Riesenkuchen«, sagte Mutti und richtete sich auf.

Sie packte meine Hand und zog mich beiseite. Auf uns kam eine Wand aus Jungen zu, alle in hellbraunen Hemden und kurzen schwarzen Hosen. Hitlerjugend. Über den großen, blanken Silberschnallen der Gürtel baumelten ihnen schwarze Halstücher auf der Brust. Ihre Hemdsärmel hatten die Jungen hochgekrempelt, als wäre ordentlich viel zu tun, nämlich im Gleichschritt marschieren und lauthals singen, wie es ihnen der Erwachsene, der sie begleitete, vorgrölte:

Wir werden weiter marschieren
Wenn alles in Scherben fällt
und heute, da hört uns Deutschland
Und morgen die ganze Welt.

Es kamen mehr und immer noch mehr vorbei, ohne uns zu beachten, die Augen geradeaus auf die Köpfe vor ihnen gerichtet, bis auch die Letzten vorübergetrampelt waren. Mutti sah sich links und rechts um, ehe wir weitergingen.

»Ab jetzt wird Opa dich und Werner zur Schule und wieder heimbringen.«

Das wird Werner aber gar nicht gefallen, dachte ich. *Er will ein Großer sein, wie diese Jungen eben. Er will nicht von seinem Großvater gebracht werden.* Daheim ging ich gleich auf unser Zimmer, schloss die Tür, und zog mich zum Spielen um. Dann suchte ich Werner, um es ihm gleich zu sagen.

Ich marschierte mit hochgerecktem Kinn an ihm vorbei.

»Ab sofort wird dich Opa zur Schule bringen«, verkündete ich.

»Hat dir Mutti erzählt, was los war?«, fragte er.

»Jawohl. Opa wird dich genau wie mich zur Schule begleiten.« Ich verschränkte die Arme und tat wichtig.

»Das meine ich nicht.«

Und da erzählte mir Werner, dass eine Bande Jungen ihn und seine Freunde nachmittags grölend durch die Straßen gejagt und ihnen »Judenschweine« nachgerufen hatten. Einen Freund hatten sie geschnappt und bös verdroschen. Er musste ins Krankenhaus gebracht werden. Werner hatte sich unter einem Strauch verkrochen. Dort war es dunkel, er hatte sich Hände und Knie im Dreck aufgescheuert. Er hatte erst kaum Luft zu holen gewagt und dann versucht, ruhig zu atmen und nicht an seine Schlangenträume zu denken. Werner war erst spät heimgekommen, und Mutti war aufgebracht gewesen, aber sehr froh, als sie hörte, wie er sich in Sicherheit gebracht hatte.

Werner war nicht flink, aber gut im Verstecken.

»Warte nur, bis du groß und stark bist wie die ganzen Jungen, die wir heute gesehen haben«, sagte ich ihm, um ihn aufzumuntern.

»Was für Jungen?«

»Von der Hitlerjugend.«

»Die wollen mich nicht, Reni. Schon vergessen?«

»Na ja, jedenfalls bist du mutig«, sagte ich, »und es war schlau von dir, dich zu verstecken.«

Werner setzte sein stolzes Gesicht auf, das war lustig.

4

Wir kaufen ein Kleid auf dem Kurfürstendamm

Berlin, Sommer 1937

Papi rief an, er hatte Neuigkeiten. Seine Stimme klang wirklich so fern, wie sie es war. Er hatte bei der American Express Company in Amsterdam Arbeit gefunden, das lag in den Niederlanden. In ein paar Monaten würden wir Berlin verlassen und zu ihm fahren. Werner und mir fiel der Kinnladen runter. Sonst schien niemand groß überrascht.

»Kommt er und holt uns ab?«, fragte ich Mutti.

Nein. Es war schwer genug gewesen, überhaupt aus Deutschland rauszukommen. Das hatte viel Mühe gekostet und besondere Papiere verlangt. Die Leute, die ihm die Papiere gegeben hatten, könnten es sich anders überlegen, wenn Papi zurückkäme. Dann könnten wir alle nicht mehr weg. Dagegen hätte ich nichts gehabt. Ich war mir nicht sicher, ob ich weg wollte. Alle meine Freunde waren doch hier. Als Mutti mir den Telefonhörer gab, sagte Papi, den Umzug vorzubereiten würde viel Arbeit machen, und Werner und ich müssten tüchtig helfen. Ob ich das verstünde? Ich nickte, bis er die Frage wiederholte und mir wieder einfiel, dass er mich ja nicht sehen konnte. Ich sagte deshalb: »Ja.«

Anschließend bat Omi mich, ihr kochen zu helfen.

»Reni, wir werden nicht alles im Haus mitnehmen können«, sagte Omi und hielt beim Gemüseschneiden inne, um mir Milch nachzuschenken. Wir saßen in der Küche. Sie schnippelte, ich trank. »Die Wohnung hier ist so groß; die in Amsterdam wird kleiner sein.«

»Heißt das, wir müssen alles hierlassen?«, fragte ich. »Auch meine Bücher und meine Decke?« Meine Lippe zitterte.

»Nein. Die nicht. Aber die großen Sachen.«

»Was ist mit meinem Bett? Und meinem Dreirad?« Das Dreirad liebte ich immer noch, selbst wenn ich kaum noch damit fuhr.

»Ich denke, die werden zurückbleiben müssen. Du bekommst neue.«

Ich schluckte meine Tränen tief in den Bauch.

»Na gut. Solange ich Zeit habe, Lebwohl zu sagen.«

»So viel Zeit wird schon sein, Kindchen«, sagte sie.

»Und … und was ist mit den Kleidern, die du mir gekauft hast?«, fragte ich. »Das hellblaue ist doch neu und noch so bauschig. Gibt es in Amsterdam Feiern?«

»Ich denke, die Kleider können mit«, sagte sie. »Und ja, doch, es gibt Feiern.«

»Mit dir Kleider zu kaufen ist schön«, beschloss ich leicht aufgemuntert.

»Im Einkaufen sind wir gut, nicht wahr?«, meinte Omi und tat ein bisschen heimlich. »Da haben wir unseren Spaß.«

»Wir sind die allerbesten«, erklärte ich mit großen Augen und tuschelte so leise wie sie. »Ich weiß, wo die besten Läden sind, und du weißt, wie man bezahlt.«

Die Schule fing wieder an, und jedesmal, wenn ich mit Opa und Werner von der Schule zurückkam, war im Haus wieder neu sortiert worden nach dem, was mit sollte, und dem, was bleiben würde. Unser Zuhause sah jedesmal anders und ganz fremd aus, wenn Mutti wieder erklärte, warum sie was behalten würde. Der Esstisch: *Wir werden vielleicht keine großen Gesellschaften geben, also brauchen wir ihn nicht*. Der Speiseschrank: *Er ist zwar groß, aber recht kompakt, und es passt so viel rein. Der kommt mit*. Die beiden Bücherregale im Wohnzimmer: *Die passen perfekt in die neue Wohnung*. Mutti ließ mich mein Dreirad ins Haus holen und in Papis Arbeitszimmer meine Runden drehen, obwohl ich eigentlich für das Rad zu groß war.

Auch Opa meinte eines Morgens beim Frühstück, ich sei sichtlich gewachsen. »Werner natürlich auch«, fügte er mit einem raschen Blick auf meinen Bruder an, »aber Reni hat wirklich einen Schuss gemacht.«

Ich rutschte auf meinem Stuhl vor und richtete mich für sie zu meiner vollen Höhe auf. Endlich wurde ich groß.

»Ich finde, wir sollten dir gleich heute ein paar neue Kleider kaufen gehen«, sagte Omi.

»Is wahr?«, platzte ich heraus.

»Igitt!«, rief Werner. »Du spuckst ja.«

Omi sprach weiter: »Du bist in letzter Zeit so in die Länge geschossen, dass du aus den meisten Sachen herausgewachsen bist. Und du wirst für das Wiedersehen mit deinem Papi doch was Hübsches brauchen. Immerhin sind wir bald in Amsterdam.«

Ich fand eigentlich nicht, dass ich aus meinen Sachen ganz herausgewachsen war, aber gegens Einkaufen hatte ich natürlich nichts einzuwenden, und klar wollte ich für Papi hübsch sein. Er fehlte mir sehr.

»Und eine wohlgeratene junge Dame verdient eine neue Garderobe«, setzte Mutti dazu.

»Dame?«, spottete Werner. »Eine Dame spuckt keine Brotkrumen über den ganzen Tisch.«

»Kriege ich ein richtig feines Kleid?«, fragte ich.

»Was immer du willst«, sagte Omi.

»Und gehen wir auf den Kurfürstendamm, in die feinen Geschäfte?«

Der Kurfürstendamm war aufregend. Das war eine breite Straße mit Automobilen, Trambahnen, vielen Menschen und den allerbesten Geschäften.

»Ja«, sagte Omi.

»Aber gebt Acht«, sagte Mutti. »Nicht überall sind sie in den Geschäften freundlich.«

»Wir gehen nur in die freundlichen«, versprach Omi. Ich nickte eifrig.

Ich sprang von meinem Stuhl auf, gab Omi einen dicken Schmatz und erklärte mich aufbruchbereit. Sie wischte sich mit der Serviette die Wange ab. Sie trug mir auf, mir erst die Zähne zu putzen. Das würde ein richtiger Festtag werden. Omi würde mich Kleider aussuchen lassen, wie sie mir am allerbesten gefielen, auch wenn sie unpraktisch waren. Mutti wäre mit so piekfeinen Sachen nicht einverstanden, aber Mutti würde ja nicht dabei sein, oder?

5

Abschied von Opa und Omi
Berlin, Dezember 1937

»Werner, Reni, kommt, setzt euch zu uns«, sagte Mutti ein paar Tage später nach dem Essen, und ihre Stimme klang hart und splittrig. »Wir müssen euch etwas sagen.«

Wir traten ins Wohnzimmer. Dort, mitten im Raum, warteten auf dem großen Teppich (*der war für uns immer schon zu dunkel – der bleibt*) im Schein einer Stehlampe Opa und Omi. Opas bequemer Lehnstuhl mit dem Kissen im Rücken und den gepolsterten Armlehnen war leer (*zu alt und abgewetzt, um ihn mitzunehmen*). Opa hatte sich stattdessen zu Omi gesetzt; sie quetschten sich auf die eine Seite des kleines grünen Sofas (*passt so gut zum Gemälde aus der Diele, kommt also mit*). Werner und ich hockten nebeneinander am anderen Sofaende. Mutti kauerte vor uns auf der Kante des Schaukelstuhls. Alle warteten schweigend.

»Opa und Omi und ich wollten euch sagen, wie lieb wir euch haben«, sagte Mutti. »Es ist fast alles gepackt und fertig für die Abreise nach Amsterdam zu Papi.« Sie verstummte, schob sich auf dem Stuhl zurück und begann zu schaukeln.

Ich schielte zu Werner rüber.

»Aber wir müssen unsere Pläne ändern«, fuhr sie dann fort. Sie schaukelte schneller und vergrub das Gesicht in den Händen.

Werner hob einen Daumen an die Zähne, pulte mit dem

Nagel zwischen den Vorderzähnen, zog ihn wieder vor, um nachzusehen. Ich schob die Hände in die Kniekehlen, um stillhalten zu können. Ich umschlang immer wieder meine Beine, als wäre ich eine Katze, und suchte die bequemste Stellung.

»So gern Omi und ich euch begleiten würden«, sagte Opa und übernahm damit von Mutti, »wir werden nicht fahren können. Wir haben die erforderlichen Bescheinigungen – die richtigen Papiere – nicht bekommen. Wir werden daher hierbleiben und nach dem Rechten sehen. Bis ihr wieder heimkehren könnt.«

»Aber wieso?«, fragte Werner. »Ich dachte, wir hätten alle die Erlaubnis.«

»Nur wir drei«, sagte Mutti.

»Aber wieso?«, fragte er erneut. Doch seine Frage blieb im Raum stehen und niemand antwortete.

6

Ein neues Zuhause

Amsterdam, April 1940

Als ich klein war, wusste ich nicht, dass ich bloß ein Tropfen im großen Strom der vielen Juden war, die Deutschland verließen. Juden gingen nach Albanien, in die Vereinigten Staaten, auf die Philippinen, nach England, Belgien, China – wo immer man bereit war, uns zu nehmen. Die Vereinigten Staaten ließen nicht viele Juden herein, also konnten wir dort nicht hin, obwohl das Papis erste Wahl gewesen wäre. Dafür aber bedeutete die Arbeit, die er in den Niederlanden fand, dass die Übersiedlung nicht so schwer sein würde: »650 Kilometer schnurstracks nach Westen«, erklärte Werner. Die Nazis ließen nur so und so viel Besitz und Geld aus Deutschland heraus, was der eigentliche Grund dafür war, dass wir uns so einschränken mussten.

Wir mussten doch wahrhaftig alles zurücklassen, was verdient und angespart worden war … und es noch dazu Menschen überlassen, die uns hassten. Wir würden von unserer geräumigen Berliner Etage in Amsterdam in eine kleine Dreizimmerwohnung ziehen. Es kam ein Umzugswagen, und Männer luden sogleich alles ein. Mutti hatte es prima hingekriegt, unsere Sachen zu sortieren. Einiges – Möbel, etwas Bettwäsche, Geschirr und Besteck – übernahmen Opa und Omi, die nun in eine andere Wohnung in der Prinzregentenstraße Nr. 6 ganz in der Nähe ziehen würden. Sie bestanden darauf, dass sie nicht mehr brauchten.

In Amsterdam fühlten wir uns dank des weißen Geschirrs mit dem blauen Blütenrand, der bestickten Wäsche mit Muttis Namenszeichen »GMH«, einiger schwerer Bücherregale aus dem Wohnzimmer und unseres großen Speiseschranks tatsächlich schnell zu Hause. Wir hängten das Ölbild der flirrenden goldenen Heuwiese mit dem blanken blauen Himmel in die Diele. Auf dem Kurbel-Grammofon liefen genau wie vorher Mozart und Verdi und erfüllten die Wohnung mit der Musik, die wir liebten.

Von 1937 bis 1940 verlief das Leben friedlich. Wir lernten Niederländisch, eine Sprache, die ich bald konnte und liebte. Freunde und Familie schauten vorbei, manche auf der Flucht aus Deutschland, und Opa und Omi durften zwar nicht zu uns ziehen, uns aber besuchen. Muttis Schwester war mit ihrem Mann ebenfalls nach Amsterdam übersiedelt, also hatten wir einige unserer Nächsten um uns. Es waren frohe Zeiten, mit Reisen durchs Land und Fahrradtouren an den Grachten und der geordneten Pracht der Tulpenfelder. Ich fand neue Freunde, Vera und Kitty zum Beispiel, die genauso gern Fahrrad fuhren wie ich. Und in unserem Viertel wohnten noch andere deutsche Emigranten, darunter eine Familie Frank. Der Schatten des Deutschen Reichs blieb eine ferne Wolke am weiten holländischen Himmel. Doch ebenso, wie an einem stillen, fedrigen Himmel plötzlich Gewitterwolken aufziehen können, braute sich in Nazi-Deutschland etwas zusammen.

1938 kamen meine geliebten Großeltern zwei Wochen zu Besuch. Mit acht spürte ich zwar in ihren schmerzlich innigen Umarmungen so etwas wie einen vorweggenommenen Abschied, aber ich konnte nicht ahnen, dass ich sie zum allerletzten Mal sah. Hitler setzte zum Sprung an, fiel im Jahr drauf in Polen ein und entfesselte den Zweiten Weltkrieg.

Dann, im Frühjahr und Sommer 1940, meinem neunten Lebensjahr, marschierten Hitlers Armeen in etliche westeuropäische Länder ein.

Eines Morgens schlug ich wie immer Laken und Decke an den Matratzenecken ordentlich unter, damit Mutti das Bett »platzsparend«, in die Wand hochklappen könnte – das war die holländische Art. Ich bürstete mein dichtes dunkles Haar und lief hinaus, um meinen Vater zu verabschieden, ehe er die Straßenbahn zur Arbeit nahm. Meist hörte er mich schon kommen und verdeckte sein Gesicht oder duckte sich, aber an diesem Morgen saß er bloß da und hielt Muttis Hände. Ich schlitterte ihm in die Arme, und er ließ Muttis Hand los, um mich aufzufangen, aber er lachte nicht wie sonst über unser kleines Morgenritual. Sein Gesicht war ausdrucklos und entrückt.

»Pscht«, mahnte mich Mutti.

»Pscht, Reni, das ist jetzt gerade ein denkbar ungünsiger Moment«, sagte Werner betont erwachsen. Papi drückte mich einfach an sich, meine Hand lag am Ärmel seines Anzugs.

Ich zupfte an einem losen Faden, versuchte ihn zu packen, gab es aber schließlich auf. Keiner aß. Die Toastscheiben mit Marmelade in der Tischmitte wurden kalt. Ich sah die Wärme regelrecht verdampfen; ich aß meinen Toast lieber warm. Und da hörte ich dann die Rundfunkstimme aus dem großen Holzkasten in der Ecke tönen. Ich schnappte mir zwei Scheiben, verteilte die Marmelade darauf besser und lauschte möglichst erwachsen. Ich setzte ein nachdenkliches Gesicht auf, legte den Kopf schief wie Papi und lauschte der furchtbar langweiligen Stimme aus dem Empfänger. Da hörte ich das Wort »Nationalsozialismus« und erstarrte. Es sprach jetzt jemand Deutsch, nicht Niederländisch. Ich kannte Deutsch von zu Hause in einem warmen Tonfall, aber diese Stimme war kalt, klang offiziell und fuhr ins Zimmer wie ein Messer.

»Was ist da los?«, fragte ich. Mein Toast landete gleich wieder auf dem Teller. »Pscht«, kriegte ich bloß zu hören.

Geschlagene fünf Minuten saßen wir reglos da, und ich hatte Mühe zu begreifen, was geschehen war. Ich blieb auf Papis Schoß sitzen, wäre gern ganz klein und sicher in seiner Westentasche verstaut gewesen. Schließlich schaltete Papi das Radio aus und erklärte.

Wie es aussah, wollte Deutschland in die Niederlande einmarschieren und alle erschießen, wenn ihm das Land sein Gebiet nicht überließ. Und wenn doch, wären wir vielleicht nicht mehr sicher. Genau wie vorher. Das Leben in Berlin schien lange her. Holland war jetzt meine Heimat. Ich wünschte, Deutschland würde sich verziehen und uns in Ruhe lassen.

»Wann kommen sie denn?« – »Was werden sie tun?« – »Wie werden sie aussehen?« – »Sehen sie aus wie normale Menschen?« Meine Fragen überschlugen sich.

Werner fiel mir ins Wort. »Reni, hör auf! Erst einmal passiert gar nichts. Es bleibt alles, wie es ist. Heißt es.« Er stand vom Tisch auf und stellte sein Geschirr ans Spülbecken.

Jetzt redete Papi. »Es lässt sich noch nicht absehen, was das bedeutet. Ich hoffe, dass England und Frankreich die Nazis zurückschlagen können und wir nicht besetzt werden. In der Zwischenzeit werden wir aufmerksam verfolgen müssen, was geschieht.«

Er stand vom Tisch auf, drückte uns alle zum Abschied, und dann sah ich aus dem Fenster im ersten Stock dem Hut nach, der über den sonnigen Gehweg Richtung Straßenbahn entschwand. Bald darauf musste ich selbst los, zur Schule, winkte einer besorgt dreinschauenden Mutti Adieu und traf mich unten auf dem Gehweg mit meiner besten Freundin Vera. Beide gingen wir in die dritte Klasse. Die Schule war nur drei Straßen weiter. Wir spazierten eine Weile Arm in Arm dahin, hüpften mit wippenden braunen Bubiköpfen über die Ritzen zwischen den Gehwegplatten, bis Vera sich löste und in ihre Tasche griff.

»Guck, was ich gestern für meine Puppe gemacht habe«, sagte sie. Ich nahm das kleine, vollkommene Miniaturkleid entgegen und besah es mir genau. Vom Weiß einer weißen Taube. Die blaue Stickerei am Saum war gerade und ohne lose Fäden, und beide Träger waren gleich lang.

»Ach, prima. Wenn ich ihr noch einen Mantel dazu mache, kann sie es auch in der Übergangszeit tragen«, sagte ich.

Ich gab Vera das kleine Kleid zurück und musterte die Passanten vor uns. Ein Frau auf hohen Absätzen eilte auf uns zu, ihr Blick starr auf ihr Ziel gerichtet. Zwei Herren in Anzügen standen herum und scherzten, Zeitungen noch gefaltet in der Hand. Niemand hatte an diesem Morgen auch nur eine meiner Fragen beantwortet. Würde ich einen Nazi auf Anhieb erkennen?

»Komm schon, Transuse«, drängte Vera. »Wir kommen noch zu spät und verpassen Direktor Beuzemakers ›Schülerparade‹.«

Wir huschten die sieben Stufen zu unserer dunklen Backsteinschule hinauf und schlossen uns den letzten Nachzüglern im Flur an.

Tock, tock, tock.

Direktor Beuzemaker stand direkt am Portal. Er war glatzköpfig und trug unweigerlich einen hellbraunen Anzug mit Fliege, die an seinem breiten Hals etwas verloren wirkte. Mit erhobener Faust klopfte er mit seinem Ehering am Treppengeländer einen Takt, der die Schritte der Schüler in die Klassenräume beschleunigte.

Tock, tock, tock.

Vera und ich hängten unsere Mäntel an die Haken hinter der Tür und setzten uns an unsere benachbarten Pulte. Beide hatten wir darin ein Fach, das unsere Tintenfässer und Federn enthielt und kleine Stapel Shirley-Temple-Karten. Die gab es gratis in den Packungen mit dem Kaugummi, das ich nie kaute. Aber nach den Karten war ich ganz wild, weil sie mir viele Ideen für Puppenkleider und Frisuren lieferten. Ich ging sie jetzt durch und legte die von Shirley Temple mit grünem Kragen und schwarzem Federhut obenauf. Vera packte auch eine Lieblingskarte oben auf ihren Stapel – die, wo der Kinderstar die Hände zum Gebet zusammengelegt hat und seitlich in die Kamera blickt.

Fräulein Pino mit ihrem strengen grauen Dutt und dem lieben Gesicht schrieb in sauberen Schnörkeln etwas an die Tafel. Ich liebte das Schönschreiben, und ich liebte Fräulein Pino. Sie hatte Vera und mich sogar mal zu sich nach Hause zum Tee eingeladen.

Meine Liebe zu Fräulein Pino lag zum Teil an meiner Liebe zu Rudi. Sie hatte uns nämlich zusammengebracht; Rudi war mein Pultnachbar auf der anderen Seite. An diesem Tag fehlte er, aber wenn er da war, fiel es mir schwer, mich zu konzentrieren. Er stellte im Unterricht immer als einer der ersten Fragen und war sich bei seinen Antworten immer sehr sicher, aber nicht auf unangenehme Weise. Er hatte wie Werner welliges Haar, nur dicker, und er machte sich nicht wie die anderen Jungen über meine Shirley-Temple-Karten lustig. Er hatte sie im Gegenteil sogar mal für mich aufgehoben, als der ganze Stapel auf den Boden gefallen war. Ein Kavalier.

Kriegsbeginn
Amsterdam 1940–1943

7

Schwarze Vorhänge
Amsterdam, Mai 1940

Kra-wumm. Im Dunkeln wackelte mein Bett. *Wumm. Wumm.* Es knallte und krachte. *WUMM.* Ein scharfer Wind fegte ins Zimmer, und ein Hagel aus Glas prasselte auf mein Bett.

»Werner!«, schrie ich inmitten des Lärms. »Werner!«

»Hier! Alles in Ordnung?«, fragte er.

»Weiß ich nicht!«, rief ich und rückte vom Fenster und den wehenden Gardinen ab. Vor den Flammen hoben sich Häuser und Rauch ab. Ich kauerte mich mit Werner ans Fußende meines Betts; er hielt mich umklammert.

Papi und Mutti stürzten herein.

»Reni! Werner! Wo seid ihr?«, rief Mutti. Ihr Atem flog.

»Hier, hinterm Bett«, rief Werner.

»Kommt raus da, wir gehen in die Küche«, sagte Papi. In der einen Hand hielt er eine Taschenlampe, an der anderen Mutti.

Draußen ging der schreckliche Krach weiter, als wir uns weiter hinten in der Wohnung um den Küchentisch drängten. Zwischen den schlimmen Einschlägen war das Brummen von Flugzeugen zu hören. Mutti begann zu weinen. Und da musste ich auch weinen. Sie nahm mich auf den Schoß.

»Das sind die Deutschen, Trudi«, sagte Papi. »Es ist der Einmarsch, genau wie befürchtet.«

»Die Nazis?«, fragte ich.

»Ja«, sagte Papi.

Das bisschen, was ich über einen Einmarsch aufgeschnappt hatte, war mir unwirklich vorgekommen und deshalb kaum begreiflich. Was wusste ich schon von Krieg? So ernst das alles klang, es blieb schwer fassbar, aber diese Bomben, das war etwas anderes. Das ging uns bis ins Mark.

Immer wieder mal spähten wir kurz aus den Fenstern. Von unten angeleuchtet sahen die Wolkenballen, die aus dem Dunkel herabsanken, aus wie wabernde Tiefseequallen.

»Fallschirme«, flüsterte Werner, als könnten sie uns hören.

Über uns kämpften niederländische und deutsche Flugzeuge, und Papi sagte, die einen könnten uns ebenso schaden wie die anderen. Krieg bringe viel Durcheinander, und wir könnten bei diesen Gefechten zufällig umkommen, wenn wir auffielen. Also müssten wir die Köpfe einziehen, stillhalten, zusammenhalten.

Die Niederlande wehrten sich tapfer, fielen aber dennoch an Deutschland. In den folgenden Wochen hängten wir schwere schwarze Vorhänge vor die Fenster, damit wir nachts aus dem Himmel weniger leicht zu sehen waren.

Man könnte meinen, dass sich alles auf einen Schlag änderte, aus Farbe plötzlich Schwarzweiß wurde, aber die Veränderungen waren schleichend. Wir gewöhnten uns an die neuen Abläufe. Eines Morgens sah ich auf dem Schulweg zum ersten Mal Nazisoldaten. Sie trugen Helme wie Schildkrötenpanzer, mit dem schwarzen Zickzack, hohe schwarze Stiefel und graugrüne Uniformen, sie rauchten und schwatzten, und als sie abzogen, marschierten sie mit extra hoch geworfenen Beinen, als wollten sie angeben. Als Vera und ich zum ersten Mal an welchen vorbeimussten, wurden wir still.

Aber sie beachteten uns gar nicht. Sie schienen uns auf unserem Weg zur Schule überhaupt nicht zu bemerken, also vergaßen wir bald wieder, still zu sein.

Sie schienen auch Werner nicht zu bemerken, wenn er zu seiner Mittelschule ging. Oder Papi auf dem Weg zur Arbeit. Oder Mutti beim Einkaufen, beim Putzen und Zubereiten unserer köstlichen Mahlzeiten.

Aber sie waren immer da.

8

Ein neues Poesiealbum

Amsterdam, Dezember 1939 bis September 1941

Mit meinen Freundinnen lief ich gern auf einem Teich im Vondelpark Schlittschuh, dem größten in Amsterdam. Mit Vera und mit Kitty. Kitty war eines der älteren Mädchen in unserer Nachbarschaft, so wie Anne, eine der Frank-Töchter. Ich bewunderte Kitty und war dankbar, dass sie bereit war, sich mit einer Neunjährigen abzugeben. Der lange, sich schlängelnde Teich wimmelte von Schlittschuhläufern und sogar Hunden, die herumpesten und -schlitterten wie Comicheft-Figuren. An diesem Tag flogen wir an den von Kastanien gesäumten Ufern entlang wie Vögel und kehrten anschließend bei mir ein, wo wir uns aus den pitschnassen Sachen schälten und sie an der Wohnungstür auf einen Haufen warfen.

Bald trafen auch die Eltern meiner Freundinnen zu meinem Geburtstagsessen ein. Vera kicherte immerzu, was bedeutete, dass sie über einige Geschenke schon Bescheid wusste. Die bunten Päckchen – in blankem rosa, lila und blauem Geschenkpapier und fest mit Schleifen verschnürt – waren in einer Ecke unseres kleinen Wohnzimmers verstaut. Erwachsene tranken ihr Bier vor der Tür, weil es drinnen auf den zwei Stühlen und dem kurzen Sofa gar nicht für alle Platz gab. Mutti hatte mir eingeschärft, meine Geschenke ja langsam auszupacken, damit wir das Papier wiederverwenden konnten, aber auch, damit ich nicht gar so gierig wirkte. Das war ganz schön schwer. Ich bedankte mich artig bei Freunden und Eltern, ehe ich nach dem nächsten Päckchen griff, aber Muttis Blick verriet, dass ich mich nicht ganz so untadelig benahm, wie sie sich das gewünscht hätte. Als ich eines der Päckchen an der Ecke aufriss, bei dem es sich offensichtlich um ein Buch handelte, beugte Vera sich auf ihrem Stuhl so weit vor, dass sie fast herunterfiel. Da begriff ich, dass es gar kein Buch war, sondern ein Poesiealbum.

In Amsterdam gab es zwei Sorten Mädchen: die, die ein Poesiealbum hatten, und die, die sich eines wünschten. Ich strich über den rauen schwarzen Ledereinband mit der in die unteren rechten Ecke in Gold geprägten Aufschrift POESIE.

»Jetzt hast du auch eins«, freute sich Vera. Sie hatte ihres im Jahr zuvor bekommen.

Genüsslich schlug ich das Album auf, hörte die Bindung knacken und nachgeben. Ein leeres Blatt lachte mich an, lud zu meinem Einführungsvers und zu den herrlichen Einträgen mir lieber Menschen ein. Ich konnte es kaum erwarten, das Büchlein zu füllen.

»Oh, danke Mutti, Papi. Danke! Schreibt ihr mir auch etwas hinein?«

»Aber ja«, sagte Mutti.

»Ganz bestimmt, aber später, in Ruhe«, sagte Papi. »Denn das ist von großer Bedeutung. Schließlich könnten meine Worte mich überleben!«

»Aber ich will jetzt etwas drinstehen haben. Bitte-bitte.«

»Reni«, mahnte Mutti, »es geht nicht darum, das Album gleich vollzukriegen. Die Leute schreiben dann etwas hinein, wenn sie so weit sind.«

»Genau«, sagte Papi mit einem Nicken. »Du willst doch sicher, dass dir die Leute gute, kluge Wünsche hineinschreiben und nicht bloß irgendwas, nur weil du nicht warten kannst?«

Für mich gab es da nur eine Antwort, aber ich sagte trotzdem »Ja«.

Wir nahmen alle am Tisch Platz – meine Familie und Vera und Kitty mit ihren Eltern – und schlugen uns die Bäuche mit Schmorbraten und Kartoffelauflauf voll. Danach gab es meine Leibspeise, Zitronenpudding mit schneeigem Puderzucker. Wir waren mit dem Nachtisch fast fertig, da zog Mutti eine Schublade auf und holte eine weiße Schachtel mit blauen Schnörkeln hervor, die den Namen »Droste« ergaben. Ich öffnete die Schachtel und schälte das Silberpapier von der seidenglatten Schokolade zurück. Ich durfte ein beliebig großes Stück haben, also brach ich eine Riesenecke ab und reichte die Schokolade an Werner weiter, der es mir gleichtat, ebenso wie nach ihm die anderen. Sie war köstlich. Nach dem Essen bat ich meinen Vater um seinen besonderen Füller, setzte mich auf den Fußboden, schlug mein neues Poesiealbum auf und schrieb in Schönschrift auf Niederländisch:

Mag dieses Album mich begleiten bis ans
Ende meiner Tage.
Irene lautet der Name,
den meine Eltern mir gaben.
Und Hasenberg nach meines Vaters Ahnen.

Gerade wollte ich schreiben, dass ich aus Amsterdam stammte, aber meiner Familie zu Ehren kehrte ich zu meinen Geburtsort zurück und endete den Wahlspruch mit:

In Berlin, wo ich zur Welt kam.

Später brachte mich Papi ins Bett. »Und, hattest du einen schönen Geburtstag, Reni?«

»Ja, so so schön«, seufzte ich. »Ich wünschte, es gäbe ihn öfter!«

Er drückte mich kurz und zog dann die schweren Vorhänge vor den Fenstern zu, bis ich eingehüllt war wie in einen Kokon.

»Aber wenn es ihn öfter gäbe, wäre er vielleicht nicht so besonders«, gab er zu bedenken.

»Wickel mich nicht zu fest in die Decke«, sagte ich. »Ich muss noch die Sprüche in meinem Poesiealbum lesen.«

»Ist gut«, sagte er. »Aber mach bald das Licht aus. Es war ein langer Tag. Werner kommt auch gleich.«

»Hilft er beim Abwasch, weil ich es an meinem Geburtstag nicht muss?«

»Das weißt du ganz genau. Gute Nacht«, sagte er und drückte mir einen Kuss auf den Scheitel.

Mit meinem Poesiealbum würde ich mich ohnehin nicht lange aufhalten können. Ich hatte nur einen einzigen Eintrag, von Mutti:

Beginne den Tag mit einem Lachen,
dann lässt sich alles machen.
Tue, was getan werden muss,
und was du tust, tu mit Lust.

Ich musste Muttis letzten Satz zweimal lesen, verstand ihn aber trotzdem nicht wirklich. Mutti und Papi hatten recht: Das Album füllte sich nur langsam. Sehr langsam. Papi schrieb mir erst im Juni des folgenden Jahres etwas hinein, und Werner ließ sich Zeit bis August! Alle schrieben sehr nette Sachen, aber ich konnte kaum fassen, dass sie so lange brauchten, um zu überlegen, was sie sagen wollten.

Papi schrieb:

Ich find dich allerliebst,
mein kleiner Herzensdieb,
und so, wie ich's hier schreibe,
wird es auf immer bleiben.

Und Werner:

Liebe Irene,
Schwesterchen, auf allen deinen Wegen
wünsch ich dir Glück und Segen.
Dein Bruder, Werner

Ich musste lachen, schließlich kannte ich sonst keinen Werner.

Und Vera schrieb mir:

Liest du dereinst in diesem Album
und findest zwischen manchen Zeilen
dies Verslein einer guten Freundin,
mag dich das freuen und daran erinnern,
wie innig sie dir stets verbunden.
Und sollten wir uns nicht mehr sehen,
die Freundschaft, sie bleibt doch bestehen.
Vera

Aber natürlich würden wir uns sehen. Ja, was glaubte denn sie? Wir würden auf immer beste Freundinnen sein.

Jemand anders hatte eine einzige Zeile hingesetzt, ohne Namen. *Vergeet mij niet*. Vergiss mich nicht. Wie sollte ich jemanden vergessen, den ich nicht kannte?

In Winter 1941 zogen Werner und ich wieder mit unseren an den weißen Schnürsenkeln über der Schulter baumelnden Schlittschuhen in den Vondelpark, nur um dort vor dem Eingang an einem Pfahl ein frisch gemaltes Schild zu entdecken, schwarze Lettern auf weißem Holz: *Voor Joden Verboden*.

»Was?«, staunte ich.

»Nein!«, rief Werner. »Das glaub ich nicht!« Er versetzte dem Pfahl einen Tritt und hinterließ einen schmutzigen Abdruck. »Was haben sie denn zu befürchten? Dass wir den Park verwüsten?«, fragte er ins Leere um das Schild. »Reine Schikane.«

Dann sah er mich an, und seine Miene wurde sanfter. »Komm, wir gehen heim«, sagte er. »Wieder nehmen sie uns was, um uns kleinzukriegen. Das Vergnügen gönnen wir ihnen aber nicht.«

Ich gab mir Mühe, mit erhobenem Haupt zwischen den Gitterstäben auf die vielen Menschen im Park zu blicken. Ich sah, wie der schmiedeeiserne Zaun den Park ganz umschloss, ihn schützte, den Zutritt verwehrte. *Uns* den Zutritt verwehrte. Jetzt waren mir die Augen geöffnet, auch wenn sie in Tränen schwammen.

»Ich hatte eigentlich sowieso keine große Lust, Schlittschuh zu laufen«, sagte ich zu Werner – und zu mir selbst: »Da spiele ich lieber daheim für mich.«

Auf unseren Wegen zur Schule und zurück sahen Vera und ich in diesem Frühjahr weitere Schilder, die Juden dieses und jenes verboten – in Geschäftsauslagen, an Laternenpfählen, vor Büchereien. Wir ignorierten sie nach Möglichkeit, hakten uns fest unter, wenn wir vorbeigingen.

In Fräulein Pinos Klasse übten Vera und ich Schönschrift, und Rudi hob mir die Stifte auf, die ich fallen ließ. Rudi war Jude, und ich fragte mich, ob Fräulein Pino uns aus diesem Grund nebeneinandergesetzt hatte. Vera war nicht jüdisch, oder jedenfalls nicht so jüdisch wie ich, denn ihre Familie feierte nicht dieselben Feste wie wir.

Gelegentlich, wenn ich es dabei hatte, schrieben mir Klassenkameraden etwas in mein Poesiealbum. Lena zum Beispiel schrieb:

Du hast ganz recht!
Die Menschen und die Welt sind schlecht.
Ein jeder Mensch ein Bösewicht,
nur du und ich,
wir beide nicht!

Da musste ich lachen.

Sogar Fräulein Pino trug sich ein, widmete mir in ihrer wunderschönen Handschrift, die schnurgerade übers Blatt lief, als sähe sie unsichtbare Linien, diese Zeilen:

Höhenflüge ohne Flügelschläge
tragen nicht weit.
Weiter kommt
und klüger wird,
wer zur Mühe bereit.

Mussten Lehrer immer so lehrerhaft sein?, dachte ich.

»Rudi, schreibst du mir auch was ins Poesiealbum?«, fragte ich ihn.

»Du kennst doch meine krakelige Schrift. Kann ich stattdessen was anderes machen?«

»Ja, gut. Sicher.«

»Fein. Aber erst morgen. Ich muss das vorbereiten.«

Tags drauf holte er sich mein Poesiealbum aufs Pult und beugte sich die ganze Pause darüber, blätterte und drückte die Hand auf die Seiten.

»Da, bitte sehr«, sagte er, als er es mir zurückgab. »Und denk dran, dass ein Bild mehr sagt als tausend Worte. Da kannst du dir ausrechnen, wie das bei mehreren Bildern ist.«

Ich hatte in mein Poesiealbum auf jede zweite Seite Glanzbilder geklebt. Von Kränzen, Jungen, Mädchen, Flugzeugen, einem Zeppelin, Tieren, einem Hufeisen, einem Automobil, aber eines hatten sie alle gemeinsam: den Blumenschmuck. Zu jedem Glanzbild gehörten Blumen. Jetzt aber entdeckte ich überall im Album andere Bildchen ganz ohne Blumen. Ein Schwein im Anzug mit Monokel. Die böse Stiefmutter aus Schneewittchen. Ein Junge in Lederhosen mit einer Riesenschultüte. Eine schwarze Katze. Und die hatte Rudi alle berührt.

Als ich an diesem Tag heimkehrte, setzte ich mich auf die schmale Bank unter dem Fenster, das zur Straße hinausging. Ich hielt Ausschau nach Papi, der von der Straßenbahn um die Ecke biegen würde. Ich wollte ihm meine neuen Glanzbilder zeigen. Die Sonne schien durch die Jalousien, die Bildchen und Buchstaben blitzten, und ich war obenauf. Endlich kam er. Papi mit seinem Hut. Ich flog die Treppe hinunter und sprang ihm in die Arme, als er eintrat.

»Puh, Reni, du wirst langsam wirklich zu schwer!«, rief

er, fing mich aber mühelos auf und wirbelte mich im Kreis herum, bis einer meiner Schuhe davonflog und in der Essecke landete.

»John, du scheuchst noch das ganze Haus auf mit dem Lärm«, meinte Mutti.

»Papi, ich muss dir mein Album zeigen«, drängte ich. Ich wollte, dass er endlich den Hut weglegt und sich zu mir auf die Bank setzt.

»Ja, was haben wir denn da?«, fragte er.

Zusammen lasen wir die neuen Einträge.

Werner kam aus unserem Schlafzimmer dazu und erklärte feierlich, Henki Express-Reisen würden nun ganz neue Ziele anbieten, auch die Vereinigten Staaten von Amerika! Henki Express war Werners erfundenes Reisebüro. Er las viel über fremde Länder, und wenn sie ihm interessant genug erschienen, plante er dorthin seine Fantasiereisen. In der Küche zeigte Werner Papi und mir auf der Karte, wie wir mit dem Zug und dann mit dem Schiff nach New York fahren könnten.

Der Sommer brach an, die Sonne wurde kräftiger und ließ ihr mildes Licht länger in den Abend hinein leuchten. Es war der Juni 1941, und Vera, Werner und ich blieben so lange draußen wie möglich. Auf unseren Fahrrädern trafen wir uns an der nahe gelegenen Gracht und radelten am Wasser entlang. Mein Stahlross und Veras waren dicke Freunde und preschten im gestreckten Galopp nebeneinander her. Wir umklammerten die gebogenen Lenker und spornten die für uns eigentlich zu großen Räder an. Und los.

Abends wurden die Backsteinwege an den Grachten zu Rennbahnen. Das Ruckeln der Ritzen zwischen den Steinen spürten wir unter unseren dicken Fahrradreifen kaum. Familien mit kleinen Kindern waren längst daheim, Paare flanierten. Und wir sausten dahin, beduselt von den abendlichen Gerüchen des Blütenstaubs und der Blätter. Werner war von uns allen der Stärkste und fegte lange vor uns die Brücken hoch und wieder runter. Auf und ab, rum und rum. An meinen Ohren rauschten im Wechsel das Gezwitscher der sich zur Ruhe begebenden Vögel vorbei, das Gesumm der erwachenden Insekten, das gegen die Grachtenmauern schwappende Wasser, die Klänge eines fernen Leierkastens und unserer Fahrradketten beim Schalten.

Wir holten Rudi bei sich daheim ab. Er war fast genauso schnell wie Werner und doppelt so wendig. Er bewegte die langen Beine und Arme wie ein Tänzer. Wir fuhren zu viert nebeneinander und besetzten so in voller Breite eine ganze Straße. Hier und da gingen Lichter an, und ihre Spiegelbilder zitterten im Wasser.

Wir erreichten einen kleinen, mitten auf einem Platz gelegenen Park mit schmalen, gewundenen Backsteinwegen zwischen Sträuchern und Statuen. Rudi trat in die Pedale, umrundete ein paar dunkle Büsche und verschwand. Werner aber bremste am Eingang scharf ab und stoppte Vera und mich mit erhobener Hand. Wir stiegen in die Rücktrittbremsen und schlitterten ihm beide krachend hinten rein. An einem Baum war ein Schild angebracht worden: *Voor Joden Verboden*. Es hatte in der unteren rechten Ecke einen Polizeistempel.

»Rudi, komm zurück!«, rief Werner mit banger Stimme.

»Rudi!«, brüllte ich.

Ich suchte mit Blicken die verlassenen Straßen ab und beschwor die Nacht halblaut, ihn zu uns zurückfinden zu lassen, bevor ihn jemand sah. In dem Moment kam er mit weit aufgerissenen, blitzenden Augen um die Ecke geflogen und stieß um ein Haar mit uns zusammen. Werner zeigte auf das Schild. Da verging Rudi das Lachen. Unsere Räder, willige Rösser, wollten weiter, wir aber kehrten um. Aus Stahlrössern waren schlichte Fahrräder geworden.

Aus Sommer wurde Herbst, und es kam nun zu vielen »letzten Malen«.

Das letzte Mal im Kino, wo Vera und ich *Schneewittchen* sahen und ich bei den Szenen mit der bösen Stiefmutter das Gesicht hinter Muttis Schulter verbarg. Danach durfte ich nicht mehr ins Lichtspielhaus, weil das Juden nicht erlaubt war, und Vera musste ohne mich gehen und mir von den Filmen erzählen. Das konnte sie ziemlich gut und machte das Ganze fast so spannend wie die Sache selbst.

Das letzte Mal im Park, wo Vera und ich an einem warmen Herbsttag unsere Badetücher ins Gras legten und darüber sprachen, wie viele Kinder wir kriegen würden, wenn wir erwachsen waren. Sie wollte drei Mädchen, ich einen Jungen und ein Mädchen.

Das letzte Mal, dass Werner mit seinen Freunden Fußball spielte. Danach durfte er keiner Sportmannschaft mehr angehören.

Und schließlich das letzte Mal, dass ich mit meinen Freunden zur Schule gehen konnte.

Mutti weihte mich an einem Samstag ein. Sie ließ mich im Wohnzimmer Platz nehmen, Brief in der Hand, und nahm mich in den Arm. Ab Montag würde ich auf eine andere Schule gehen müssen. Eine Schule nur für Juden. Kein gemeinsamer Schulweg mehr mit Vera. Kein Pult mehr neben

Veras. Keine gemeinsamen Pausen und Schulessen mehr, kein Shirley-Temple-Karten-Tausch. Kein Fräulein Pino. *Nein!* Ich sprang hoch, rannte die Treppe hinunter und hinaus auf die Straße. Ich lief schnurstracks zwei Straßen weiter zu Veras Wohnung und klopfte. Als sie aufmachte, verriet ihr Gesicht, dass auch sie Bescheid wusste. Wir fielen uns um den Hals, dann kamen ihre Eltern noch dazu und drückten mich ebenfalls. Wir standen da, ein elendes Häuflein, bis alles einfach zu peinlich wurde, wie das manchmal mit Erwachsenen so ist, und Vera und ich zu ihr aufs Zimmer gingen, um mit ihren Puppen zu spielen.

»Mams und Paps meinen, deine Schule ist ziemlich weit weg«, sagte Vera, die ihrer Puppe gerade einen blauen Mantel anzog.

»Ich weiß nicht, wo sie liegt«, sagte ich. »Und ich will es auch gar nicht wissen. Es ist blöd.« Meine Hände waren heute nicht zu gebrauchen, nicht einmal für Puppenkleider. Meine Finger wollten sich bloß in meinen Taschen verkriechen.

»Dann sehen wir uns eben nach der Schule, weißt du. Ich halte dich über alles auf dem Laufenden«, sagte Vera und zog der Puppe über den einen Mantel noch einen zweiten mit rotweißen Tupfen an. »Und du erzählst mir von den Mitschülern in deiner neuen Klasse und wie die Lehrer sind.«

»Ich will aber keine neuen Mitschüler«, sagte ich.

Vera hüllte die Puppe in einen weiteren großen gelben Mantel.

»Vera, die sieht aus wie ausgestopft mit den vielen Sachen! Nicht gerade schick.«

Wir kicherten über die in mehrere Stofflagen verpackte Puppe. Wir spielten noch den ganzen Nachmittag. Aber meine Hände wurden sofort wieder unnütz, wenn ich an einen Schulweg ohne Vera dachte.

Zwei Tage später brachte Werner mich zu der anderen Schule, bevor er zu seiner ebenfalls neuen weiterzog. Mutti und Papi wollten, dass ich Gesellschaft hatte, zumindest an diesem ersten Tag. Werner war natürlich nicht begeistert, aber ihm blieb keine Wahl. Er selber hatte es bis zum Joods Lyceum an der Straße mit dem Namen Voormalige Stadstimmertuin noch weiter. Neben uns rumpelten Lieferwagen über die Straße.

»Mit Henki Express-Reisen wären wir viel schneller da«, sagte er. »Bei Henki kann man uns ebenso mühelos zur Schule bringen wie zum Wochenende aufs Land oder eine Schiffsreise nach England bieten. Wir würden den Big Ben und den Tower of London sehen.«

»Wer ist dieser Ben?«

»Nicht wer. Big Ben ist ein großer Uhrturm in London. Der Uhrschlag klingt wie sämtliche Kirchen hier in Amsterdam, nur viel lauter. Selbst die Nazis und ihre Bomben haben die Uhr nicht zum Schweigen bringen können. Sie schlägt und schlägt.«

Irgendwo tickten die Uhren also weiter, trotz der Nazis. Als hätte es sie nie gegeben. Das Leben konnte wieder werden wie vorher.

»Irgendwann will ich mit dir diesen Big Ben sehen. Können wir das machen, wenn wir groß sind?«

»Ja. Wenn du eines Tages das Geld für meine besten Züge und Schiffe hast«, meinte er. »Aber jetzt mach erst einmal das Beste aus dem, was ist.«

Und damit entfernte er sich, und sein Gang, seine schnellen, schweren Schritte erinnerten mich an Papi. Ich wandte mich meiner neuen Schule zu. Sie hatte keine so hübsche Treppe, keinen Takt klopfenden Direktor. Ich betrat den Backsteinbau und meldete mich mit Namen bei der Schulsekretärin, die mich weiterschickte. Ich stapfte den Flur hinab ins Klassenzimmer. Alles kam mir halbherzig vor, wie ein hastig zusammengestoppeltes Kleid mit noch sichtbaren, krummen Heftfäden. Die Stühle und Pulte passten nicht zueinander, und in die wenigen Räume waren zu viele gestopft. Ich suchte in der Runde nach bekannten Gesichtern. Da! Rudi! Er hatte mir einen Platz freigehalten. Wir saßen allerdings so dicht gedrängt, dass unsere Knie sich unter dem Pult berührten, aber wir beließen es gern dabei. Der Lehrer, Herr Pinto, rief uns zur Ordnung. Da waren wir also. Wir Juden, unter uns.

9

Sie nehmen uns die Fahrräder
Amsterdam, 1942

Bald reichte ihnen nicht schon, dass wir Juden waren; wir mussten zeigen, dass wir Juden waren. Ab April 1942 hatten wir einen gelben sechszackigen Stern am Kragen zu tragen, der aussah wie ein Davidstern. Mutti sagte, die müssten wir sogar kaufen – als wollten *wir* die haben. Ich hatte das Gefühl, der Stern macht mich unsichtbar. Die Menschen guckten auf den Stern und guckten mich dann nicht mehr an. Sie guckten weg oder durch mich hindurch. Ich war elf und im Begriff zu verschwinden.

Das ging jüdischen Familien in der ganzen Stadt so – sie verschwanden, buchstäblich. Die holländische Polizei klopfte, die Nazis klopften und … *wusch* … wieder eine Familie weg. Ich hatte gelernt, Polizisten als gut, als Helfer zu betrachten, aber jetzt begriff ich, dass das nicht immer stimmte. Es gab Geflüster von Orten im Osten, wo Juden zusammengetrieben und gezwungen wurden, für die Nazis zu arbeiten. Es gab Schatten, wo für mich bisher nur Sonne war.

Im Sommer '42 machten die vielen Beschränkungen längst Werners Reisehoffnungen zuschanden. Ich warf mich Papi nicht mehr in die Arme, wenn er aus der Straßenbahn stieg, weil er die Straßenbahn gar nicht mehr nehmen durfte, auch keinen Bus und kein Taxi. Wir alle nicht. Papi musste zu Fuß gehen, also kam er oft erst spät heim, zu spät, um mir Gute

Nacht zu sagen. Meine Freundin Vera und ich durften uns nicht einmal mehr gegenseitig besuchen. Juden und Nichtjuden durften sich nur noch im Freien auf den paar wenigen Plätzen treffen, an denen kein Schild mit dem Hinweis *Voor Joden Verboden* stand. Zu dritt spielten Vera und ich also mit unserer anderen Freundin Greetje (die auch nicht jüdisch war) so oft es ging draußen. Greetjes kleine Schwester Gerda war gerade vier geworden, sie war so süß. Eine kleine Shirley Temple. Und ihre blonden Korkenzieherlocken blieben anders als meine dunkle Mähne genau so, wie wir sie ihr hinfrisierten. Wir spielten Himmel und Hölle. Mein gelber Stern störte die anderen nicht.

Mutti trug Werner meist auf, bei Vera, Greetje und mir zu bleiben, wenn wir zusammenkamen. Wir trafen uns mit Rudi und anderen Freunden und jagten unsere Stahlrösser abends an den schimmernden Grachten entlang. Bis auf Weiteres ... bis zur nächsten Verordnung.

Ich war dabei, meine Shirley-Temple-Karten zu ordnen, als Papi im Kinderschlafzimmer erschien. Shirley war in ihren vielen Filmkostümen abgelichtet. Mal guckte sie ernst, mal schmollte, mal strahlte sie. Meine Lieblingskarte war die von ihr als Heidi mit einem Ziegenkitz im Arm. Ich fand den Film so toll wie das Buch. Heidi hatte es nicht leicht, aber sie blieb fröhlich. Es lief nicht alles immer gut für sie, aber am Schluss konnte sie wieder zu ihrem geliebten Almöhi, weil sie eben *schlau* war. Papi schlug die untere Ecke des dicken schwarzen Vorhangs vor meinem Fenster zurück. Licht strömte herein. Er setzte sich zu mir auf die Bettkante. Sonnenstrahlen jagten lange Schatten über den Boden und die Wände. Die Farben der Karten auf meiner rosa Decke leuchteten auf. Die warme Sonne kitzelte mir den Arm hinauf bis zum Hals.

»Danke, ich habe vergessen, aufzumachen«, sagte ich.

»Ja«, meinte er, »man vergisst so leicht.«

»Ich wünschte, wir könnten die Vorhänge nachts auflassen. Und die Lichter sehen und den Himmel und die Sterne.«

»Geht mir auch so. Mir auch«, seufzte er. »Reni, ich habe schlechte Nachrichten.«

»Jaaa«, sagte ich. »Was denn?«

»Wir dürfen keine Fahrräder mehr haben. Die müssen bis heute Mittag um eins auf den Bürgersteig rausgestellt werden.«

»Wozu brauchen sie unsere Fahrräder?« Tränen stiegen mir in die Augen, ich kämpfte gegen sie an.

»Das weiß ich nicht«, sagte er.

»Haben sie denn selber keine?«

»Doch, haben sie. Ich glaube ... ich glaube sie wollen uns prüfen. Aber wir sind stark. Es tut mir so leid, kleiner Fratz. Ich weiß, wie gern du herumsaust.«

Er drückte mich fest, dann ging er wieder. Da erst ließ ich die Tränen laufen, sank auf mein Kissen zurück, die Augen geschlossen, im Gesicht die Sonne. Wenig später hörte ich Werners Bettfedern knarzen.

»Ich muss meins auch hergeben. Aber ich glaube, wir bleiben hier ohnehin nicht mehr lange«, sagte Werner.

»Wieso?«

»Ich hab Mutti und Papi reden hören«, sagte er. Er stand auf, machte die Tür zu, hockte sich zu mir aufs Bett und beugte sich näher an mein Ohr.

»Ich glaube, das hat mit einem Mann zu tun, den Papi neulich auf der Straße getroffen hat«, erklärte er und nagte an seinem Daumen. »Der meinte, er kann uns ausländische Pässe besorgen, dann könnten wir Europa und Hitler hinter uns lassen.«

»Können wir nicht hier in Holland Pässe kriegen?«

»Nein, Juden geben sie keine Pässe.«

»Aber ein anderes Land tut das? Wieso?«

»Das weiß ich nicht. Hauptsache ist doch, wir entkommen diesen Lumpen.«

Nach dem Mittagessen meinte Papi, es sei Zeit, uns von unseren Fahrrädern zu verabschieden. Wir stiegen die Treppe hinunter in den Hausflur, wo mein geliebtes Fahrrad, mein Stahlrenner, an der Wand lehnte. Ich schlang die Arme um den Lenker und sagte Lebwohl.

»Du kannst von Glück reden, dass wir nie eine Katze oder einen Hund hatten, Reni«, meinte Werner. »Das wäre viel schlimmer.« Ich hatte mir immer einen Hund gewünscht, aber jetzt war ich froh, dass ich keinen hatte. Ich sah zu, wie Papi meinen Galopper wegschob, wie mein Stahlross um die Ecke verschwand und zu all den anderen kam, die das Pech hatten, jüdischen Kindern zu gehören.

Der Sommer hatte immer viel freie Zeit bedeutet, sonnige Unternehmungen draußen mit den Freunden, ohne schulische oder elterliche Aufsicht. Aber nicht dieser Sommer. Dieser Sommer war anders. Im Juli mussten wir von abends acht bis morgens um sechs im Haus bleiben. Werner, Vera, Greetje, Rudi und ich konnten uns ohnehin nur noch im Freien treffen, und nun wurden unsere langen Sommerabende schmerzlich verkürzt, wie ein zu doll abgeknipster Fingernagel. Noch dazu war es ein heißer Sommer, und ins Schwimmbad durften wir nicht. Also trieben wir uns frühabends an den Grachten im lichten Schatten der dichtbelaubten Ulmen herum.

An einem dieser Abende zogen wir mal wieder im Gänsemarsch – Werner, dann Greetje, ich und als Schlusslicht

Rudi – an den Grachten entlang: Stern, kein Stern, Stern, Stern. Rechts war hinter den Bäumen das Hupen und Rattern der Autos zu hören, links das kühle, dahinströmende Wasser, das die Hausboote gegen die Steine rumste. Ich breitete die Arme aus, um auf dem gemauerten Rand das Gleichgewicht halten zu können. Zwischendurch bückte ich mich nach einem hübschen Kiesel, und als ich mich aufrichtete, verhedderte ich mich im Saum meines Rocks. Mit einem kleinen Schreckenslaut versuchte ich, mich mit dem linken Arm abzufangen. Er schrammte schon über den Rand, da packte mich jemand gerade noch rechtzeitig um die Taille und riss mich zurück. Ich landete hart auf meiner rechten Seite und sah mich um. Rudi.

»Huch«, machte ich, etwas verlegen.

»Ich weiß, dass dir langweilig ist, aber ein Erfrischungsbad in der Gracht ist keine so gute Idee. Du kannst nicht schwimmen«, sagte er.

Bei dem Rettungseinsatz war seine graue Mütze heruntergefallen, er schnappte sie sich vom Backsteinpflaster und setzte sie wieder auf. Zuvor erhaschte ich jedoch einen Blick auf seinen geschorenen Kopf; ich wusste, wie unangenehm der ihm war. Deshalb die Mütze. Er fasste sich mit der einen Hand an den kurzen Schirm und drückte die Mütze mit der anderen hinten zurecht. Rudi war auf seine Haarpracht immer stolz gewesen, darin waren wir uns ähnlich, aber jetzt musste er zu einem steinalten jüdischen Friseur gehen, der keinen Stil hatte und zu lange schon nur mit alten, kahlen Köpfen zu tun.

»Geht's wieder?«, fragte Greetje.

»Ja, alles gut«, sagte ich.

»Du Taps!«, rief Werner über die Schulter zurück.

»Bin kein Taps, du blöder Henki, der immer so express unterwegs ist!«, empörte ich mich.

Wir liefen früher als sonst nach Hause, damit Rudi noch mit uns essen und trotzdem pünktlich um acht daheim sein konnte. Greetje durfte nicht zu uns rein, also zog sie die paar Türen weiter nach Hause. Muttis Miene verriet, dass sie über das extra zu stopfende Maul nicht glücklich war. Zum einen wurden Lebensmittel jetzt für alle rationiert, zum anderen aber durften Juden nur noch nachmittags zwischen drei und fünf einkaufen. Und um die Zeit waren die Regale in den Geschäften oft schon fast leer. Manchmal kaufte Greetje für uns ein und brachte uns ein paar Leckerbissen, sonst aber gab es bei uns vor allem Kartoffeln, Fleisch kaum, alten Käse und Brot nur vom Vortag. An diesem Tag hatte Greetje für uns Besorgungen machen können, und so hatten wir Rosenkohl und Karotten, ja sogar frische Milch. Ich wusste genau, dass sie viel riskierte, denn für Juden einzukaufen war verboten. Mutti gab sich alle Mühe, aus dem, was sie ergattern konnte, was zu machen. Ich dachte sehnsüchtig an meine Zeiten mit Opa im Schrebergarten. Nach einem ganzen Tag draußen war ich schier am Verhungern, aber ich hütete mich, so etwas zu sagen und mir den Kommentar einzuhandeln:

Du hast keine Ahnung, was Hunger ist, kleines Fräulein.

Mein Geburtstag, Dezember 1942. Bei uns im Esszimmer. Das feine weiße Porzellan mit dem Rosenmuster, von dem ich sonst meinen Zitronenpudding löffelte, war verpackt. Inzwischen war einiges an Kristall und Silber bei den Mietern über uns eingelagert. Max und Stien Bremekamp waren keine Juden, aber bereit, einiges für uns zu verstecken. Und

Zitronenpudding gab es nicht, jedenfalls keine Zitronen; Eier, Butter und Milch waren rar. Es gab auch praktisch keine Freunde, denn in größeren Runden durften wir uns nicht mehr zusammentun. Ich hatte immerhin meine Puppen, das half.

Mutti stand vom Tisch auf, schob ihren Stuhl vor den Speiseschrank und stieg hinauf, während Papi den Stuhl wegen der wackligen Beine an der Lehne festhielt. Sie öffnete die oberen Glastüren, griff bis ganz hinten hinein und zog vom höchsten Bord ein in glänzendes Silberpapier gewickeltes Päckchen.

Das nahm ihr Papi erst einmal ab, bis sie vom Stuhl herabgestiegen war und wieder saß. Dann legte er es vor sie hin und nickte, und da hob sie die große Tafel mit der Aufschrift *Droste* hoch. Sorgfältig schälte sie nacheinander die Papierlagen ab. Unter der blauen erschien die in einer letzten Goldpapierschicht verpackte Schokolade.

Mutti hielt uns die Tafel auf den Handtellern hin.

»Reni, alles Gute zu deinem zwölften Geburtstag!«

Werner sog scharf die Luft ein und machte große Augen. Ich leckte mir die Lippen bei dem Gedanken an die tiefbraune Köstlichkeit unter der dünnen Folie, hütete mich jedoch, nach der Tafel zu greifen. Mutti legte sie auf den Tisch, und wir sahen ehrfürchtig zu, wie sie die Schokolade behutsam wieder exakt in ihre Goldpapierfalten wickelte. Dann stieg statt ihrer Papi auf den Stuhl, sie reichte ihm die Tafel, und er verstaute sie wieder in dem Schrank.

»Und freudig sehen wir deinem dreizehnten entgegen«, sagte Papi feierlich, schloss die Glastüren und hielt so ein weiteres Jahr die Hoffnung hoch.

10

Sie holen uns direkt aus der Schule

Amsterdam, 25. März 1943

Mein Klassenzimmer leerte sich. Es gab inzwischen mehr Pulte als Schüler. Wenn ich mich umsah, klafften in den Reihen viele Lücken. Jede Woche wurde jemand deportiert, zur Zwangsarbeit geschleift. Rudi war noch da, und ich blieb so nah bei ihm wie möglich, was jetzt bei weniger Mitschülern noch mehr auffiel.

»Helene und ihr Bruder Josef sind weg«, sagte er und deutete mit einem Nicken auf die hinteren Reihen, wo die beiden immer gesessen hatten.

»Ja«, sagte ich mit Blick auf die leeren Bänke. »Es geht jetzt immer schneller.«

»Das stimmt.«

Ich dachte an gewisse Nachbarn bei uns in der Straße. Eben noch da. Dann kam die Polizei, räumte aus, bis alles fort war, die Wohnung verriegelt, verrammelt, dunkel, und nur ein amtlich aussehender, an die Tür genagelter Schrieb sich im Luftzug hob.

»Irene«, sprach mich Herr Pinto mit vollem Namen an.

»Ja«, sagte ich und sah hoch.

Sein Blick war besorgt. Er berührte meinen Arm. Ich sah zu Rudi hinüber.

»Der Direktor möchte dich sprechen. Nimm deinen Ranzen gleich mit. Ich begleite dich.«

Der Klasse trug er auf, schon mal das nächste Kapitel zu lesen, er komme gleich wieder. Was wollte der Schuldirektor von mir?, fragte ich mich. Ich war noch nie zum Direktor gerufen worden. Hatte ich etwas verbrochen? War ich zu spät gekommen? Hatte meine Hausaufgaben nicht abgegeben? Aber nein, nichts davon. Ich packte meinen Stift, mein Heft, den kleinen Ranzen und meinen Mantel, und Rudi raunte mir zu: »Wird schon werden.«

Dann stand ich vor dem Direktor. Ich wusste nicht mehr, wie er hieß; ich sah ihn nur selten. »Irene, man wartet draußen auf dich«, sagte er. Er sah mich nicht an, aber seine auf dem Schreibtisch gefalteten Hände zitterten leicht.

Wen meinte er mit *man*?

»Geh schon.«

Ich stand wie angewurzelt da, bis Herr Pinto mich hinausschob. »Was ist los?«, fragte ich bang. »Muss ich ins Lager?«

»Courage, Irene«, sagte er und drückte mich.

Meine Beine zitterten so, dass ich mich kaum aufrecht halten konnte. Mir fiel eine der Zeilen ein, die Herr Pinto mir ins Poesiealbum geschrieben hatte: … *Wenn einst trübe Tage kommen, verzage nicht so schnell; bewahr im Herzen Sonnenschein, einst wird es wieder hell …*

Ich trat in die helle Sonne hinaus, und sah einen klapprigen Lieferwagen am Bordstein stehen. Ein stämmiger holländischer Polizist zeigte auf die Pritsche. Er trug eine dunkelblaue Uniform mit Goldknöpfen und hohe, verschmutzte Stiefel.

»Rauf mit dir«, befahl er.

Ich konnte nicht anders, ich begann zu weinen. Ich war nicht tapfer. Er zeigte noch mal.

»Es ist zu hoch«, wimmerte ich. Die Ladefläche des Lastwagens sah aus wie ein hungriges Riesenmaul.

»Reni?«, hörte ich eine Stimme von drinnen rufen.

»Werner?«, rief ich.

»Muss ich nachhelfen?«, meinte der Polizist, die Hände schon zum Stoß erhoben.

Werner schob den Kopf zwischen den grauen Tuchplanen vor und sagte: »Gib mir deine Hand.«

Der Anblick meines Bruders löste die Starre, und das Zittern in den Beinen hörte endlich auf. Ich packte seine Hand, stemmte mich fest gegen den Rahmen und turnte flink wie eine Katze hinauf. Wir purzelten rücklings auf die Ladefläche.

»Rührt euch nicht vom Fleck«, befahl der Polizist, knallte die Ladeklappe hoch und verriegelte sie, dann hörten wir ihn zur Beifahrertür marschieren. Die Tür ging auf und fiel mit einem Knall zu.

Ich umhalste Werner und ließ den Tränen freien Lauf.

»Haben sie dir was getan?«, fragte Werner und musterte mich scharf.

»Nein«, sagte ich und wischte mir die Tränen weg. »Aber was haben sie vor?«

Der Laster fuhr ruckend los. Hinter Werner waren Kisten mit Gemüse, Kartons mit Dosen, pralle Säcke und mehrere große Stahlbehälter, die nach Essen rochen. Es stank nach vergorenem Kohl. Auf unserer Seite blieb auf der Sitzbank gerade genug Platz für uns beide.

»Ich weiß es nicht«, brüllte er über den Motorenlärm. »Ich hoffe nur, dass sie hier nicht noch mehr Leute reinstopfen wollen. Mich haben sie auch aus der Schule geholt. Ohne Vorwarnung. Einfach aus der Klasse gezerrt. Gesagt haben sie mir nichts.«

Ich sah zu ihm hoch, aber er guckte stur geradeaus. Beide

griffen wir automatisch nach den seitlichen Latten, als der Laster um die Ecke bog.

»Reni. Ehrlich gesagt habe ich richtig Bammel«, sagte er und schüttelte sich.

»Schlimmer als Schlangen«, sagte ich.

»Aber wenigstens sind wir zusammen«, sagte er und legte mir einen Arm um die Schultern.

Noch nie war ich so froh gewesen, bei ihm zu sein.

Wir hockten lange so beieinander. Dann merkte ich, dass irgendwas mein Kleid durchnässte. Ich sprang auf und sah, dass ich auf feuchten, fauligen Kohlblättern gesessen hatte. Weil ich mein Kleid nicht noch schlimmer besudeln wollte, stützte ich mich an dem hinterem Rahmen und der Ladeklappe ab, was außerdem den Vorteil hatte, dass es weniger stank, weil ich die Plane zurückschlagen konnte. Ich vergewisserte mich, dass mein Ranzen in eine halbwegs trockene Ecke geklemmt war und nicht wegrutschen würde. Ich lugte hinaus, und Werner auch.

»Ich kenne diese Straßen«, sagte er. »Die Namen auf den Schildern. Noch fahren wir bloß durch Amsterdam. Richtung Osten.«

Das beruhigte mich etwas. Wir würden notfalls allein nach Hause finden können. An einer Kreuzung hielten wir an, dann machte der Laster wieder einen Satz, wurde abgewürgt, sprang wieder an und rumpelte um einen Verkehrskreisel. Hinter uns erstreckten sich die Straßen der Stadt. Eine Frau überquerte die Fahrbahn. Sie drehte sich uns zu, begegnete unserem Blick, dann entschwand auch sie.

»Glaubst du, die Leute fragen sich, warum gut gekleidete Schüler wie wir hinten auf einem Lieferwagen hocken?«, meinte ich.

»Vielleicht, vielleicht aber auch nicht«, überlegte Werner. »Im Krieg sieht vieles, was verdächtig ist, irgendwann normal aus.«

Der Laster hielt an jeder Kreuzung. Mich juckte es, abzuspringen und loszulaufen. Aber wir waren zu hoch oben, und die Stopps zu kurz, um heil davonzukommen. Und was würde der Polizist tun, wenn er mich erwischte?

Bald hielt der Lastwagen erneut. Wir standen vor dem alten Theater, der Hollandsche Schouwburg. Ich hörte Stiefel trappeln, dann umrundete der Stiefelträger die Ecke.

»Runter«, befahl derselbe holländische Polizist, der mich gezwungen hatte einzusteigen, und entriegelte die Ladeklappe.

Werner und ich sprangen mit unseren Ranzen ab. Ich besah mir die vielen Menschen, die ins Theater strömten.

»Da lang«, wies uns der Beamte an und zeigte auf das Theaterportal.

»Sind unsere Eltern auch hier?«, stammelte Werner, hielt sich dabei aber sehr gerade.

»Ich … weiß es nicht«, antwortete der Polizist verlegen wie ein kleines Kind.

»Los, Reni«, sagte Werner, marschierte los und hielt mir rückwärts die Hand hin.

Ich werde nicht weinen, schwor ich mir im Stillen, als ich merkte, wie mir wieder die Angst in den Hals stieg. Ich atmete tief durch, strich mir übers Kleid und ergriff Werners Hand. Hoffentlich würde mir Mutti nicht wegen der Flecken böse sein.

Das Theater ragte über uns auf, die Fassade in der Sonne blendend weiß. Zuletzt war ich mit Vera, Greetje und Werner hier gewesen, um *Schneewittchen* zu sehen. Ich erinnerte mich an die über die Bühne wirbelnden Farben, daran, wie wir über die niedlichen Zwerge gelacht und schnell die Knie angezogen und unser Augen abgeschirmt hatten, wenn die gruselige Stiefmutter auf die Bühne stürmte. *Keine zwei Jahre her*, dachte ich. Mir kam es vor wie gestern. Oder wie vor ewigen Zeiten.

Jetzt stapften wir allein zum Eingang. Dort wurden Menschen durch die hohen Flügeltüren geschubst und geschoben; Werner entschied sich für eine ungenutzte Tür außen rechts, wo sich prompt fünf bullige Wächter nach uns umdrehten und auf uns herabsahen. Sie alle hatten Zickzacke, sie alle waren Nazis.

»Äh«, machte Werner. »Ich glaube, wir sollen hier rein, aber ich bin mir nicht sicher.«

»Na, warum seid ihr wohl hier?«, fragte der kräftigste der Männer feixend.

»Wir wurden von einem Laster an der Schule abgeholt.«

»Seid ihr Juden?«

»Äh, ja«, sagte Werner leise.

»Dann seid ihr hier richtig. Ihr habt bloß die falsche Tür erwischt«, sagte der Mann und zeigte mit den Finger. »Ihr müsst euch dort drüben anstellen.«

Die Menge schob uns langsam die Stufen hinauf vor die offenen Türen. Dort warteten links und recht weitere Nazi-Posten, und vor ihnen bildete sich eine Schlange.

»Sollen wir nach Mutti und Papi fragen?«, wollte ich wissen.

»Pscht. Nein, das gibt vielleicht nur Ärger«, sagte Werner und zerquetschte mir fast die Hand.

»Werner, au!«, protestierte ich.

Die kleine Gemeinheit genügte, um mir die Tränen über die Wangen zu treiben und einen Schauer über den Rücken zu jagen. Was, wenn sie nicht da sind?, fragte ich mich. *Was, wenn sie schon deportiert worden sind? Was, wenn …?* Ich sah Werner an und drückte meinerseits zu. *Was, wenn es nur noch wir beide sind*? Die Vorstellung war zu viel, mir wurde ganz anders.

»Wir werden sie schon finden«, sagte Werner. Er sah mir direkt in die Augen. »Ganz bestimmt.«

Wir nannten unsere Namen, die Wachposten schrieben sie auf, dann traten wir mit gesenktem Blick und hämmernden Herzen ein. Meine Augen brauchten eine Weile, um sich an das funzelige gelbe Licht und das Dunkel drinnen zu gewöhnen. Bald aber sah ich, dass hier kein Theater mehr war. Die schönen Tapeten waren von den Wänden gerissen, es blieben nur Fetzen, die aussahen wie verfilztes Haar. Stellenweise war der geschwungene Stuck an den Wänden geplatzt, es schien, als könnten sie jeden Moment einstürzen. Die Sessel waren alle weg. Der Saal war nur noch äußere Hülle, ein »Exoskelett«, wie wir sie gerade in der Schule durchnahmen, ausgeweidet. Inzwischen hatte ich kapiert, dass die Nazis darin richtig gut waren. Alles herauszuholen und auszuschlachten. Drinnen drängten sich die Menschen, standen oder liefen herum, redeten miteinander, und es stank, als wäre irgendwo ein verstopftes Klosett. Wie konnte ein so eleganter Ort – mit Teppichen wie Wolken und Lüstern, die funkelten wie der Nachthimmel – so nackig werden? Hatte hinter allem schon immer diese Hässlichkeit gesteckt?

Ich sah überall Grüppchen auf dem Boden hocken. Wir überquerten den nackten Beton mit den Stoppelresten, wo zuvor Teppich gewesen war, und näherten uns den Familien, den flüsternden Menschentrauben. Wir gingen schrittweise und hielten bang Ausschau. Wir beäugten dunkle Menschenknäuel. Wir würden alles absuchen, jeden Fußbreit, bis wir sie fanden. Jeden letzten Winkel. Ich wünschte, ich wäre zwei Meter groß mit einer lauten, erwachsenen Stimme, die über die Menge wegtönen könnte: »Mutti, Papi, wo seid ihr? Werner und Reni hier, wir suchen euch!«

Wir ließen nicht locker. Werner zerrte mich ins Gedränge vor der einstigen Bühne. Ins Schummerlicht spähend wie in einem Traum, schlug mein Herz sicherlich so schnell wie das eines Vogels.

Dann drehte sich eine Frau um: *Mutti*! Ich riss mich von Werner los, stürzte zu ihr hin, während sie auf die Knie sank und zu weinen begann.

»Ach, Reni, Werner.« Die Worte entrangen sich ihr wie Seufzer. Ihre Augen waren ganz rot.

»Mutti!«, rief ich. Und dann war auch Werner bei uns. Und wir alle eng umschlungen. Gerettet.

»Ich habe mir solche Sorgen gemacht«, sagte schließlich Mutti.

»Wo ist Papi?«, fragte ich.

»Er wollte mit ein paar Leuten reden. Er kommt gleich wieder.« Mutti musterte mich von oben bis unten. »Geht es dir gut? Haben sie dir auch nichts getan?«

»Nein, alles in Ordnung«, versicherte Werner. »Aber wir wussten einfach nicht, was los ist …« Er erklärte, wie wir jeweils von der Schule geholt und in einem Lieferwagen durch die Stadt gefahren worden waren. Die Geschichte klang verrückt, obwohl genau das gerade passiert war. Auf einem losen Haufen entdeckte ich zusammen mit einem meiner Mäntel, einem Kissen und sogar meiner Lieblingspuppe Liesje auch meine rosa Decke.

»Ihr habt meine Sachen mitgebracht!«, rief ich und lief hin.

»Ja, aber wir hatten nicht viel Zeit. Nur Minuten, um die

paar Sachen zusammenzuklauben«, sagte Mutti, die mir gefolgt war. »Ich hoffe, ich habe die richtige Puppe erwischt.«

»Ja, hast du. Liesje ist mir die Liebste«, sagte ich und drückte sie an meine Brust. Ich setzte mich mit Mutti auf den Fußboden und kuschelte mich auf ihren Schoß. Ich rollte mich wohlig warm zusammen und schlief prompt ein.

Irgendwann später wurde ich sanft wachgerüttelt. Ich lag auf der Seite, ein Kissen unterm Kopf.

»Wach auf, Reni«, hörte ich meinen Vater sagen. »Essenszeit.«

»Papi!«, rief ich, drückte ihn schläfrig und dämmerte wieder weg, merkte dann aber doch am Stimmengewirr, dass ich nicht daheim war. Ich schreckte hoch, und da waren das zerstörte Theater und mir im Schneidersitz gegenüber Papi. Ich kroch – mit meiner rosa Decke – auf seinen Schoß. Er hatte für mich einen randvollen Suppenteller. Ich hatte den ganzen Tag nichts gegessen. Ich sah in die kreisrunde wässrige Brühe mit den zerkochten Gemüsestücken. Ich dachte an die vielen Vorräte hinten im Laster – das waren sie. Die Suppe schmeckte scheußlich, aber das war meinem Körper egal. Meine Mutter und Werner waren fort, ihre leeren Suppenteller standen vor mir auf den Teppichresten.

»Sie sind losgezogen, um zu schauen, ob vielleicht Nachbarn da sind«, erklärte Papi.

»Warum sind wir überhaupt hier?«, fragte ich.

»Das ist ein Sammelplatz«, sagte er. »Hier treiben sie uns zusammen und schicken uns dann in die Arbeitslager.«

»So viele«, staunte ich. »Wie haben sie die Arbeit denn vorher geschafft?«

»Das, meine liebe Reni«, sagte er, »ist eine sehr gute Frage. Auf die ich keine gute Antwort weiß.«

Ich musterte ihn und hätte ihm so gern die Sorgenfalten von der hohen Stirn gewischt. Sie machten mir Angst. Papi wusste sich doch sonst auch zu helfen.

Dann hörte ich Lachen. Benommen sah ich zu den Leuten neben uns hin: eine Mutter, ein Vater und vier kleine Jungen. Sie spielten offenbar ein Spiel, bei dem Steinchen hochgeworfen und Bleistifte ausgelegt werden mussten. Ach, wie gern wollte auch ich wieder spielen. Keine Fahrräder, keine Freunde, die zu mir kommen durften, keine Geburtstagsfeiern, kein Schlittschuhlaufen, kein Kino, kein … mir schnürte es den Hals zu, die Tränen stiegen mir in die Augen, als ich an Papis Verse in meinem Poesiealbum dachte.

Ich find dich allerliebst,
mein kleiner Herzensdieb,
und so, wie ich's hier schreibe,
wird es auf immer bleiben.

Die Nacht verbrachten wir auf dem Fußboden dicht zusammengedrängt inmitten unserer paar Decken und Kissen. Das Theater war stickig, finster und voll, aber ich war dankbar. Ich konnte mich nicht erinnern, wann wir zuletzt alle beieinander geschlafen hatten.

11

In der Hollandschen Schouwburg

Amsterdam, 26./27. März 1943

Am Morgen wurde ich davon wach, dass die Wachposten scharenweise Leute hinaustrieben. Es gab Tränen und Unruhe und Hast. Papi befahl uns, zu warten, noch nicht auf Toilette zu gehen, einfach stillzuhalten. Also taten wir das. Der Saal leerte sich etwas. Es trafen ein paar verschreckte Neue mit entsetzten Gesichtern ein.

»Schicke Frisur, Reni«, bemerkte Werner.

»Ach, sei doch still«, schimpfte ich. Es gab keinen Spiegel, aber bestimmt sahen meine Haare wüst aus. Ich musterte seinen windschiefen Mopp. »Du bist auch nicht gerade ein Leinwandheld heute.«

»Oje.«

Flink wie eine Katze mit ihren Pfoten richtete er sich das Haar.

»Und jetzt?«

»Pah. Jetzt bist du ein alberner Fatzke.«

»Darüber wollt ihr euch streiten, ernstlich? Über Frisuren?«, meinte Mutti. »An diesem Ort?«

Papi rieb ihr den Rücken.

Ich schnitt Werner eine Grimasse und versuchte, mein Haar mit Spucke zu bändigen.

»Wo gehen die alle hin?«, fragte ich.

»In ein Arbeitslager, es heißt Westerbork«, sagte Papi.

Mutti warf ihm einen Blick zu, der besagte: *Schweig*.

»Aber Mutti«, sagte Werner, »du glaubst doch nicht, dass Reni und ich nicht wüssten, was los ist. Oder jedenfalls weiß ich es.«

»Wir wissen nur so viel«, beeilte sich Papi, etwas scharf zu betonen, »dass nämlich Leute von hier aus mit dem Zug in ein niederländisches Arbeitslager gebracht werden, das ein paar Stunden weiter nördlich liegt.«

Mutti funkelte ihn böse an. Und er sagte auch weiter nichts mehr.

Schließlich durften wir in den Toilettenraum, der widerlich war. Werner meinte, die Toiletten im Theater wären nicht für so viele Menschen gedacht.

Wieder im Saal, kauerten wir zusammen auf unserer Schlafstelle und aßen Haferschleim von denselben ungespülten Tellern, in denen am Abend die Suppe gewesen war. Auch widerlich.

Wenig später kam ein blasser, nervöser holländischer Polizist zu uns herüber und sprach mit Papi. Beide warfen mir immer wieder mal einen Blick zu.

»Reni, mein Schatz. Dieser nette Wachmann sagt, drüben auf der anderen Straßenseite haben sie für kleinere Kinder einen Hort eingerichtet, und sie könnten gut etwas Hilfe von den Größeren gebrauchen. Wärst du bereit, mit anzupacken?«

Ich versuchte, in seinem Gesicht zu lesen. War das wahr? Ich spielte furchtbar gern mit Kindern, jedenfalls halbwegs braven Kindern, aber ich wollte nicht von der Familie weg. Er nickte. Auch Mutti nickte.

Da sprang ich auf und folgte mit einigen anderen Mädchen in meinem Alter dem netten Polizisten. Ich blickte zurück;

Papi winkte. *Keine Sorge*, besagte die Geste. Draußen tauchten wir in die gleiche kalte Sonne wie am Vortag. Oh, was tat das gut.

Wir betraten ein kleines Gebäude gegenüber vom Theater, das aussah, als wäre es vielleicht mal eine Bücherei gewesen. Dort spielte ich den ganzen Tag mit Kindern jeden Alters. Es gab ungefähr zehn Mädchen wie mich, eine Handvoll Schwestern in weißen Kitteln und Hauben und etwa siebzig Kinder. Das war auf jeden Fall lustiger, als in dem muffigen Theater herumsitzen zu müssen. Trotz der Windeln, die wir wechselten, stank es hier weniger, und selbst in schlimmen Zeiten, begriff ich, finden Kinder Möglichkeiten, sich zu vergnügen. Weil es kein Spielzeug gab, erfanden wir Spiele und sangen Lieder, die wir aus der Schule kannten. Wir alle kannten »*Een gat in mijn emmer*«:

Ein Loch ist im Eimer, Karl-Otto, Karl-Otto
Ein Loch ist im Eimer, Karl-Otto – ein Loch!
Verstopf es, oh Henry, oh Henry, oh Henry
Verstopf es, oh Henry, oh Henry – mach's dicht!
Womit denn, Karl-Otto, Karl-Otto, Karl-Otto
Womit denn, Karl-Otto, Karl-Otto, womit?

Ich hatte alberne Reime gern, die nichts bedeuteten. Ich sang und sang, wir hielten uns an den Händen und tanzten bis zum Umfallen Ringelreihen. Irgendwann fingen die Kleinsten zu quengeln an, weil sie es gewohnt waren, jederzeit gefüttert zu werden, man sie aber jetzt von ihren Müttern getrennt hatte. Zweimal durften die Mütter, bewacht von zwei Nazi-Posten, aus der Schouwburg zum Stillen herüberkommen. Einer der Wachleute, ein kleiner Dicker, bei dem der

Helm so stramm saß, als hätte man ihm den mit Gewalt aufgedrückt, jagte die Mütter nach nur wenigen Minuten ins Theater zurück. Schluss mit dem Stillen. Eine Mutter wollte sich von ihrem kleinen Jungen nicht trennen. Er war so winzig, er konnte nicht einmal den Kopf heben. Außerdem war er ein bisschen gelb und schrie erbärmlich.

»Bitte«, flehte sie und baute um das Kind mit ihren Armen einen schützenden Kokon. »Er braucht mich. Sehen Sie nicht, dass er mich braucht? Ein neugeborenes Kind.«

Drei von uns, die am nächsten saßen, erstarrten vor Schreck, dass sie es wagte, den Nazis die Stirn zu bieten. *Lass sie bleiben*, flehte ich stumm, *bitte*.

Der Nazi-Posten riss ihr das mittlerweile gellende Baby aus den Armen. Ein Zweiter schob die Mutter zur Tür, während der Erste das Baby einem älteren Mädchen neben mir aufzwang, und beide abrauschten. Das Mädchen drückte sich das winzige, schreiende Bündel an die Brust.

Im Hort war es bis auf das nach seiner Mutter schreiende Neugeborene totenstill. Ich war wie versteinert. *Nazis heiraten wohl nicht und kriegen keine Kinder*, dachte ich. Sonst könnten sie so etwas niemals tun.

Gegen Abend kamen die Mütter noch mal, um ihre Kleinen zu stillen, und das winzige gelbe Baby durfte wieder bei seiner Mama sein. Uns Helferinnen brachte unterdessen ein anderer holländischer Polizist zurück ins Theater.

»Mussten heute alle Eltern arbeiten oder so?«, fragte ich Werner, auf den ich als Ersten traf.

»Nein, wir haben alle dumm herumgesessen und uns gefragt, ob wir als Nächste abtransportiert werden.«

»Warum haben sie dann *uns* zu den kleinen Kindern geschickt?«, fragte ich.

»Hm, vielleicht weil kleine Kinder sind wie du – laut und lästig?«

»Wenigstens stinkt es dort nicht so wie hier.«

»Ach wirklich? Hundert Babys und alle tipptopp?«

»Ja«, versicherte ich. »Außerdem riecht jeder besser als du!«

Wir kehrten zu Papi und Mutti auf unseren kleinen Flecken zurück, begrüßten ein paar Nachbarn und schlürften Suppe aus unseren widerlichen Tellern vom Morgen. Dann legte ich mich hin und sah mich um. Mit schmalen Augen, wach zwar, aber nur halb. Den Zustand kannte ich langsam schon. Diesen Zwischenzustand, fast wie im Traum, wo das, was wirklich war, doch weit weg schien, aber nicht so weit, dass du nicht, wenn nötig, wenn etwa Gefahr drohte, husch! wieder in die Wirklichkeit zurückspringen konntest. Es war eine todmüde Habachtstellung. Ich schloss die Augen.

Am Morgen zogen abermals scharenweise Leute ab und kamen neue. Und wir, wir warteten wie angewurzelt. Es kam derselbe nervöse holländische Polizist wie gestern und sprach mit Papi. Papis Augen weiteten sich, er nickte, lächelte und sagte etwas zu dem Beamten, der daraufhin rasch etwas auf einen Zettel schrieb.

»Schnell, packt zusammen«, sagte Papi. »Vorwärts, Hasenbergs, Beeilung.« Sein Ton verriet uns, dass wir nichts sagen und keine Fragen stellen dürften. Wir schnappten uns Taschen und Ranzen. Wir folgten dem durch die Menge davoneilenden Polizisten – allerdings in der entgegengesetzten Richtung zu der der meisten anderen. Papi zeigte einem zweiten Beamten am Saaleingang seinen Ausweis, und der Mann ließ uns durch. Auf die Straße. In die Freiheit. Um uns herum pulste das Leben, wir hasteten um die Ecke und gleich weiter.

»John!«, keuchte Mutti ganz außer Atem. »Sind wir etwa frei?«

»Ja«, sagte er und blieb stehen, um sie zu umarmen. Er sah Werner, dann mich an und drückte auch uns.

»Es ist ein Wunder«, meinte Mutti strahlend.

»Ja«, stimmte Papi zu.

»Aber«, gab sie zu bedenken, »wir haben einen ziemlich weiten Weg mit den vielen Sachen. Wir werden auffallen.«

»Allerdings! Drei Kilometer mit unserer gesamten weltlichen Habe!«, meinte Werner.

Drei Kilometer, dachte ich. Ich hätte mehr geschätzt.

»Ich konnte eine Nachricht schicken, bevor uns der Polizeibeamte rausgeschleust hat«, erklärte Papi. »Ein Nachbar holt uns hier ab.«

»Ach, John, du denkst einfach an alles.«

»Ich glaube, grübeln und mich sorgen trifft es eher.«

Wir warteten ewig, bis schließlich ein Wagen kam. Wir quetschten uns alle hinein.

An der Tür zu unserer Wohnung in der Scheldestraat Nr. 40 hing ein Anschlag, der sie für unbewohnt erklärte. Hier lebte niemand mehr. Und was war mit uns? Papi schloss mit einem Zweitschlüssel auf, den er in seiner Geldbörse bei sich trug, und drückte die Tür auf. Unsere Sachen waren noch da – selbst das schmutzige Geschirr im Spülstein; als hätten wir die Wohnung nie verlassen. Ich lief auf unser Kinderschafzimmer und sah nach meinen Schätzen: dem Poesiealbum, meinen Puppen, meinen Sammelkarten. Werner bestätigte, dass seine Landkarten und Bücher ebenfalls noch alle da seien.

Unsere Nachbarn und Freunde waren schockiert und überglücklich. Noch nie war jemand zur Hollandsche Schouwburg gebracht worden und zurückgekehrt. Warum man uns hatte gehen lassen, blieb ein Rätsel. Die ganze Woche füllten sie unsere Wohnung mit Blumen – Tulpen, Narzissen, rot und gelb und rosa. Ich atmete den üppigen Duft und schöpfte neue Hoffnung.

12

Wir geben unseren letzten Besitz weg
Amsterdam, Frühjahr 1943

Im feuchten Nebel des Vorfrühlings streiften Vera, Werner, Rudi und ich an den Grachten entlang. Während wir an einem verregneten Samstagnachmittag ein Stück vor Rudi und Werner her am gestippten Wasser spazierten, erzählte mir Vera von einem neuen Jungen, der ihr gefiel. Sie besuchten nur wenige Kurse gemeinsam, aber vielleicht im nächsten Jahr. Ich lauschte den aufregenden Neuigkeiten, die sie mir zuflüsterte, und studierte dabei die Passanten. Mäntel mit gelben Sternen sah man immer seltener, deutsche Soldaten und holländische Polizisten dafür immer häufiger und immer in Rudeln. Deutschland schaffte die Juden nach und nach aus Amsterdam fort. Ich fühlte mich nicht mehr unsichtbar, mein gelber Stern kam mir im grauen Niesel vielmehr vor wie ein Leuchtfeuer. Und zwischen mir und Vera hatte sich etwas verändert: Anders als ich lebte sie nicht in Ungewissheit, musste nicht jederzeit damit rechnen zu verschwinden. Sie konnte ans nächste Jahr denken, ich steckte in der Sorge um heute und morgen fest.

In der Schule saßen Rudi und ich nach wie vor nebeneinander. Ich brachte mein Poesiealbum mit, damit die wenigen verbleibenden Klassenkameraden sich eintragen konnten. Rudi steuerte weitere Glanzbilder bei. Keine Ahnung, wo er sie herkriegte. Ich las wieder, was die Einzelnen geschrieben hatten, auch Herr Pinto in den ersten Monaten an der neuen Schule, besonders die Zeilen, an die ich hatte denken müssen, als Werner und ich in dem Lieferwagen hockten.

Schreib dir gern ins Album rein,
möcht ja nicht vergessen sein,
möcht lieber noch im Herzen stehn,
wenn wir getrennte Wege gehn.

Und wenn einst trübe Tage kommen,
verzage nicht so schnell;
bewahr im Herzen Sonnenschein,
einst wird es wieder hell.
Geh aufrecht nur und ehrlich
durchs Leben, liebes Kind,
so rät es dir dein Lehrer
und hofft, dass es gelingt.

Das klang so, als hätte er gewusst, was kommt und dass das Leben für uns alle schwerer werden würde. Jetzt schlotterte ihm der Anzug am Leib. Im Unterricht ging er auf und ab, als wagte er nicht, sich zu setzen.

Es gab einen neuen Spruch in meinem Album, die Handschrift schien die von Rudi zu sein, aber sicher war ich mir nicht:

Wenn Teufel beten und Engel fluchen,
wenn Katzen und Mäuse sich besuchen,
wenn Wasser fließt als Wein,
dann hör ich auf, Dein Freund zu sein!

Er sah zu Boden, als ich die Verse studierte, aber ich glaubte, ein Lächeln zu bemerken.

Daheim versorgte uns Greetjes Mutter weiter mit kleinen Mengen Essen aus dem Laden, weil die Regale nach wie vor nachmittags um drei, wenn Mutti erst losgehen durfte, meist schon leergekauft waren. In unserer Straße blieben viele Wohnungen nun dunkel, an den Türen versehen mit amtlichen Anschlägen. Mutti und Papi sagten, es sei an der Zeit, mehr Sachen wegzugeben: Es wäre immerhin besser, sich aussuchen zu können, wer die geliebten Stücke bekam, als sie uns einfach von den Nazis wegnehmen zu lassen.

Den Großteil unserer Sachen versteckten die Bremekamps. Eine Fotografin, die Ri Ritsema hieß und bei ihnen wohnte, sagte, sie könne Bilder für uns aufbewahren, weil das nicht auffallen würde. Die Fotos wurden also von den Wänden geholt und hinterließen dunkle Schatten. Das Heuwiesenbild wurde abgehängt, und Muttis Hals und Ohren blieben nun schmucklos. Ich musterte die leere Wand und stellte mir die Fotos an ihren alten Plätzen vor: meine Großeltern, meine Eltern auf einem Spaziergang, Werner und ich beim Schlittschuhlaufen, Werner und ich am Strand.

Was konnte ich nicht entbehren? Meine Puppen? Selbst meine geliebte Liesje lockte mich nicht mehr wie früher. Wenn die kleine Gerda mit ihrer Schwester Greetje vorbeikam, um Essen zu bringen, lief sie immer schnurstracks auf mein Zimmer, um dort die Puppen auf ihrem Bord in ihren hübschen Kleidern und Hüten zu bewundern. Jetzt durfte sie sich etwas aussuchen. Zu meiner Überraschung wählte sie Liesjes Holzbettchen, damit ihre eigene Lieblingspuppe eines hätte. Arme Liesje, dachte ich, aber ich konnte Gerda verstehen. Und die strahlte.

Meine rosa Decke, die dürfe ich behalten, hatte Mutti gesagt.

Dann kam der Morgen im Spätfrühling 1943, da ich unsere ausgezehrte Klasse betrat und Rudi fehlte. Er war immer vor mir schon zur Stelle gewesen. Ich starrte auf die Tür und beschwor ihn herbei. Ich behielt die Tür den ganzen Vormittag im Blick. Seine leere Holzbank blieb verwaist. Mittags war er immer noch nicht aufgetaucht. Herr Pinto kam zu mir und tätschelte mir die Schulter. Da konnte ich die Tränen nicht mehr zurückhalten und bat darum, nach Hause gehen zu dürfen. Er nickte. Ich legte den Heimweg im Laufschritt zurück und verlor dabei meinen einzigen Bleistift. Ich lief gleich ins Kinderschlafzimmer und schlug die Tür zu.

»Wieso bist du zu Hause? Geht es dir nicht gut?«, fragte Mutti, die mit dem Geschirrtuch in der Hand aus der Küche herbeieilte.

»Mir ist nicht nach Reden«, sagte ich.

Sie ließ sich nicht beirren.

»Was ist passiert?«, fragte sie.

Ich drehte den Kopf zur Wand und schluchzte in meine Decke.

»Kind«, sagte sie und legt mir die Hand auf den Rücken, wie es Herr Pinto getan hatte.

»Er ist weg«, klagte ich. »Sie haben ihn geholt.«

»Rudi?«

Ich nickte in den rosa Flausch.

»Ach, das tut mir so leid«, sagte Mutti. Und dann saßen wir da. Ich sah nicht hoch, hatte aber den Verdacht, dass auch sie weinte.

»Wir wussten, dass es vielleicht … so kommen würde«, sagte sie.

»Ja, aber es zu *wissen* ist was anderes als es wirklich *erleben* zu müssen«, klagte ich. »Ich habe ihm nicht einmal Lebwohl sagen können.«

»Er weiß, was er dir bedeutet. Das hast du ihm Tag für Tag bewiesen. Du bist ihm eine gute Freundin. Er weiß das.«

Ich dachte an den gestrigen Tag. Rudi hatte seinen braunen Mantel angehabt, an dem sich ein Zacken des gelben Sterns gelöst hatte und schlapp herunterhing. Ich entsann mich, gedacht zu haben: Hoffentlich kriegt er keinen Ärger. Er hatte mir noch gewinkt, als er sich mit ein paar anderen Jungen davonmachte. Wir hatten über das bevorstehende Wochenende gesprochen und was wir machen sollten, wenn es regnete. Uns unter eine Brücke verziehen? Unter die Dachtraufe eines Geschäfts? Uns einen Regenschirm basteln?

Nichts davon würden wir mehr tun können.

Rudis Verschwinden nahm den Tulpen die Farbe und trübte die Sonne, die uns nach dem Regen wärmen wollte. In den folgenden Wochen versuchte Werner mich aufzumuntern, indem er mich einlud, gemeinsam mit ihm Henki Express-Reisen auszutüfteln. Die Ziele durfte ich frei wählen. Am liebsten plante ich die Reise nach Ecuador, das Land, aus dem unsere Pässe kommen sollten.

Fast jeden Abend sprachen meine Eltern über diese Pässe. Ein Bekannter von Papi würde sie von einem weiteren Bekannten bekommen, der Schwede war. Das klang verwirrend, aber sie redeten von den Pässen, als wären es Goldreserven. Ich erfuhr, dass Ecuador ein kleines südamerikanisches Land voller Wolken und Regenwald war. Hauptsache nicht hier, das allein war verheißungsvoll.

Im Mai kam ich eines Tages von der Schule und wurde gleich an der Tür von einer breit lächelnden Mutti empfangen.

Sie zeigte auf den Küchentisch. Auch Werner war schon da, und der grinste auch über beide Backen. Was war los? Dort auf dem Tisch lag eine Postkarte. Schmucklos, hellbraun. Auf der einen Seite waren zwei Briefmarken, eine grüne und eine rote, und darunter standen mein Name und unsere Anschrift. In Rudis Handschrift. Rudi! Ich drehte die Karte rasch um.

Er war mit seiner Familie im Lager Westerbork. Es gab abends Theateraufführungen … manche gar nicht so schlecht … das Essen war furchtbar … alle schliefen in großen Sälen … ein ziemlich langweiliges Leben … es wäre alles viel lustiger, wenn ich auch da wäre …

Ich las den Text wieder durch. Und wieder.

Mutti und Werner lungerten herum, hantierten ganz unnötigerweise mit irgendwelchen Sachen.

»Mutti«, meinte ich, »wenn wir wegmüssen, kommen wir dann auch nach Westerbork?«

»Ja«, sagte sie. »So wie's aussieht, kommen dort alle hin.« Sie hielt kurz bei ihren Essensvorbereitungen inne – vier kleine Kartoffeln lagen geschält auf der Anrichte. Westerbork, Rudi. Also dann, meinetwegen.

Es hieß, die Deutschen würden morgen wieder Juden zusammentreiben oder vielmehr zwei Tage später oder nein, nächste Woche. Die Gerüchte waren unstet wie flatternde Tauben. Es hieß, die Razzien würden, wenn sie stattfanden, sehr schnell durchgezogen, also hielten wir gepackte Rucksäcke bereit. Mutti hatte Sorge, dass die Pässe zu spät eintreffen würden. Was, wenn man uns wegholte, bevor wir sie hatten? Immerhin wussten wir, was wir mitnehmen mussten: Kleider zum Wechseln, Proviant und Geschirr, eine Decke. Postkarten von Freunden in Westerbork klärten uns darüber auf, und die Polizei verteilte sogar Listen. Genaueres war nicht zu erfahren, aber eines wussten wir mit Sicherheit: Die Frage war nicht mehr, ob sie kommen würden, sondern nur wann. Schließlich seien alle anderen Viertel von Amsterdam inzwischen »entjudet«, so Werner.

»Endjudet, entjudet … das ist doch kein Wort«, protestierte ich, während ich alles zum x-ten Mal wieder aus meinem Rucksack hervorholte. Ständig brauchte ich etwas, das ich gerade eingepackt hatte, meinen Kamm etwa oder eine saubere Bluse.

»Doch, ist es«, sagte Werner und baute sich über mir auf. »Es steht vielleicht nicht im Wörterbuch, aber die Nazis verwenden es.«

»Was kümmern mich die Nazis?«, giftete ich.

»Auch andere sagen es. Bloß weil du es nicht kennst, bedeutet das noch lange nicht, dass es nicht passiert.«

»Mutti«, brüllte ich. »Werner erfindet einfach Wörter!«

Ich legte die Bluse, die ich gesucht hatte, beiseite und stopfte alles andere wieder in den Rucksack zurück. Ich würde die Sachen später ordentlich falten.

»Ich will nichts davon hören«, rief Mutti. »Weder das Wort noch dass ihr zwei euch streitet.«

13

Wir werden abgeholt

Amsterdam, 20. Juni 1943

Am Morgen war die Luft heiß und stickig. Die letzten Spuren des Regens der vergangenen Nacht liefen an den Scheiben herunter und blinkten draußen auf den schlaffen, reglosen Blättern der Bäume. Die Schauer hatten gegen die Schwüle nicht viel ausrichten können. Obwohl wir die Fenster einen Spaltbreit geöffnet und die Verdunkelungsvorhänge zurückgezogen hatten, schwitzten wir schon. Die dünnen Stores, die paar, die wir seit den drohenden Luftangriffen noch drangelassen hatten, hingen schlapp herab. Wir alle – Papi, Mutti, Werner und ich – regten uns gerade erst, machten uns bereit, dem Tag zu begegnen, als ich scharfe Stimmen vom Pflaster und den Backsteinfassaden heraufhallen hörte. Mit dem Handrücken schob ich die Stores am Eckfenster auseinander. Weiter hinten rollten ein paar Autos und eierten Fahrräder über eine Kreuzung. Alles war still und ganz normal, bis auf eine über die ganze breite Straße verteilte Reihe holländischer Polizisten in dunklen Uniformen, die vorrückte wie die auflaufende Flut.

Hinter mir schreckte mich Papis Stimme auf.

»Reni. Weg da. Zeit zu gehen.«

»Aber aus dem Theater sind wir doch auch entwischt, kannst du uns hier nicht rausholen?«

»Nein, tut mir leid, Reni. Diesmal ist es eine viel größere Razzia.«

Papi roch nach Seife und Tee. Sein Haar war zurückgekämmt und vorzeigbar. Sein Gesicht wirkte steif, und vor seinen Ohren schimmerten Schweißperlen. Ich musterte ihn dort im Morgenlicht, aber eigentlich dachte ich an Rudi und daran, dass »Zeit zu gehen« auch hieß, ich würde ihn wiedersehen. Mein Herz schlug höher.

In unserem Kinderschlafzimmer kramte ich in meinem Rucksack und vergewisserte mich, dass ich das Nötigste beisammen hatte. Ich zerrte noch mal alles raus, weil meine rosa Decke und mein Poesiealbum ganz unten rein sollten. Ich tauschte ein paar Anziehsachen rasch gegen andere aus. Ich stopfte alles hinein und drückte ordentlich nach. Richtig falten könnte ich die Sachen später. Ich bekam die Rucksackklappe kaum zu und musste feste an den Riemen ziehen, um die Schnallen schließen zu können.

»Denkt an die zwei Paar Unterhosen«, rief Mutti.

»Meinst du wirklich anziehen oder nur einpacken?«, fragte Werner.

»Anziehen, damit ihr mehr Platz habt«, erklärte Mutti. »Zwei weitere Paar kommen in den Rucksack.«

Als ich aber die Riemen meines Rucksacks noch einmal löste, fiel mir alles wieder entgegen. Wie sollte da denn noch mehr rein?

»Reni.«

Papi stand mit einem Karton in der Tür.

»Letzte Gelegenheit, noch etwas bei den Bremekamps abzugeben«, sagte er.

Meine Eltern hatten hin- und herüberlegt, was sie behalten sollten und was nicht. Wenn wir zu viel versteckten, würden Polizei und Nazis misstrauisch werden. Wir mussten bereit sein, auch Wertgegegenstände zurückzulassen, zum Schutz der Bremekamps und der Sachen, an denen uns wirklich lag.

»Ich dachte, wir hätten ihnen schon alles gebracht«, sagte ich.

»Den Großteil. Aber deine Mutti und ich haben gestern noch einmal einen letzten Karton angelegt. Also, hast du etwas? Schnell, schnell, ich muss mit dem Rest sofort rüberlaufen.«

Er klang schon jetzt aus der Puste, ohne sich überhaupt bewegt zu haben. Mir war, als müsste ich ihm etwas mitgeben, also zog ich mein Poesiealbum aus dem Rucksack und legte es oben auf seine letzten paar eingesammelten Familienstücke. Papi schoss davon. Prompt überlegte ich es mir anders und rief ihm nach, aber er war schon weg, die Wohnungstür fiel ins Schloss. Mutti rief auch nach ihm, bat ihn, nicht zu gehen. Ich stand in meinem Zimmer und schmeckte die Angst.

Ein paar Minuten später klopfte es an der Tür, und es war eine laute Stimme zu vernehmen. Ich spähte den Flur hinab.

Ich sah Mutti an der Tür. »Ja, bitte? Wer ist da?«

»Ich bin's! Trudi, mach auf. Die Tür ist ins Schloss gefallen.«

»Oh, John, das war knapp!«, stieß sie hervor und ließ ihn ein. »Das hättest du nicht tun sollen, es ist zu riskant.«

»Pscht, alles gut. Unsere Sachen sind bei Max und Stien sicher … und sie haben sich noch mal erboten, uns zu verstecken.«

Meine Eltern entfernten sich den Flur hinab; sie hatten mich nicht gesehen.

»Ich weiß ja, ich weiß. Es ist zu spät«, fuhr Papi flüsternd fort. »Die Polizei steht vor der Tür. Wir würden alle erwischt werden. Schon mit den Sachen, die sie für uns aufbewahren, gehen sie ein großes Risiko ein. Wir dürfen sie nicht noch stärker in Gefahr bringen.«

»Bist du sicher?«, fragte Mutti. »Vielleicht sollten wir uns doch verstecken. Es ist die letzte Chance.«

»Ich finde, das dürfen wir nicht, Trudi. Ich habe mich bei ihnen bedankt und bin gegangen. Ich sagte, wir würden die Sachen dann irgendwann wieder holen.«

Und da donnerte es an die Wohnungstür und eine Stimme bellte: »*Politie*. Aufmachen!«

Wir erstarrten.

»Komme«, rief Papi, ohne den Blick von Mutti zu wenden.

»Wohnen hier Juden?«, verlangte die scharfe Stimme.

Schweigen.

»Ja, alle hier sind Juden«, sagte Papi. Er machte auf, und es schwärmten drei holländische Polizeibeamte herein.

Auch aus der Nähe glichen sie, mal abgesehen von der Größe, aufs Haar denen im Theater: blaue Hosen und goldene Knöpfe, über die Uniformjacke hingestreut wie Münzen.

Der Chef mit der scharfen Stimme befahl: »Sie kommen mit. Sie haben zehn Minuten.«

Ich schob mich zittrig und atemlos rückwärts ins Kinderschlafzimmer, um den Rucksack zu holen. Stiefel schlurrten über Teppiche und knallten auf blanken Dielen. Ein Kopf und Oberkörper erschienen in der Tür. Der jüngste Beamte mit seiner spitzen Mütze nahm alles im Zimmer in den Blick – bis auf mich. Ich roch das Leder seiner hohen Stiefel und sein Haarwasser. Schubladen wurden hastig aufgezogen.

Die scharfe Stimme sagte: »Ich rate davon ab, noch schnell irgendwelche Wertgegenstände einstecken zu wollen.«

Es war ein Befehl, keine Empfehlung.

Mir fiel plötzlich auf, dass ich mein Bett nicht gemacht hatte, also packte ich Laken und Überdecke und zerrte sie über das Kopfkissen hoch. Falten zogen sich in Wellen quer über die Fläche.

Ich lief zu Mutti ins Wohnzimmer.

Der Scharfstimmige tippte so energisch auf seine Uhr, dass das Glas zu zerspringen drohte. Es war Zeit zu gehen. Er wies Papi an, ihm die Wohnungsschlüssel auszuhändigen.

Werner sah überhitzt aus in seinen vielen Kleiderlagen. Wir stiegen zwischen einem Polizisten vor und einem hinter uns die eine Etage hinab, während der Dritte oben abschloss. Die Treppenstufen knarrten unter unserem Gewicht. Draußen stießen wir zu ein paar ebenfalls zu dick angezogenen Nachbarn. Sie trugen Mäntel und Hüte und schleppten Seesäcke, Koffer und zu Bündeln geknotete Wolldecken. Ich hörte einen Polizisten von uns als »Ladung« sprechen, als wären wir Waren und zu verkaufen.

»Was geschieht jetzt mit uns?«, fragte ich Mutti.

Sie hieß mich schweigen.

»Reni, still jetzt«, sagte Papi.

Wir mussten Reihen bilden und die Straße hinabmarschieren, an der Ecke ging es rechtsum auf den breiten Boulevard mit dem Mittelstreifen. Immer mehr Menschen stießen wie kleine Flüsse zu einem großen, bis wir zum breiten Strom wurden und Mühe hatten, mitzuhalten, außer Papi, der zügig geradeaus marschierte, als wäre er im Weltkrieg auf dem Exerzierplatz. Ich versuchte, Schritt zu halten, aber es war unmöglich. Um mich herum schoben die Leute die Bündel in ihren Händen und Armen ständig von links nach rechts. Stricke, Bänder und Riemen schnitten in Schultern und Handteller. Ich sah hier einen Holzkarren, dort einen Kinderwagen. Alle lösten die Knöpfe an Jacken und Kragen. Frauen umklammerten ihre Handtaschen. Ich versuchte, an Rudi zu denken.

Wir erreichten einen Platz, und nun gab es weniger holländische Polizisten und mehr deutsche Wachsoldaten. Mir wurde klar, dass ich schon nicht mehr wusste, wie wir auf welcher Route dorthin gelangt waren. Die Straßen, sonst voller Menschen, waren bis auf uns, eine wachsende Schar von Polizisten und Wachen eingekesselter Juden, leer. Ein paar wenige Gesichter zeigten sich weit oben hinter fernen Fenstern. Ein paar Männer standen schwatzend in einem Hauseingang. Sie sahen nicht in unsere Richtung, als hätten sie uns nicht bemerkt. Als wäre die Aushebung von Juden in Amsterdam ganz normal. Schließlich standen sie selber ja sicher am Ufer des großen Stroms davongetriebener Menschen.

Der ergoss sich nun in einen Park, dort mussten wir anhalten. Die Leute legten ihre Bündel auf dem Rasen ab und überließen die paar wenigen Bänke den Älteren. Alle wirkten verstört. Babys schrien. In der Ferne hörte ich Wachleute brüllen. Ich wich ein paar Schritte zurück und stieß mit Werner zusammen.

»Pass doch auf«, knurrte er. Er spuckte etwas aus. Er hatte mal wieder Nägel gekaut.

»Tut mir leid«, flüsterte ich.

Eine Kolonne grauer Laster hielt in der Parkkurve. Grüne Tuchplanen wurden zurückgeschlagen, man befahl unserer Familie und anderen, hochzuklettern und uns auf die Bänke zu beiden Seiten zu setzen. Wir wurden reingequetscht wie die Sardinen. Ich musste enger und enger aufrücken, bis ich mich nicht mehr rühren konnte. Unsere Sachen wurden zwischen die Bänke gestapelt. Die Leute fächelten sich mit Hüten und gefalteten Zeitungen Luft zu. Ein Mann bat darum, man möge die seitlichen Planen hochschlagen, damit Frauen und Kinder atmen könnten. Die Wachleute hörten weg. Der Mann wiederholte die Bitte nicht, und keiner wagte es, selbst Hand anzulegen.

Zum Glück dauerte die Fahrt nicht lang, denn bald schon erreichten wir den Bahnhof Muiderpoort, von dem wir immer ans Meer gefahren waren, wo ich mit den Füßen im warmen Sand gewühlt hatte und meine kleinen Taschen schwer wurden vor kostbaren weißen, goldgelben und blauen Muscheln. Wir hangelten uns hinten von der Ladefläche hinunter und schoben uns im Pulk zu den Hunderten anderer hin, die vor dem Bahnhof herumirrten und –saßen.

Die Sonne brannte gerade den letzten Dunst weg, das Pflaster dampfte. Wir packten unsere Sachen alle auf einen Haufen. Werner und ich bauten aus unseren Rucksäcken eine Sitzbank und knöpften unsere Jacken weiter auf. Papi und Mutti hielten still, also taten wir es auch.

Ich beobachtete einen Jungen, der für sich allein an den Schienen stand und ein bisschen aussah wie Rudi, nur älter. Seine Miene war ernst, als grübelte er über etwas nach, er hatte sich den Mantel über den Arm gelegt, Jacke und Hemd waren offen, zwischen seinen Füßen klemmte ein Rucksack. Die Riemen waren gespannt bis zum Zerreißen, die Dornen der Schnallen schon in den letzten Löchern. Genau wie bei meinem. Ich überlegte, ob ich meine Sachen, wie ich es vorgehabt hatte, herausholen und ordentlich falten sollte. Stattdessen stützte ich das Kinn in die Hände und sah mich weiter um. In unserer unmittelbaren Nähe hielt ein Mädchen eine Puppe im Arm. Ein paar Jungen alberten herum, einer hatte sich Stöckchen als Walrosszähne in den Mund geschoben. Zwei vorüberziehende Polizisten schmunzelten über den Walrossjungen, der ihr Lächeln erwiderte, dann aber schnell sein Gesicht verbarg. Ich blickte noch mal zu dem Jungen an den Gleisen hinüber. Er stand da wie versteinert. Egal, wie oft ich weg- und wieder hinsah, das blieb so. Ein älterer Mann schob vor ihm einen niedrigen Handwagen mit leeren Fässern vorüber, die Fassreifen schwarz und stramm.

Dann schob sich langsam eine Lokomotive vor uns hin. Sie zog Güterwagen. Von denen waren manche oben flach, andere gewölbt. Alle hatten hinten große, pilzförmige Puffer.

»In so was werden Rinder und Pferde transportiert«, meinte Werner.

»Bitte?«, sagte ich. Ich hörte nur halb zu.

»Solche Waggons werden für vieles benutzt, aber meist für Vieh.«

Ich lauschte nach dem Muhen und Wiehern von Hoftieren. Aber ich hörte nur die aufeinander krachenden Puffer und das Kreischen der Räder auf den Schienen. Entweder waren die Waggons leer oder die Tiere nicht sehr gesprächig.

»Siehst du den Wagen mit dem kleinen Turm ganz hinten?«, fragte Werner. »Du weißt, wofür der ist, oder?«

Werner machte auf Schlaumeier, weil er nervös war. Normalerweise hätte mich das geärgert, aber ich ging nicht drauf ein. Ich dachte an Rudi und daran, wie viel wir uns zu erzählen haben würden.

»Der kleine Turm dient der Aussicht nach Mädchen, die keine Ahnung von Zügen haben«, sagte Werner.

»Hab ich wohl!«

Ich verdrehte die Augen, um ihn wissen zu lassen, dass ich nicht drauf hereinfallen würde. Ich schielte zu seinem Rucksack hin, der als einziger nicht aus allen Nähten platzte. Ich hätte wetten können, dass all seine Sachen sauber verstaut waren, genauso ordentlich, wie er sich die gefaltete Jacke über die Knie gelegt hatte.

Die Waggons rollten weiter, dann kamen sie schwankend und ruckend und quietschend zum Stehen. Plötzlich wurden die deutschen Soldaten und niederländischen Polizisten ganz emsig. Die einen liefen zu den Waggons hin und schoben die großen viereckigen Türen auf. Die anderen scheuchten uns hoch und befahlen uns, anzutreten und Schlangen zu bilden.

»Papi?«, fragte ich. »Sollen wir wirklich in denen fahren?«

»Vorwärts, Hasenbergs«, erwiderte er bloß, ohne meine Frage zu beantworten.

»Sind die nicht für Tiere?«, hakte ich nach.

Er nickte, mied dabei aber meinen Blick und winkte mich weiter.

Vor der Waggontür roch es nach Stall, und als ich mich im schmutzigen Stroh aufstützte, wurde ich von unsichtbaren Händen hochgeworfen. Ich rutschte vor und schürfte mir die Fingerknöchel auf. Wir wurden immer weiter hineingepresst, mussten immerzu unsere Sachen weiterzerren und als Familie neu Platz schaffen. Wir standen so dicht gedrängt wie Gurken im Glas, als wollte man uns einkochen. Immer mehr Menschen drückten nach und machten alles schummriger. Bald blieb nur das Licht, das durch die wenigen vergitterten Fenster oben unter der Decke fiel. Es war sehr heiß. Papi hielt meine Hand ganz fest, ich drückte.

»Weiterrücken! Macht Platz! Nicht hinsetzen!«, lautete die Order von Männern, die ich nicht sehen konnte.

Dann hörte das Geschiebe auf.

»Hier, das kommt hinten in die Ecke! In die Ecke! Da hinten. Und das in die andere. Schnell. Wir fahren ab.«

Männer reichten eines der kleinen Fässer durch, die ich auf dem Handwagen gesehen hatte.

»Igitt«, sagte Werner, als er wegen des durchgereichten Fasses beiseite gedrückt wurde.

»Was ist?«, fragte ich.

»Ich glaube, dass ist unser Klosett.«

»Bitte? Das? Für alle? Und wo alle gucken?«

»Keine Sorge«, sagte Mutti. »Wir halten dir eine Decke vor.« Unter metallenem Kreischen schloss sich die Schiebetür. Ringsum baten die Leute um mehr Luft, mehr Platz. Zu hören kriegten sie bloß, da sei nichts zu machen. Es roch bereits stark nach Essensvorräten und Körpern. Der Zug ruckte vor, dann zurück, dann wieder vor und kam ins Rollen. Wir richteten uns alle ein, so gut es ging, legten erst die wärmsten, dann die leichteren Kleidungsstücke ab. Papi stupste und schob unseren Haufen an eine Wand, hockte sich obendrauf und bedeutete mir, mich zu setzen. Ich folgte nur zu gern, trotz der Hitze.

»Nun, Reni. Erzähl mir doch noch mal von deinen Lieblingsreisen«, sagte er.

Ein Rattern und Stampfen. RATTA-ZONG. Ratta-zong. RATTA-ZONG. Ratta-zong. Die Fahrt kriegte einen Rhythmus.

14

Der Zug nach Westerbork

20. Juni 1943

Ich sprach von den Strandbesuchen im Sommer und dem Spaß auf den Grachten im Winter. Dann fing Werner von seinen Henki Express-Reisen an: nach New York, London, China, ja selbst Afrika. Aber ich kam immer wieder auf Westerbork zurück und wie es dort sein würde.

»Reni, was löcherst du uns so zu dem Lager?«, meinte Papi schließlich.

»Sie kann es kaum erwarten, Rudi wiederzusehen, deshalb«, sagte Werner, bevor ich einen anderen guten Grund nennen konnte.

»Er ist eben ein Freund«, redete ich mich heraus.

Da schien Mutti aus ihren Gedanken aufzutauchen.

»O ja, Reni«, sagte sie, »das verstehe ich gut. Dein Papi und ich freuen uns auch auf ein Wiedersehen zum Beispiel mit Tante Alice und Oom Paul.«

Alice, Tantetje, war Muttis Schwester, Paul ihr Mann. Sie waren unlängst nach Westerbork deportiert worden.

»Wir haben Brot und Wurst, wenn ihr Hunger kriegt«, fügte Mutti hinzu und kramte in ihrer Tasche. »Aber pass auf, John, dass die Kinder sich auf die Sachen nicht draufsetzen.«

Ich hatte Rudi seit drei Monaten nicht gesehen, und ich litt schrecklich. Meine Großeltern fehlten mir auch sehr, aber bei Rudi ging es mir durch und durch. Ich konnte es kaum erwarten, sein Gesicht zu sehen, ihn zu drücken, sein Bein an meinem zu spüren. Das Warten hätte ein Ende. Über Freunde hatten wir gehört, dass es seiner Familie so weit gut gehe, und dann hatte ich ja auch seine Postkarte. Statt die wenigen Zeilen wieder und wieder lesen zu müssen, könnten wir spielen und sprechen. Was hatte ich eigentlich mit seiner Postkarte gemacht?

O nein! Ich hatte sie in der Schublade neben meinem Bett liegen lassen.

Das bekümmerte mich, aber ich beschloss, dass es nicht so schlimm war. Der echte Rudi war tausendmal besser als Post.

Das Gespräch verplätscherte. Papi bat mich, aufzustehen, er wollte sich kurz die Füße vertreten, außerdem brauchten Mutti und Werner mehr Platz. Ich kniff die Augen zusammen und versuchte, mich in ein Abenteuer zu versetzen wie das von Heidi im Buch und im Film, als sie gegen ihren Willen im Zug sitzt. Nur war Heidi auf einem ordentlichen Zug und nicht in einem Viehwaggon. Ich wiederum hatte, anders als Heidi, immerhin meine Familie bei mir. Ich war allemal lieber mit Papi, Mutti und Werner zusammen als ohne sie in einem ordentlichen Zug. Ich lachte, als mir die Szene wieder einfiel, wo sich Heidi bückt und von dem großen Ziegenbock Türk umgerannt wird.

»Was ist denn so komisch?«, fragte Werner.

»Das weiß doch jeder, dass man dem großen Türk nicht den Rücken kehren darf«, zitierte ich den Film-Geißenpeter.

»Dann ist aber der alte Türk nicht gerade ein Kavalier«, sprach Werner die Worte Shirley Temples nach.

Er grinste, dann schaute er grimmig. »Es ist nicht zum Lachen, Reni. Das hier ist ernst.«

Ich hatte viel Ähnlichkeit mit Heidi. Wir waren ungefähr

gleich alt. Wir standen beide unseren Großvätern nahe. Ihre Geschichte spielte zum Teil ja auch in Deutschland. Heidi half ihrem Großvater und den Menschen um sich herum; ich war fest entschlossen, das auch zu tun. Allerdings lebte Heidi natürlich in der Schweiz. Das Land wollte ich eines Tages besuchen.

Die Stunden vergingen im Mief übler Ausdünstungen. Ein Mann in unserer Nähe roch zunehmend nach fauligen Zwiebeln, und von den Klosettfässern wehte zwischendurch ein Geruch herüber, der sich zum Gestank verdichtete. Es gab Klagen, dass die Fässer randvoll seien. Das erklärte, warum es immer enger wurde – alle rückten von den unschönen Ecken ab. Zu befürchten sei, meinte jemand, dass die vollen Fässer überschwappen oder umkippen würden. Ich zog mir einen Zipfel meiner Bluse über die Nase. Ich war verschwitzt und musste dringend, aber nicht so dringend, dass ich mich zu einem der Fässer durchkämpfen wollte. Nicht mal gegen Abend oder in der Nacht kühlte es ab.

RATTA-ZONG. Ratta-zong. RATTA-ZONG. Ratta-zong …

Den ganzen Tag über war der Zug zwischendurch immer mal langsamer geworden, aber nun ratterte er unaufhaltsam weiter. Dann blitzte Licht hinter den kleinen vergitterten Fenstern. Ein Junge kletterte einem Mann auf die Schultern und spähte hinaus.

»Was siehst du?«, fragte der Mann.

»Eine Stadt aus lauter flachen Gebäuden«, meldete er.

»Was noch?«, drängte jemand.

»Drum herum ist ein hoher Zaun, der hat einen Turm.«

»Das muss ein Wachturm sein. Wir sind wohl da, in Westerbork«, sagte der Mann und ließ den Jungen heruntergleiten.

Ein Raunen ging um, und alle wurden wir unruhig, wie in der Schule kurz vor der Pause. Der Zug hielt ganz an, die Schiebetür flog auf. Lichtstrahlen von draußen schossen unter die Decke. Menschen wandten sich ab. Taschenlampenstrahlen huschten über die Bretterwände und die verzerrten, geblendeten weißen Gesichter. Ein Ächzen über verkrampfte Glieder mischte sich mit dankbaren Seufzern über die hereinströmende Nachtluft. Ich musste jetzt wirklich sehr dringend. Ich hoffte, draußen hinter dem Waggon eine vor den Strahlern und Scheinwerfen geschützte dunkle Ecke zu finden.

»*Uitstappen!*«

Männer brüllten auf Niederländisch Befehle. Die Menschen reckten und streckten sich und beschirmten mit der Hand ihre Augen. Einer alten Frau musste man aufhelfen. Ein kleines Mädchen klagte, ihr Bein sei eingeschlafen. Wir taumelten mit unseren Siebensachen hinaus. Die auf uns gerichteten Strahler blendeten, doch dahinter lag eine Finsternis, wie ich sie noch nie erlebt hatte. Ich schlang mir meinen Rucksack um und merkte jetzt erst, was für einen Durst ich hatte. Ich hatte Wachleute wie die erwartet, die uns in den Zug gedrängt hatten, aber diese trugen grüne Overalls mit einem gelben Stern auf der linken Brusttasche und dazu schwarze Käppis. Schmale Halsbinden guckten oben zwischen den Knöpfen hervor, noch schmalere Gürtel umschnürten ihre mageren Leiber. Sie erinnerten mich an die Männer, die Automobile betankten.

»*Stap uit! Vlug in de rij!*«

»Raus! Anstellen, hopphopp!«, riefen sie immerzu. »Männer und Knaben hierher, Frauen und Mädchen dort!«

Alle aus dem Zug sahen schlimm aus. Ihre guten Sachen

saßen schief und krumm, bauschten sich unter den Armen. Ihre Haare standen wild ab, am Kinn hatten die Männer lauter Stoppeln. Leute sahen sich suchend um, riefen Namen, schoben sich gegenseitig Taschen, Koffer und Decken zu. Die Kranken wurden auf Karren mit fast mannshohen Rädern geladen.

Als wir uns verschiedenen Menschenschlangen anschließen mussten – Werner und Papi einer anderen als Mutti und ich –, kriegte ich zum ersten Mal Angst. Ich begann zu weinen. Mutti hieß mich schweigen, ich klammerte mich an ihre Hand. Frauen in den gleichen Anzügen wie die Wachmänner zählten uns durch. Sie trieben uns in einer langen Reihe bis vor einen gestreckten Backsteinbau. Aus einer einzigen Tür fiel gelbliches Licht. Mutti und ich warteten in der Schlange, und alle rückten immer nur um so viele Plätze vor, wie Frauen drinnen verschwanden. Als ich endlich einen Blick werfen konnte, sah ich drinnen Gestalten in hellen Sachen. Dann gewöhnten sich meine Augen. Und ich begriff, sie waren … nackt.

Ich hatte noch nie einen Erwachsenen nackt gesehen. Bei uns ging man im Haus mindestens in Wäsche gekleidet herum. Rosa Haut. Das hieß, auch ich würde mich nackt ausziehen müssen. *Nein*, dachte ich, *nein*. Drinnen presste ich mich flach an die Wand und versuchte, mich unsichtbar zu machen. Frauen beugten und bückten sich, zerrten Röcke herunter und Wäsche, zogen sich Pullover über den Kopf, griffen sich ins Kreuz, um Büstenhalter zu lösen.

Ich wollte auf keinen Fall weinen. Ich sah zu Mutti hoch. Sie erwiderte meinen Blick und drückte kurz meine Hand.

»Ausziehen, aber schnell«, sagte eine der Frauen im Overall zu uns allen. Sie war klein, hatte dicke Backen, eine Hakennase und das Haar zu einer modischen Frisur zurückgekämmt. Ich war wie gelähmt. Wie die wohl nackt aussah?

»Wer sind die, die Frauen, die hier das Kommando haben?«, fragte Mutti eine Nachbarin, als die Frauen in den Overalls weitergezogen waren.

Die Frau schüttelte den Kopf. Sie wusste es nicht.

»Das ist die Judenpolizei«, sagte eine andere; sie duftete nach Parfüm.

»*Juden*polizei?«, staunte Mutti.

»Sie sind selbst Gefangene«, erklärte die parfümierte Frau.

»Aber doch wohl besser als die Nazis«, meinte eine dritte Frau, die gar nichts trug.

Ich wandte mich ab, verblüfft, dass sie ohne Kleider reden konnte.

»Vielleicht«, sagte die parfümierte Frau, »besonders freundlich wirken sie allerdings nicht.«

Die stämmige Polizistin kehrte zurück. Alle verstummten, und ich tat so, als knöpfte ich mein Kleid auf.

»Das geht zu langsam«, sagte die Polizistin zu mir und wollte meine Finger packen. »Muss ich da etwa nachhelfen?«

Ihre Hand folgte meiner, als ich mich schnell wegdrehte.

»Sie wird sich beeilen«, versicherte Mutti.

Die Polizistin zog ihre Hand zurück und strich sich damit eine Strähne aus dem Gesicht. Das war eine so unerwartete, schlichte Geste, dass sie mich fast glauben machte, wir wären uns gleich. Mit geschlossenen Augen versetzte ich mich in unser Kinderschlafzimmer zurück, ins Badezimmer, allein. Ich löste den Gürtel meines Kleids und die oberen Knöpfe und hob es mir über den Kopf. Ich streifte Unterhemd und -hose ab. An der Luft zog sich meine Haut zusammen. Ich mochte nicht an mir hinabschauen, nur so könnte ich mir einreden, ich hätte etwas an. Ich kniff die Lippen zusammen, zog die Schultern hoch, richtete den Blick geradeaus und dann hoch in Muttis Gesicht. Ihr Mund war schmal, aber ihre gehobenen Brauen und ein fast unmerkliches Nicken ließen sie fast stolz aussehen. Ich trat von einem Fuß auf den anderen und kämpfte gegen den Drang an, mich gleich da und dort zu erleichtern. Das würde der Polizistin bestimmt nicht gefallen.

Alte und mittelalte Frauen, Mütter mit Hängebrüsten, junge Mädchen mit straffer Haut. Braunes Haar, rotes Haar, schwarzes und blondes. Knospende Körper und verlebte, alle waren den Blicken preisgegeben, und doch schlangen fast alle trotz der Hitze die Arme um sich, um sich bedeckt zu halten. Ich stierte in die Lücken zwischen den Körpern und nahm auf diese einzig mögliche Weise Rücksicht auf ihre Scham. Andere hielten es genauso. Ihr nichtssehender Blick machte mir das Ganze leichter.

Die Kleider nahmen wir mit, als wir in einen kleineren Untersuchungsraum geschleust wurden. Wenn eine im Verdacht stand, Läuse zu haben, wurde ihr der Kopf geschoren. Als ich in der Reihe vorrückte, sah ich eine massige Schwester einer alten, schlotternd vor ihr kauernden Frau mit dem Kamm durch die Haare fahren und den Kopf untersuchen. Bald war ich selbst an der Reihe. Finger gruben sich in meine Kopfhaut, drückten und zerrten dann auch an Körperstellen, die bisher nur Seife gekannt hatten. Die massige Schwester schickte Mutti und mich weiter, ohne uns zu scheren. Im Nu hatte ich wieder die Kleider an. Draußen wurden wir weitergetrieben. Ich lenkte mich von dem ab, was eben gewesen war, indem ich mich umsah und hoffte, irgendwo vielleicht Rudi zu entdecken. Oder eine Toilette.

»Mutti«, platzte ich heraus, »ich muss wirklich dringend.«

Etliche Frauen und Mädchen ringsum nickten. Eine gab schließlich Bescheid. Unsere Aufseherin ließ die Kolonne an den Latrinen halten, wir stürzten auf den kleinen Bau zu. Der Uringeruch schlug uns schon von Weitem entgegen. Es gab keine Kabinen, nur ein einziges langes Brett mit vielen Löchern. Igitt – aber mir war es egal. Ich setzte mich. Schloss die Augen. Noch nie hatte ich eine solche Erleicherung empfunden.

Gleich neben den Latrinen lag unsere Baracke, ein langer flacher Holzschuppen. Drinnen war viel Lärm, und doch drehten sich alle Köpfe nach uns, als wir eintraten. Frauen lagen bereits im Bett oder standen noch und schwatzten, während sie sich bettfertig machten. In den länglichen Raum waren dicht an dicht dreistöckige Bettstellen mit dünnen Auflagen gestopft worden. An den kurzen Barackenseiten gab es hoch oben Fenster, ein paar davon mit Gardinen. Es war feucht und stickig, und doch schien auf allem eine feine Schicht Staub zu liegen. Ansonsten standen da lediglich ein paar grobe Holztische und –bänke. Unübersehbar war, dass an ihnen nicht alle Barackeninsassen auf einmal Platz hätten. Hieß das, dass wir nicht als Familie gemeinsam würden essen können? Plötzlich hatte ich furchtbaren Hunger.

Die Polizistin war fort, an ihre Stelle trat jetzt eine Frau, die uns erklärte, sie sei unsere Stubenälteste. Sie wies uns leere Bettstellen zu. Mutti und ich ergatterten zwei übereinander. Mutti unterhielt sich mit ein paar Frauen, ich mümmelte unterdessen etwas hartes Brot und Gummikäse aus einem unserer Rucksäcke. Ich entdeckte am hinteren Ende der Baracke den kleinen Waschraum und machte mich frisch. Ich trank ordentlich viel Wasser, bei jedem Schluck verlangte es mich nach mehr. Dann krabbelte ich aufs obere Stockbett und bezog es. Mutti richtete sich eine Etage tiefer ein. Aus dem Strohsack stach hier und da wie ein Ausrufezeichen ein Halm hervor. Die dicksten knickte ich ab und ließ die Enden zu Boden rieseln, die anderen schob ich tiefer hinein. Ich breitete das Laken doppelt gefaltet darüber, spürte aber trotzdem die piksigen Halmenden. Ich hörte Mutti seufzen und bekam jede kleinste Regung von ihr mit.

»Schlaf gut, Reni«, sagte sie.

»Mutti, ob es Werner und Papi gutgeht?«, fragte ich mit Tränen in den Augen.

»Ganz bestimmt. Morgen werden wir sie wiedersehen. Die anderen Frauen sagen, bei den Männern und Jungen ist alles in Ordnung.«

»Ein Glück. Aber ich hab immer noch Hunger. Und da müssen wir zur Essenszeit schlafen gehen.« Ich gähnte.

»Es war ein langer Tag«, sagte sie. Sie wälzte sich herum. »Wir haben noch Proviant, aber wir sollten abwarten und ihn vielleicht noch aufsparen. Schlaf jetzt; am Morgen sieht bestimmt alles schon besser aus.«

»Ist gut, Mutti. Ich hab dich lieb.«

»Und ich dich.«

Still weinte ich in meine Decke; Mutti sollte nicht meinen, ich wäre schwach. Noch nie war ich so hungrig ins Bett gegangen. Und auf keinen Fall wollte ich noch mal aufs Klo müssen, nicht mit anderen zusammen. Mutti war bestimmt genauso müde wie ich, ich wollte, dass sie glaubte, dass ich ihr glaubte. Und wenn sie gemerkt haben sollte, dass das Bett wackelte, weil mich das Weinen schüttelte, behielt sie es für sich. Dann dachte ich an Rudi und seufzte tief. Vielleicht war er bei Papi und Werner, bei den Männern und Jungen.

Gefangen
Durchgangslager Westerbork und KZ Bergen-Belsen
1943–1945

15

Es kursieren Gerüchte

Durchgangslager Westerbork, Sommer 1943

Am Morgen rüttelte mich Werner wach. Ich sprang von meinem Stockbett, drückte ihn ganz fest an mich und schmatzte ihn ab.

»Bäh!«, rief er. »Du bist wie ein schlabberndes Hundebaby.«

»Da bist du!«, jubelte ich.

Und da war auch Papi, im Gespräch mit Mutti. Ich lief zu ihm hin und packte ihn; er drückte mich seinerseits so fest, dass ich fast keine Luft mehr bekam. Papi und Werner hatten in derselben Baracke geschlafen wie wir, nur am anderen Ende im Männerteil. Wir setzten uns mit warmem Kaffee und Brot an einen der Holztische. Mutti hatte recht: So war es schon besser.

Weil es sonst nichts zu tun gab, gingen wir auf Erkundungstour. Ich ertappte mich dabei, dass ich jedem Jungen mit dunklem Haar nachsah, also fast jedem Jungen überhaupt. Ich hielt auch nach Rudis Eltern Ausschau. Papi und Mutti stießen auf Bekannte, redeten belangloses Zeug, dann zogen wir in der Richtung weiter, die uns andere mit den Fingern zeigten, bis wir Tante Alice und Oom Paul fanden. So ein breites Lächeln hatte ich auf Muttis Gesicht schon lange nicht mehr gesehen. Die Sonne des noch jungen Tags ließ das Gold in ihrem braunen Haar leuchten. Sie war wunderschön.

»Ihr seht gar nicht so übel aus«, sagte Mutti zu Tante Alice, als die Schwestern sich aus ihrer Umarmung lösten und eingehend musterten.

»Nun, es könnte schlimmer sein. Wir haben hier immerhin zu essen, und es gibt Abende mit Kabaretteinlagen, Gesang und Tanz. Mit namhaften Leuten sogar: Max Ehrlich, Johnny & Jones, Jetty Cantro, Kurt Gerron ...«

»Max Ehrlich und Kurt Gerron sind unter uns?«, unterbrach Papi. »Illustre Gesellschaft. Wir sind offenbar ganz oben angekommen.«

»O ja. Normalerweise ist ein Platz am Tisch der Großen für Geld nicht zu haben«, meinte Oom Paul.

»Ihr habt euch also dran gewöhnt? Hier zu sein?«, fragte Mutti, die den Spott der Männer überging. »Teilweise«, sagte Tantetje. »Im Grunde sind wir hier zwar viele, aber es bleibt eine gewisse ... Distanz. Wir sitzen eng aufeinander, ohne eng verbunden zu sein.«

»Nun, man weiß ja nie, wer in der nächsten Woche schon wieder weg sein wird«, sagte Oom Paul. »Da will man lieber nicht zu eng sein.«

»Weg?«, hakte Mutti nach.

»Mit dem Zug, der jede Woche von hier aus Kurs auf andere Lager nimmt«, erklärte Tantetje. »Er kommt samstags und fährt dienstags. Die Deutschen weisen den zuständigen Judenrat an, Listen derer zu erstellen, die mit sollen. Die Kontingente geben die Deutschen vor.«

»Was ist ein Kontingent?«, fragte ich.

»Eine bestimmte Anzahl«, zischelte mir Werner aus dem Mundwinkel zu.

»Die steigen in den Zug«, fuhr Tantetje fort. »Der Zug fährt ab, und niemand hört je wieder von ihnen. Niemand. Wir hier können wenigstens noch Postkarten schreiben, wie die an euch. Und wir selber kriegen auch Post. Aber in den anderen Lagern scheint nichts raus- und nichts reinzugelangen.«

»Nun, es heißt ...« Oom Paul verstummte.

Tantetje warf ihm einen strengen Blick zu.

Oom fuhr dennoch fort: »Es heißt, es tauchen in Waggons, die aus Lagern wie Sobibór und Auschwitz zurückkommen, gelegentlich Botschaften auf. Wir selbst haben noch keine gesehen, aber es kursieren Gerüchte. Die Judenpolizei findet Zettel, manchmal gut versteckt. Auf denen steht, die anderen Lager seien ...« – er streifte Werner und mich mit einem Blick – »... wirklich schlimm.«

»Er fährt schon morgen wieder, der Zug«, sagte Tantetje. »Also werden heute Abend die Namen verlesen.«

Die Erwachsenen wechselten untereinander Blicke.

Ich stellte mir vor, wie die Männer in ihren Overalls, ihren Halsbinden und Käppis die Viehwaggons ausfegten, als machten sie schlicht nach einem gewöhnlichen Arbeitstag sauber, schafften wieder Ordnung, wie ich es gestern Morgen mit meinem Bett hätte tun müssen. Dazu spielte in meinem Kopf die Melodie »Wer bei der Arbeit pfeift« aus dem *Schneewittchen*-Film, und vor meinem inneren Auge sah ich einen der Männer sich bücken, einen Spalt zwischen zwei Brettern dicht über dem dreckigen Boden beäugen und einen weißen Streifen entdecken. Seine Finger packten den Rand eines Zettels und zogen ihn hervor.

Auch kleine Funde konnten sich anfühlen wie wahre Schätze, selten und kostbar, aber dieser hier hatte etwas Beklemmendes.

»Hm«, machte Mutti. »Eure Postkarten haben wir bekommen. Ihr unsere nicht?«

»Doch ja. Und wir waren so dankbar für die Vorräte, die ihr geschickt habt«, sagte Tantetje. »Einen Teil haben wir immer noch.«

Ich hatte Rudis Postkarte auch bekommen, aber ihm nichts geschickt. Ich wünschte, ich hätte daran gedacht.

»Man erzählt sich viel über das, was geschieht«, ergänzte Oom Paul. »Doch bleiben es eben Gerüchte. Wir können nur hoffen, dass alles in Ordnung ist mit denen, die abfahren, aber wer weiß?«

Ja, wer weiß, dachte ich bei mir. Ich beschloss zu ignorieren, was Oom Paul über das Gemunkel sagte. Was hieß das schon? Westerbork war zwar klein und eng, aber wir waren als Familie immerhin zusammen. Wir hatten Tantetje und den Oom wiedergefunden, wir würden auch Rudi finden.

Am Nachmittag teilte einer der Männer in den Overalls alle zu irgendwelchen Arbeiten ein, nur mich nicht, weil ich zu jung war. Arbeiten musste man ab dreizehn, und ich war noch zwölf. Papi sollte sich in der Metallwerkstatt melden, dem *metaalwerkplaats*. Mutti wurde der Küche zugeteilt, und Werner sollte als Bote anfangen. Er war entzückt, so eine wichtige Aufgabe übernehmen zu sollen, und begeistert, als er hörte, dass er dafür ein Fahrrad bekam. Das Rad mit seinem braunen Ledersattel war schwarz, die Farbe rostig und zerschrammt. Über dem Hinterrad saß ein Querträger, an dem rechts und links Drahtkörbe für die Sendungen hingen.

»Nicht schlecht«, gab ich zu.

»Ja«, sagte er und fuhr mit der Hand am Rahmen entlang. »Fahrrad bin ich nicht mehr gefahren, seit …«

»… seit sie uns unsere genommen haben. Vor über einem Jahr.« Ich hatte es nicht vergessen. »Darf ich auch mal?«

»Nein, Reni, das ist ein Dienstrad«, sagte er wichtig.

Mutti erklärte mir, dass auch ich genug zu tun haben würde: Meine Aufgabe wäre es, für unsere Sachen zu sorgen. Aber das war schnell erledigt, denn wir hatten nur ein paar Töpfe und kaum Kleider. Da blieb mehr als genug Zeit, das Lager nach Rudi abzusuchen.

Westerbork war ein großes Viereck und so weitläufig, dass ich von einem Ende nicht ans andere sehen konnte. Das Gelände wurde von den Bahnschienen zweigeteilt, und drum herum verlief ein Graben, hinter dem der Stacheldrahtzaun noch höher wirkte, als er es tatsächlich war. Ich konnte das Lager in etwa einer Viertelstunde durchqueren, wenn ich nirgends anhielt. Ich spazierte umher, streckte den Kopf in Baracken und Werkstätten. Ein hoher Schornstein paffte vor dem platten Horizont in den Himmel, als wollte er Wolkenringe blasen. Der Wind fegte über die Fläche und wehte überall den Dreck hin. Und es gab kleine bissige Wanzen. In Amsterdam hatten wir kaum Ungeziefer gehabt, und ich beschloss bald schon, dass ich Wanzen nicht ausstehen konnte. Überall waren Unmengen Leute, Tausende, schien mir. Ich musterte die Gesichter, ein paar kannte ich. Ich wechselte hier und da ein paar belanglose Worte und beantwortete höflich alle Fragen nach meiner Familie. Und immer fragte ich, kurz bevor uns der Gesprächsstoff ausging, nach Rudis Leuten. Keiner wusste etwas.

Ich war überrascht, dass es nicht mehr Nazisoldaten gab. Ein paar bewachten die Tore und Türme. Aber im Grunde schien vor allem die Judenpolizei im Lager alles zu regeln. Diese Aufseher fanden meist Gefallen daran, andere herumzukommandieren, also ging ich ihnen aus dem Weg. Ich konnte überall ungehindert hingehen, bis auf das Quarantänerevier und die Strafbaracke, die zwar auf dem Lagergelände lagen, aber noch mal extra mit Stacheldraht abgetrennt waren. Auf einem Feld spielten Männer und junge Burschen Fußball. Ich hätte wetten können, dass Rudi dort anzutreffen sein würde, aber dem war nicht so. Der Abend kam und ging, und dann war es Zeit, schlafen zu gehen. Meine zweite Nacht in Westerbork, und ich hatte ihn noch immer nicht gefunden.

Ich schlief fest, als das Licht anging. Die Blockälteste, eine Frau ungefähr in Muttis Alter, brüllte Kommandos. Neben ihr standen zwei Lagerpolizisten. Ich schrak hoch und sah auf Mutti und die anderen Frauen runter.

»Raus. Raus aus den Betten. Wen ich jetzt namentlich aufrufe, meldet sich morgen früh am Zug. Ihr werdet in die Arbeitslager im Osten verlegt.«

Mutti sah zu mir hoch. Ihre Augen waren riesengroß. Ich sprang von meiner Bettstelle herunter und hockte mich neben sie.

»Sie rufen alle auf, die wegmüssen«, sagte sie und strich sich mit flatternden Fingern übers Haar. »Wenn unser Name fällt, müssen wir sofort Werner und Papi suchen.«

Ich kauerte neben Mutti und wir lauschten den Namen: *»Berkowitz … Borman …«*

»Alphabetisch. Sie rufen die Namen alphabetisch auf«, sagte ich.

»Ja«, sagte Mutti.

Wir warteten.

»Haas, Hanef, Hirsz …«

Nicht Hasenberg. Wir kamen im Alphabet nicht vor. Mutti küsste mich auf den Scheitel. Andere machten sich unterdessen bereit. Mitten in der Nacht geriet die ganze Baracke in Aufruhr. Nicht wenige weinten. Plötzlich waren Papi und Werner da und setzten sich zu uns auf die Bettkante.

»Es sind zwar nicht gerade paradiesische Zustände hier«, sagte Papi, »aber seid froh um jede Woche, die wir bleiben können.«

»Papi«, sagte ich, »wie viele Leute gehen in so einen Zug?«

»Das weiß ich nicht, Reni«, sagte er kopfschüttelnd.

»Ich schon«, meinte Werner.

Natürlich. Unser Fahrradbote.

»Das richtet sich nach den Anweisungen aus Berlin. Meist sind es achthundert bis gut tausend.«

Ich verdrehte die Augen.

»Und das jede Woche, Papi. Wieso?« Ich ließ nicht locker.

»Reni, ich weiß es wirklich nicht. Vermutlich finden so oft Transporte statt, weil Tag für Tag Leute dazukommen und in Westerbork nicht für alle Platz ist.«

»Und in den anderen Lagern wird es auch eng«, fügte Werner hinzu.

Ich wollte ihm gerade sagen, er soll die Klappe halten, aber das brauchte ich gar nicht. Papi sah ihn streng an.

Ein paar Tage später erhielten wir von Freunden in Amsterdam ein großes Essenspaket. Es waren Dosen darin, Schokolade, Obst und eine Art Fleischsalat offenbar, aber der war verdorben. Das Zeug stank ganz entsetzlich, und wir hatten den Behälter nur aufgemacht, weil Mutti in ihrem Dankesschreiben alles möglichst genau aufzählen wollte.

»Werner, Reni«, befahl sie uns mit zugehaltener Nase, »kommt mal her.«

»Muss ich?«, wehrte ich mich.

»Äh, ich sollte wirklich los. Ich habe Nachrichten zu überbringen«, versuchte es Werner.

»Das dauert nicht lange«, beharrte sie. »Sagt mir nur rasch, was hier drin ist.«

»Rindfleisch?«, riet Werner aus sicherer Entfernung.

»Du musst daran riechen. Komm her«, befahl Mutti. »Ich sehe irgendwelche Gemüsestückchen ...«

»Ich rieche es auch von hier, Mutti«, meinte Werner. »Glaub mir.«

Ich schnupperte so kurz wie möglich. »Schweinefleisch?« Ich hüstelte.

Mutti gab's auf und schrieb, wir hätten uns sehr über die »herrliche Hausmannskost« gefreut.

Werner versprach, mir zum nächsten Geburtstag »herrliche Hausmannskost« zu spendieren, wenn ich nur nett genug zu ihm wäre.

16

Sie bringen die Leute um

Durchgangslager Westerbork, Sommer 1943

An einem anderen Abend, als wir unsere erste Lagerwoche bereits überstanden hatten, saßen wir zusammen, aßen Suppe und den Rest des Brots und der Wurst, die wir mitgebracht hatten, und sprachen über die Arbeiten, die wir jeweils verrichten mussten. Papis Hände waren zerschunden, am Daumen hatte er sich verbrannt.

»Ich muss mich noch dran gewöhnen«, sagte er und strich über seine Schrammen.

»Und die Hände sauber halten«, fügte Mutti hinzu. »Damit sich nichts entzündet.«

Mutti meinte, ihre Arbeit sei langweilig. Sie musste Trockenbohnen sortieren, die guten von den schlechten.

»Und richtig gut sind die wenigsten«, sagte sie.

»Das heißt, du wirfst die schlimmsten der schlimmsten weg«, meinte Papi lachelnd. »Das ist doch gut!«

»Nein, das ist schlecht, weil wir Order haben, nichts verkommen zu lassen, aber mit den besten der schlimmsten kriegen wir nicht genug zusammen. Hätte ich doch einen Zauberstab und könnte schlechte Bohnen in gute verwandeln.«

»Und einen, der Bohnen so verwandelt, dass man nicht furzen muss«, schlug Werner vor.

»Das wäre wirklich Zauberei!«, fand ich.

»Und einen, der Schwestern, die furzen, in welche verwandelt, die es nicht tun.«

»Ich furze nicht!«, brüllte ich.

»Reni!«, herrschte Mutti mich an.

»Na ja, nur ein bisschen ...«, murrte ich.

»Das meine ich nicht!«, schimpfte Mutti. »Ihr sollt nicht so reden. Und seid nicht so laut.«

Werner grinste.

»Das gilt auch für dich, Bürschchen.«

»Aber deswegen grinse ich doch gar nicht«, sagte er. »Sondern über das, was ich bei der Arbeit alles zu hören kriege.«

»Was meinst du?«, fragte Mutti.

»Wer das Sagen hat. Wer wo eingesetzt wird. Gerede.« Er machte ein selbstzufriedenes Gesicht.

»Kannst du was über Freunde von daheim rauskriegen, Rudi und seine Leute zum Beispiel?«, fragte ich.

»Du meinst wohl in erster Linie über Rudi.«

»Nein, ich meine irgendwen. Jeden.«

»Könnte ich wahrscheinlich.«

»Aber pass bloß auf«, ermahnte ihn Papi.

Im Laufe der nächsten Tage entdeckten wir weitere Freunde. Es war schön, sie wiederzusehen und gemeinsam zu essen. Rudi würde ich bestimmt jeden Augenblick finden, oder er mich. Da war ich ganz sicher.

Dann traf der Zug ein. Am Samstagnachmittag spürte ich mehr, als dass ich es hörte, das Rummeln und Mahlen der riesigen schwarzen Walze der Lok, die ihren langen Schwanz verschorfter schwarzer und brauner Viehwagen quer durchs Lager schleifte. Die Lagerpolizisten stießen die schweren Türen auf, sprangen auf, verschwanden mit Eimern und Besen drinnen und kontrollierten, dass ja nichts liegen geblieben war.

Wer bei der Arbeit pfeift,
Mit frischem Mut sein Tagwerk tut

Die Waggons standen mit gähnend offenen Türen da, leer und gefräßig. Egal, wo ich an diesem Wochenende hinging, überall war der Zug. Als ich auf Klo ging. Als ich zum Essen ging. Als ich die Wäsche zum Trocknen aufhängte. Als wir Bekannte in benachbarten Baracken besuchten. Ich sah an den Waggons in Kreide notierte Zahlen: 74 Pers. Werner sagte, so viele Menschen seien bei der letzten Fahrt jeweils in den Waggons transportiert worden. Auch verwischte Spuren weit älterer Zahlen waren gerade noch zu erkennen, so blass, verhuscht und unleserlich wie die Menschen, für die sie standen. Genau abgezählt, rasch ausradiert. Dann kamen die nächsten dran.

An diesem Abend war Werner beim Essen weniger geneigt, zu erzählen, was er so hörte. Seine Begeisterung für seinen Dienst hatte merklich nachgelassen, er war schmallippig und kaute Fingernägel.

»Was ist los?«, fragte ich ihn, als wir vor unserer Baracke draußen auf den Stufen hockten.

»Gar nichts«, brummte er. »Lass mich zufrieden. Plag mich nicht mit deinem Rudi.«

»Er ist nicht ›mein Rudi‹.«

Werner verzichtete auf Retourkutschen, er zog mich nicht auf, er wurde nicht einmal unwirsch, als ich ihn weiter piesackte.

»Reni«, sagte er und zupfte an seinen Nagelhäuten. »Du weißt, dass das hier ein Durchgangslager ist, nicht? Ein Lager, von dem Leute anderswo hintransportiert werden?«

»Ja. Das ist nichts Neues.«

»Du weißt, dass ich überall nach Rudi gesucht habe. Du ja

auch. Die Familie war hier, aber sie sind alle schon Wochen vor unserer Ankunft mit dem Zug weitergefahren. Er ist weg. Ich habe es gestern erfahren …«

»Warum hast du nichts gesagt?«

Er zögerte und sagte dann: »Weil ich noch mehr gehört habe. Und das wollte ich erst überprüfen. Rudi ist in ein anderes Lager verlegt worden, Auschwitz. Dort ist es schlimmer als hier. Viel schlimmer.«

»Wie kann Auschwitz schlimmer sein als hier? Sie haben uns von zu Hause weggeschleppt. Wer weiß, wer jetzt die ganzen Sachen hat, die wir zurücklassen mussten. Wir haben nichts zu tun, nur stumpfsinnige Arbeit. Die Vorräte, die wir mitgebracht haben, sind aufgebraucht, im Lager gibt es nur diese ekelhafte Suppe und trockenes Brot. Und wir müssen alle einen einzigen riesengroßen offenen Waschraum benutzen, der keine Tür hat!« Angst schnürte mir die Kehle zu.

»Reni, verstehst du denn nicht …«

»Doch, ich verstehe. Und zwar, dass du mir das mit Rudi nicht gleich auf der Stelle erzählt hast!«

»In Auschwitz geben sie dir nicht nur nichts zu tun oder zu wenig zu essen. Sie bringen dich um. Ich musste es viel Male hören, bis ich es glauben konnte. In Lagern wie Auschwitz bringen sie Leute um. Sie bringen Juden wie uns … und Rudi … um.« Ihm brach die Stimme.

»Das kannst du nicht wissen«, rief ich.

»Ich weiß, dass sie weg sind. Ich weiß, dass sie mit dem Zug weg sind. Und ich weiß, dass sie dort, wo der Zug hinfährt, Menschen umbringen.«

»Aber du weiß nicht, ob das Rudi passiert ist!« Ich schlug die Hände vors Gesicht.

Er legte mir eine Hand auf den Rücken. In meinen Ohren

gab es ein Brausen. Ich wollte Werner noch einmal anfauchen, dass er ja rein gar nichts wisse, aber stattdessen sprang ich auf und lief kopflos Richtung Sonnenuntergang.

Ich stürmte durchs ganze Lager und ließ keine einzige Baracke aus. Das ergab doch alles keinen Sinn. Klar, die Nazis waren gemein, aber wozu sollten sie einen solchen Aufwand betreiben, um uns umzubringen? Wir hatten ihnen doch gar nichts getan. Die Deutschen hatten einen Krieg zu gewinnen. Wozu sich mit uns abgeben? Am Tag drauf erledigte ich hastig meine Aufgaben, dann durchkämmte ich noch einmal ganz Westerbork. Ich kämpfte gegen die Angst an, die in mir aufstieg, als ich die verwischten Zahlen an den Viehwaggons sah. War mehr von Rudi nicht übrig? Zum ersten Mal verzichtete ich aufs Essen, mir war der Appetit vergangen.

Am nächsten Tag sah ich Mutti und Tantetje draußen vor unserer Baracke bei meinem Papi und Oom Paul stehen und weinen. Mutti erwähnte ein Lager – »Theresienstadt« – und meine Omi und meinen Opa.

»Gibt es von Omi und Opa Nachricht?«, fragte ich hoffnungsvoll.

Ehe Mutti ein Wort herausbrachte, verrieten mir ihre roten Augen, was ich längst fürchtete. *Omi und Opa sind tot. Wie vielleicht auch Rudi.*

»Nein, Reni, wir haben von ihnen nichts gehört«, sagte Tantetje. »Wir machen uns bloß große Sorgen. Sie sind alt, und das Lager, in das sie vor Monaten geschickt wurden, ist viel härter, als wir zunächst dachten.«

»Also keine Postkarten aus Theres…«

»Nein, noch nicht«, sagte Papi.

Mutti tupfte sich die Tränen aus den Augen. »Wenn sie nur nicht krank werden.«

Omi und Opa sind tot, dachte ich, schob den Gedanken aber weg und straffte die Schultern.

»Omi und Opa sind vielleicht alt, aber sie sind stark«, sagte ich.

Alle nickten. Mir wurde klar, dass mir die Ungewissheit erlaubt hatte, zu hoffen. Jetzt wurde diese Hoffnung wie bei einem langsam im Laufe der Nacht verglimmenden Feuer unter der Asche der vielen uns zugetragenen Geschichten erstickt. Wir wussten nicht viel, aber doch vielleicht genug. Die Todeslager gab es. Ich kehrte meiner Familie den Rücken, zog mich auf meine Bettstelle zurück und vergrub den Verlust in meiner Decke. Ich würde meine Großeltern nie wiedersehen, und vielleicht auch Rudi nicht.

Tagelang schwieg ich, gefangen in meinen Gedanken.

Ich zog durchs Lager und bemerkte Vögel auf den Pfosten der Stacheldrahtzäune und den Dächern der Baracken. Zu diesem Ort, der so schnell alltäglich geworden war, passten keine Vögel. Ich beobachtete sie, weil ich nie erraten konnte, wie lange sie bleiben oder in welche Richtung sie davonfliegen würden. Sie flatterten hoch und über die Zäune. Und weg. Der Anblick traf mich zutiefst, stürzte mich hinab in eine bodenlose Traurigkeit, wie ich sie noch nie erlebt hatte. Wer hätte gedacht, dass direkt unter meinen Füßen ein solcher Abgrund an Trauer lag?

Innerhalb weniger Wochen verschliff sich die Trauer zu Abgestumpftheit. Es wurde kühler, die paar vereinzelten Bäume im Lager verloren ihre Blätter. Zum ersten Mal verhieß die Jahreszeit keine Schule, keine neuen Anziehsachen, neuen Lehrer und Freunde, Papier, Stifte und Bücher. Sie fehlten mir. Ich sprach und gab mich mit Mädchen in meinem Alter ab, wir erfanden Spiele mit Steinen und Papierfetzen. Ich lernte ein etwas jüngeres Mädchen namens Rachel kennen, und wir freundeten uns an. Mit Werner, Papi und Mutti war nicht viel los. Sie waren zu müde. Papi musste schwer schleppen und am offenen Brenner arbeiten. Die körperliche Arbeit war schwerer als die früher in der Bank oder bei American Express. Immerzu schien er sich von Schrammen, Schnitten und kleinen Brandwunden erholen zu müssen. Und Mutti musste nun zusätzlich zum Bohnenlesen als Näherin arbeiten und Kleider flicken.

Eines Morgens fummelte Werner im Waschraum übertrieben an seinem gefügigen Haar herum, was völlig unnötig war. Egal, wie er schob und zupfte, es saß immer tadellos.

»Was ist denn jetzt schon wieder?«, fragte ich.

»Ach nichts«, nuschelte er, während er den Nagel seines Zeigefingers über die Kante eines Eckzahns zog.

»Lass das doch. Du hast Dreck unter den Nägeln. Du wirst noch krank, Mutti hat dich gewarnt.«

Werner verzog das Gesicht. »Es liegt an der Arbeit. Ich fahre jetzt mehr Essen aus … von der Küche zur Lagerpolizei, zu den Barackenältesten. Und so …«

»Die Sonderverpflegung meinst du? Na und?«

»Ich nasche neuerdings«, sagte er kleinlaut und schwieg. »Was, wenn sie mich erwischen?«

»Weiß nicht. Hör auf damit.«

»Ich nehme ja eigentlich nichts. Ich nasche. Und das nur, wenn es viel gibt, ein Teilchen vielleicht, wenn es zwanzig gibt. Und keine Krümel bleiben.«

»Und warum erzählst du mir das?«

»Weiß ich nicht.«

»Ich schon«, sagte ich. »Weil du ein schlechtes Gewissen hast. Und das solltest du auch. Wenn sie dich nämlich erwischen, sitzen wir alle in der Tinte.«

Werner guckte wie ein begossener Pudel. Die Lagerpolizei wurde in letzter Zeit strenger.

»Vergiss es, Reni. Ich hätte nichts sagen sollen.«

Aber ich dachte nicht daran, ihn so leicht davonkommen zu lassen. Ich hatte Rudi verloren und merkte, dass ich immer noch wütend war. Werner fühlte sich bloß schuldig, weil er Essen abzweigte. Er würde nicht damit aufhören. Er würde sich zwar schuldig fühlen, hätte aber immerhin, was er wollte. Ich würde Rudi nie haben.

Ein weiterer Montag, und das ganze Lager bangte dem Abend entgegen. Leute zogen übers Gelände, vorbei an dem schwarzen schlummernden Zug. Das Ungetüm würde hungrig erwachen. Es war, als lebten wir mit einem Löwen. War er satt, ruhte er, und wir wurden lax. Sobald er aber ausgehungert und knurrend erwachte, würden etliche aus der Herde ausgesondert werden und damit zur Beute. Die Spannung stieg und fiel mit dem Wochenverlauf und zerrte doch an uns allen.

Es gab mehr hitzige Worte und barsche Antworten. Ein Lächeln war rar. Nach dem Essen hörte ich Papi zu Mutti auf den Vorderstufen betonen, was für ein Glück wir hätten. Es fiel schwer, hier irgendetwas als Glück zu betrachten, fand ich.

»Unsere Namen waren in dieser Woche auf der Liste«, erklärte er. »Unter denen, die heute Abend aufgerufen werden.«

»Welcher Liste? Der Zugtransportliste?«

»Ja.«

»Gütiger. Und dann?«

Leo Buschhoff, ein Kriegskamerad Papis, hatte unsere Namen auf einer Liste für Auschwitz entdeckt. Leo hatte Einfluss. Ich dachte an Papis alte Kriegsfotos: er neben seinen Kameraden. Mir gefielen diese Bilder von Papi. Zwischen seinen Freunden sah er froh aus. Sah stark aus.

»Tja«, fuhr Papi fort. »Und da hat er unsere Namen von der Liste gestrichen. Ich glaube, wir sind noch einmal davongekommen.«

Papi hatte recht – wir hatten Glück. Es war fast ein Wunder. Ein Kriegskamerad Papis von vor zwanzig Jahren sah zufällig unsere Namen auf einer Liste und konnte sie zufällig streichen.

Ein weiterer Montagabend kam, die Barackentür flog auf, und zwei Lagerpolizisten traten ein. Mein Herz schlug mir bis zum Hals, als die Tür hinter ihnen mit einem Knall zufiel. Die Barackenältesten riefen die Namen derer auf, die morgen abfahren würden: A, B, C bis G und schließlich H. Ich hielt mir die Ohren zu. Ich saß stocksteif da, bis ich Muttis Hand spürte. Wieder einmal davongekommen.

»Mutti«, hauchte ich. Meinen Lippen waren trocken.

»Ja, Reni.« Neben mir regte sie sich. »Du bist so still in letzter Zeit. Und ich weiß, dass du und Werner euch gestritten habt.«

»Tut mir leid«, sagte ich.

»Schon gut. Das mit Rudi ist ja auch schwer.«

»Das meine ich nicht. Es tut mir leid wegen Omi und Opa. Sie … deine Eltern sind nicht mehr, es tut mir so leid.«

Muttis Augen füllten sich mit Tränen. Wir stürzten in die bodenlose Traurigkeit, aber zusammen.

»Danke, Reni.«

Tagelang stocherte ich bloß im Essen herum, trank nur wenige Schlucke. Dann kam ich langsam aus dem Abgrund wieder hoch. Als mein Appetit sich wieder einstellte, tat er es mit Macht. Da unsere Amsterdamer Vorräte inzwischen aufgebraucht waren, gab es nur eine Mahlzeit am Tag. Und obwohl sie nicht im Entferntesten mit Muttis Kochkunst zu vergleichen war, fand ich sie köstlich. Ich genoss jeden Teller Möhren-Kartoffel-Eintopf oder Schwarzbrotsuppe. Ich hoffte sogar, dass Mutti sich nach dem Lager noch erinnern würde, wie man sie zubereitete.

17

Wir bekommen ein Päckchen
Durchgangslager Westerbork, Herbst 1943

Ich tat mich schwer, mich ständig an die vielen Menschen zu gewöhnen. Nirgends war man für sich. Ich war ein separates Kinderzimmer, eine eigene Bleibe gewohnt. Ich war es gewohnt, die Familie um mich zu haben und doch, wenn ich wollte, mich in mein Bett oder einfach eine stille Ecke verkriechen und mir mit Decken ein Nest bauen zu können. Für mich ganz allein. In Amsterdam hatte ich zu den Fenstern hinaus in den Regen, einen blauen Himmel oder Schnee blicken können. In Westerbork sah ich, wenn ich den Kopf hob, nur die eisigen Stränge der über zwei Meter hohen Stacheldrahtzäune und dahinter, hoch oben auf ihren Wachtürmen, die bewaffneten Soldaten, die alles im Blick behielten.

Mutti stieß mit einem Seufzer Luft aus, die sie lange angehalten haben musste und die nach den Zwiebeln vom Abendessen roch. Hinter uns hörte ich eine Frau weinen. Ich drehte mich um und erkannte Rachels Mutter. Die Familie war erst vor drei Wochen gekommen, und nun musste ich mich schon wieder verabschieden. Es war nicht das erste Mal. Ich schien Freunde so schnell zu verlieren, wie ich sie fand. Inzwischen, nach drei Monaten, waren wir eine der alten Westerbork-Familien. Rachel, ihre Familie und andere packten, Freunde und deren Familien halfen dabei.

»Vorwärts, Hasenbergs«, sagte Papi.

Wir drehten eine Runde durchs Lager, schauten bei Verwandten und Freunden vorbei, um zu erfahren, wer auf der jüngsten Liste stand. Fast jedes Mal waren Menschen dabei, die wir kannten, oder jedenfalls Papi und Mutti.

Tante Alice und Oom Paul entdeckten wir gleich beim Betreten der Baracke. Für mich sahen sie aus wie sonst auch, aber Mutti witterte etwas. Sie sog scharf die Luft ein und sagte leise: »O Gott.«

Mutti und Tantetje hielten sich lange umschlungen.

»Sobibór«, sagte Tantetje, als sie sich lösten.

Muttis Hand flog an ihren Mund, dann an die Wange.

»Ich schicke eine Postkarte, wenn es irgend geht. Versprochen«, sagte Tantetje und lächelte gequält.

»Das will ich meinen«, sagte Papi, »sonst machen wir uns noch Sorgen.«

»Ein Bier, wenn das alles vorbei ist«, sagte Oom Paul.

»So viele du willst«, sagte Papi. »Gehen auf mich.«

»Versteht sich. Schließlich bist du der Bankier.«

Tantetje fand jetzt die Zeit, auch Werner und mich zu herzen und uns zu ermahnen, brav zu sein.

»Wir sehen uns morgen früh«, sagte Mutti und drückte ihre Schwester erneut.

»Ja, morgen«, sagte Papi nur zu Oom Paul, der darauf nichts erwiderte, sondern nur nickte.

Wir machten uns auf den Weg zurück zur Baracke und begegneten vielen, die ähnlich unterwegs waren. Wir gingen schweigend und dicht beieinander. Es war ein frostiger Novemberabend. Suchscheinwerfer glitten über die Baracken hinweg und zwischen ihnen hindurch, von den Wachtürmen auf ihren spindligen Stelzen aus zerspießten sie die Nacht.

Mutti und Papi beschworen uns, nach Möglichkeit zu

schlafen. Das fiel an Montagabenden schwer – zu viel Unruhe. Erwachsene überlegten laut, was sie mitnehmen und was weggeben sollten. An diesem Montag war an Schlaf nicht zu denken. Es schien nicht recht, zu schlafen, wenn ein Teil der eigenen Familie, vielleicht für immer, fortging.

Am Morgen versammelten wir uns in der Baracke, um Abschied zu nehmen. Tante Alice und Oom Paul hielten Händchen wie frisch Verliebte. Meine kurzzeitige Freundin Rachel trug ihr bestes Kleid, als breche sie zu ihrem ersten Schultag auf. Sie alle schickte man hinaus, uns aber hielt man bis zur Abfahrt des Zuges zurück. Wir hockten da, bis die Zugpfeife nur noch ganz entfernt zu hören war. Dann sackte Mutti an Papis Schulter zusammen.

Am Abend gab's Varieté. Unser Lagerkommandant, der mit Nachnamen Gemmeker hieß, liebte das Theater, und er erlaubte berühmten Juden, für uns zu musizieren und spielen. Gemmeker kriegten wir Häftlinge selten zu Gesicht, außer eben bei den Varietévorstellungen. Ich saß zwischen Papi und Mutti, Werner rechts außen neben Mutti. Es war feucht, ich roch an meinen Eltern die Arbeit: das Öl und den Schweiß. Papis Fingernägel waren schwarz und rissig, seine Finger verfärbt und zerschrammt. Muttis Kopf lag an seiner Schulter. Zwei Männer an den Klavieren am Bühnenrand wippten mit den Köpfen, ihre Finger wanderten flink über die Tasten. Männer mit Geigen fuchtelten mit ihren Bogen. Verschiedene kurze Sketche und Tanznummern belebten die kleine Bühne vor einem dunkelroten Vorhang. Nach der Vorstellung fassten die Künstler sich an den Händen, verbeugten sich und winkten uns zu, während der Vorhang über den Abend fiel.

In der Nacht hörte ich im Traum die scharfen Stimmen der

Lageraufseher »Hasenberg« rufen, bis aus dem Ruf ein Schrei wurde und ich schweißnass aus dem Schlaf hochschreckte.

Mutti weinte tagelang.

Ein paar Wochen später kriegte mein Papi ein Päckchen. Bis auf Essenspakete hatten wir im Lager bislang keine Post bekommen.

»Das ist uns von der Amsterdamer Adresse nachgeschickt worden«, sagte Mutti und wendete das kleine braune Päckchen in ihren blutleeren Händen. »Wer schickt uns was ohne Absender?«

»Und die Handschrift kenne ich gar nicht«, meinte Papi.

»Ich habe noch nie eine Nachsendung gesehen«, bemerkte Werner. »In meiner ganzen Zeit als Bote nicht.«

Ich war lange nicht mehr so gespannt gewesen. Es war ein heller, trockener Herbstmorgen, durchs Lager wehten süßlich riechende Blätter, waren entlegenen Bäumen draußen entwischt, um uns zu besuchen.

»Soll ich aufmachen oder warten, bis jemand Geburtstag hat?«, scherzte Papi.

»Aufmachen! Aufmachen!«, quiekte ich.

Papis dicke, geschundene Finger schälten das schwere Papier weg, und es kamen vier kleine weiße Heftchen zum Vorschein. Über einem ziemlich offiziell aussehenden Wappen, einem Vogel mit weit gespannten Flügeln auf einem mit Flaggen bespickten Oval, stand: *República del Ecuador Pasaporte*.

»Was ist das denn?«, fragte ich.

»*Pasaporte*«, las Werner. »Klingt spanisch. Es müssen die Reisepässe sein.«

»Unglaublich«, murmelte Papi und blätterte, besah sich

jede Seite genau. Die meisten waren leer, und doch kam er aus dem Staunen gar nicht heraus.

Wir anderen wollten sie natürlich auch sehen. Papi reichte jedem von uns ein Heftchen. Auf der Innenseite waren unregelmäßig mit Maschine getippte Wörter, die ich nicht lesen konnte – ganz sicher Spanisch, tönte Werner –, es gab wichtig aussehende rote Stempel und Unterschriften in Schwarz. Ein Schulfoto von mir war da eingeheftet. Ich musterte mein lachendes Gesicht, dachte an den Moment der Aufnahme zurück. Wir hatten der Reihe nach auf ein Podest steigen, uns setzen, auf Kommando fröhlich in die Kamera gucken und dann wieder abtreten müssen.

»Die sind echt«, staunte Mutti. »Dein Kontaktmann in Schweden hat Wort gehalten.«

»Ja, Trudi«, stimmte Papi ihr zu. »Ich habe keine Ahnung, wie diese Dinger noch herfinden konnten, aber es hat tatsächlich geklappt. Es ist … unglaublich.«

»Die sind wirklich aus Ecuador?«, murmelte ich.

»Ecuador liegt in Südamerika«, klärte Werner mich auf.

»Das *weiß* ich, Werner. Und da fahren wir wirklich hin?«

»Nein«, erwiderte Papi. »Oder vielmehr gehe ich nicht davon aus. Aber dank dieser Dokumente sind wir jetzt *Austauschjuden*. Das heißt, dass wir gegen Deutsche getauscht werden können, die von den Alliierten festgehalten werden. Das macht diese ecuadorianischen Pässe enorm wertvoll. Weil nämlich *wir* jetzt für die Nazis einen Wert besitzen.«

»Das ist also gut?« Ich wollte sichergehen.

»Das ist *sehr* gut.« Er wandte sich Mutti zu. »Die sollten uns davor bewahren, in Auschwitz zu landen. Jetzt haben wir eine Chance.«

»Vielleicht sogar, ganz zu entkommen«, sagte sie.

Es wurde auch höchste Zeit. Der Winter verdrängte den Herbst. Durch die dünnen Barackenwände, die im Sommer etwas Schutz geboten hatten, pfiff nun die kalte Luft. Ich vergrub mich tiefer in meine rosa Decke und rückte enger an Mutti heran. Lebensmittel und Vorräte waren schwerer zu bekommen. Es gab weniger Suppe zu essen und weniger Seife zum Waschen. Nur eines gab es im Überfluss: Ungeziefer. In den Waschräumen wimmelte es von Fliegen, die nichts lieber wollten, als einem in den Mund zu kriechen; auf dem Boden wanden sich kleine weiße Würmer. Ich lernte, auf keinen Fall in die Latrinenlöcher zu schauen, wo es vor ihnen wuselte. Am schlimmsten waren die Läuse. Bald juckte und kratzte ich mich selbst im Schlaf noch am Kopf. Haarewaschen nutzte nicht viel, nur mit kaltem Wasser und ohne Seife waren sie nicht wegzukriegen.

18

Quarantäne

Durchgangslager Westerbork, Winter 1943

Auf einmal ging es mir nicht so gut. Ich fühlte mich müde, zerschlagen und fiebrig. »Bloß eine Erkältung, Reni«, meinte Mutti und deckte mich gut zu. »Bleib liegen und ruh dich aus.« Aber nach einer Woche ging es mir schlechter. Mein Pipi war dunkel, obwohl ich viel Wasser trank.

»Ihre Haut sieht ein bisschen gelb aus«, meinte Papi.

Mutti brachte mich in das kleine Krankenhaus. Dort warteten wir, ich mit dem Kopf auf ihrem Schoß, während mir von der harten Holzbank der ganze Hintern wehtat. Ich hörte um uns herum Stöhnen. Wir wurden in ein kleines, silbriges Zimmer gebracht, wo es nach Chemikalien roch. Eine Schwester und ein Arzt in weißen Kitteln untersuchten mich von oben bis unten. Es war zu warm dort drinnen.

»Sie muss in Quarantäne«, sagte der Arzt mit den winzigen runden Brillengläsern. »Sie hat Gelbsucht.«

Mutti fragte, was das genau bedeute.

Der Arzt sagte, Quarantäne bedeute, dass ich dort bleiben müsse, allein.

»Allein?«, fragte ich Mutti.

»Ja. Wir dürfen dich erst sehen, wenn es dir besser geht.«

»Wie lang wird das dauern?«

Mutti sah zu den kleinen Brillengläsern des Arztes hoch.

»Ein paar Wochen, vielleicht länger«, meinte der.

Das Krankenhaus war eigentlich wie unsere Schlafbaracke, nur gab es Einzel- statt Etagenbetten. Es schien nur zwei Sorten von Insassen zu geben. Die einen waren krank und sehr still, sie ruhten oder schliefen. Die anderen benahmen sich seltsam. Manche stierten, fast ohne zu blinzeln. Andere wiegten sich vor und zurück oder brüllten. Ich war todmüde, aber nicht müde genug, um nicht zu wissen, dass mir dieser Ort nicht gefiel. Mutti sprach mit einer Schwester, dann trat sie an ein Fenster unweit von meiner neuen Bettstatt.

»Reni«, sagte sie, wieder an meiner Seite, »siehst du das Fenster? Gleich dahinter ist ein Zaun. Wir dürfen an den Zaun kommen, und wenn du aus dem Fenster schaust, können wir uns sehen. Wir werden immer morgens und abends kommen. Siehst du? Wir sind ganz in deiner Nähe.«

Sie lächelte. Mir war klar, dass sie sich das Lächeln abringen musste, denn ich hatte sie lange nicht mehr lächeln sehen, und meines Wissens fand sie am Kranksein nichts sonderlich komisch. Ich beantwortete ihr Lächeln mit einem klitzekleinen, damit sie sich besser fühlen könnte und ich tapfer wirkte. Dann küsste Mutti mich fest auf die Stirn und zupfte Laken zurecht, an denen eigentlich nichts zu zupfen war. Sie betonte, wie lieb sie mich habe, und ich versicherte ihr umgekehrt dasselbe.

Ich schlief ein und träumte von Würmern in Waschräumen. Ungeziefer mit weit aufgesperrten Mäulern, das lauter und lauter redete, bis ich von dem Gezeter wach wurde. Der Lärm kam in Wirklichkeit vom anderen Ende des Saals an der Tür. Ein wuschelköpfiger Mann rief immer wieder nach einer Sarah. Zwei kräftige Kerle in Weiß drückten ihn nieder und fesselten ihn an sein Bett. Der Wuschelkopf heulte und bäumte sich vom Kissen hoch. Ein Arzt beugte sich unbeeindruckt über ihn und richtete sich mit einer Spritze wieder auf. Innerhalb von Minuten war es wieder still. Ich schloss die Augen.

Ich wurde von einem Rütteln wach. Eine Schwester befahl mir, aufzustehen: Meine Familie sei draußen und wolle mich sehen. Ob ich Hilfe für den Weg zum Fenster brauchte?

»Darf ich etwas Wasser haben?«

Sie brachte mir ein Glas, das ich so schnell leerte, dass ich mich verschluckte. Sie wischte mir das Gesicht ab und erinnerte mich an den Gang zum Fenster. Die Luft an der Scheibe war kühl. Hinter dem Zaun stand meine Familie. Werner trat nach irgendwas. Mutti und Papi sahen in meine Richtung und tippten Werner auf die Schulter, als sie mich entdeckten. Ich konnte nicht hören, was sie sagten.

»Darf ich das Fenster aufmachen?«, fragte ich.

Nein.

Ich schüttelte mit der Hand am Ohr den Kopf, um meinen Eltern klarzumachen, dass ich nicht verstand, was sie sagten. Mutti bewegte die Lippen langsamer: Wie geht es dir? Ich lächelte und nickte vorsichtig. Eigentlich fühlte ich mich aber nicht besser, und ich hatte Angst. Wir lächelten uns abwechselnd zu, bis Papi mimte, dass sie wieder an die Arbeit müssten, aber wiederkämen. Ich sah sie ungern abziehen, war aber froh, wieder ins Bett fallen zu können.

Die Nacht war abermals mit Schreien und Stöhnen erfüllt. Eine Stimme brüllte im Dunkeln nach »Ruhe!« Ich vergrub mich unter der Decke und sagte mir, selbst wenn sie dünn sei, würde sie mich schützen. Meine rosa Decke fehlte mir sehr.

Tags drauf erfuhr ich von anderen Patienten und aus Gesprächsfetzen, dass hier alle möglichen Leute landeten: die schlimmsten der schlimmen Fälle, sogar aus anderen Lagern. Es gab Leute mit dick umwickelten, wie gewindelten Handgelenken, die versucht hatten sich umzubringen, oder mit ausgepumptem Magen. Andere waren so gebrochen, dass sie nur vor sich hinstarrten oder schrien.

Krank zu sein hatte einen Vorteil: Viel von dem Lärm verschlief ich. Je besser es mir ging, desto schwerer wurde es, vor der Verrücktheit in den Schlaf zu flüchten. Ich freute mich auf die Mahlzeiten, weil ich die beängstigenden Töne dann mit dem Geschmack der dicken Suppen, des Brots und der wahrhaftigen Süßspeisen verscheuchen konnte, von denen die Schwestern sagten, sie würden meiner Haut und den Augen den Gelbstich nehmen. Ich aß möglichst langsam.

Papi, Mutti und Werner kamen fast täglich an den Zaun. Wir konnten nicht viel mehr tun als uns ansehen und mit den Lippen Botschaften wie »Auf bald« und »Alles Liebe« zu formen. Ich betrachtete sie dort und begriff, dass sie anders aussahen. Ich überlistete mich selbst und tat so, als sähe ich sie zum ersten Mal, als kennte ich sie nicht. Sie sahen älter aus. Ich wahrscheinlich auch, also dachte ich lieber an andere Dinge: wie Mutti mir sanft über die Wange strich, Papi übers ganze Gesicht strahlte, Werner witzige Kommentare abgab. Diese Erinnerungen halfen, das Schreien und Stöhnen in Schach zu halten. Ich konnte es kaum erwarten, meine Familie wiederzusehen – nein, berühren! Ich rieb am Fenster, um sie klarer erkennen zu können, und ich sah ihnen nach, bis sie ganz meinen Blicken entschwunden waren.

Noch nie im Leben war ich so froh wie in dem Moment, da sie mich gehen ließen. Ich musste sehr an mich halten, der Schwester nicht vorauszulaufen, die mich zum Tor brachte. Ich fiel Mutti in die Arme und schwor, nie wieder loszulassen. Dann drückte ich Papi, bis er gluckste, und Werner sogar, bis er hustete. Ich schwor, gesund zu bleiben und mit aller Kraft zu verhindern, dass ich je wieder von meiner Familie getrennt würde: Nie wieder wollte ich das Krankenhaus von innen sehen, hören oder riechen.

Einen ganzen Nachmittag lang kam mir Westerbork vor wie der Inbegriff von Freiheit. Selbst der lange, schwere, schwarze Zug auf seinen Schlängelschienen störte mich nicht. An diesem Abend aßen wir als Familie. Danach hatten Mutti und Papi traurige Nachrichten über eine entfernte Verwandte, die unlängst hier in Westerbork gestorben war.

Es ging um Omi Silten, die Großmutter von Gabi, die eine Art Cousine von uns war, auch wenn ich nicht genau wusste, wie. Gabi, Omi Silten und deren Familie waren zur selben Zeit im Lager eingetroffen wie wir. Die Familie war mehrfach zu Geburts- und Feiertagen bei uns in Amsterdam gewesen, aber Gabi war jünger als ich, daher hatten wir gar nicht so oft miteinander gespielt, außer es war sonst niemand da.

»Warte. Ja, doch, Omi Silten hat in mein Poesiealbum geschrieben«, sagte ich.

Ich erinnerte mich an Omi Siltens Eintrag nicht deshalb, weil sie mir nahestand, sondern weil mir die Verse gefallen hatten. Sie hatten mich an meine Heldin Heidi erinnert. Sie hatte etwas dazu geschrieben, wie wichtig es sei, hilfreich und stark zu sein, weil dann die Last der anderen leichter werde. Ihre Worte wurden umso wichtiger, je länger wir in Westerbork blieben. Ich hatte eine Aufgabe, die mehr bedeutete, als unsere Sachen in Ordnung zu halten, nämlich hilfreich und stark sein.

»Das tut mir sehr leid«, sagte ich. »Gabi und ihre Eltern sind sicher traurig.«

Später erzählte mir Werner den Rest der Geschichte.

»Gabis Vater ist hier in Westerbork Apotheker«, erklärte er. »Als Gabis Großmutter letzte Woche erfuhr, dass sie nach Auschwitz sollte, hat sie ihren Sohn gebeten, ihr Gift zu besorgen.«

Werners Gesicht zuckte, er kaute an seinen Fingernägeln. »Reni, er hat lieber seiner eigenen Mutter geholfen, sich umzubringen, als sie auf diesen Zug gesetzt werden zu sehen.«

19

Der Zug nach Bergen-Belsen

Februar 1944

Ich wusste kaum, wie mir geschah. Wir waren raus aus Westerbork und auf dem Weg in ein Lager mit dem Namen Bergen-Belsen. Der Schreck, auf der Transportliste zu stehen und aufgerufen zu werden, war nur deshalb weniger groß, weil er nicht ganz unerwartet kam und weil der Zug so proper war. Dank Papis Kontakten und unserer Pässe hatten wir uns in Westerbork länger gehalten als die meisten: fast neun Monate. Wirklich erstaunlich aber war der Zug, der einfuhr, um uns fortzubringen. Er hatte Viehwaggons, aber nicht nur – es gab auch Zugabteile mit Sitzbänken, großen Fenstern und Heizung. Und in einen von denen durfte unsere Familie. Nach der Abfahrt aus Westerbork starrten wir bestimmt eine Stunde lang nur zu dem verriegelten Fenster hinaus auf weite Schneefelder, die bei Halbmond an Delfter Porzellan erinnerten. Die Sterne glitzerten am Himmel wie verschütteter Zucker. Im Geiste schoss ich jubelnd über mondbeschienene Schneewehen dahin, durch dicke Puderschichten. Es war alles so herrlich anders.

Gerüchte machten zwischen Wagen die Runde, befördert von der Ungewissheit. Sie folgten auf den Fersen der deutschen Wachen, die in den Gängen patrouillierten. Nicht wenige Westbork-Häftlinge fürchteten, wir würden an einen Schreckensort gebracht, sie erinnerten an die in den Viehwaggons entdeckten Zettel. Die meisten aber glaubten, wir würden es nun besser haben. Papi riet uns, zu bedenken, was wir sicher wüssten, und das sei doch immerhin vielversprechend. Wir säßen in ordentlichen Zugabteilen und nicht in Viehwaggons wie denen, die uns nach Westerbork transportiert hätten. Wir säßen in Abteilen mit Ledersitzbänken. Der Zug sei geheizt. Es gebe am Ende des Wagens eine Toilette mit Tür, die sich absperren lasse. Das seien Belege – oder jedenfalls Anzeichen – dafür, dass wir besseren Zeiten entgegensähen.

»Mal ehrlich, würden die Nazis uns in so einen Zug setzen, wenn sie uns nur an einen schlimmeren Ort verfrachten wollten?«, fragte Mutti.

»Kaum«, meinte Papi.

Ich wurde schläfrig, gewiegt vom beruhigenden Gerede der Erwachsenen. Hin und wieder sah ich draußen ein Licht oder Dorf vorbeifliegen, meist aber folgte ich halbwach dem Gespräch zwischen Papi, Mutti und ihren Bekannten Herrn und Frau Löwenberg. Papi saß gegenüber von Mutti, Werner und mir bei den Löwenbergs. Die Drei hatten es etwas eng, aber sie hatten darauf bestanden, dass Werner und ich Platz haben sollten, uns auszustrecken und zu schlafen, wenn wir das wollten. Das Gespräch kreiste um Bergen-Belsen. Wie würde es dort im Lager sein?

»Ich wette, dort essen wir an Tafeln mit Tischdecken«, sagte Frau Löwenberg. »Und, oh, wie fürstlich werden wir speisen: zartes Fleisch, Suppe so dick, dass sie selbst dann am Löffel klebt, wenn man ihn umdreht, kräftiges, krosses, ofenfrisches Brot, eisgekühlte Butter, frischgekochte Marmelade und Desserts auf Silbertabletts.«

»Und, oh, was werden wir Wind fahren lassen nach solch

üppiger Kost!«, ergänzte Papi, »Gase sondergleichen nach solchen Gelagen, und doch werden wir überglücklich sein.«

»Dichterworte, wahrhaftig«, schwärmte Mutti mit Fistelstimme und fächelte sich Luft zu.

Alberte Mutti da tatsächlich herum? Werner und ich sahen uns fassungslos an. Frau Löwenberg drehte den Kopf zum Fenster, blies Zigarettenrauch aus und grinste.

»Und was ist mit Strafen?«, wollte Werner wissen.

»Ja«, meinte Herr Löwenberg mit bierernstem Gesicht. »Du hast recht, Werner. Die Nazis strafen gern, aber… schlagen werden sie dich dort nur, wenn du deine Manieren vergisst oder deinen Schokoladenkuchen nicht restlos verputzt. Dann wird der Kommandant stramm an unseren Tisch marschiert kommen, die Hacken zusammenschlagen und bellen: ›Löffel links vom Teller!‹, ›Das Tischtuch hat Falten!‹, ›Du hast nicht aufgegessen!‹, ›Keinen Nachschlag für dich, junger Mann!‹«

Mutti salutierte zackig. Ich lachte mit den anderen. Ich wäre froh gewesen, wenn nur ein bisschen was davon wahr wäre.

»Man sagt«, erklärte Papi, »dass Hitler in Bergen-Belsen kellnert … aber nur am Wochenende.«

»Hitler ist nämlich ein vielbeschäftigter Mann«, meinte Herr Löwenberg. »Ständig überall einzumarschieren und zu töten ist zeitraubend und schrecklich ermüdend. Keiner versteht wirklich, wie schwer es ist, Führer zu sein. Da braucht er einen Rückzugsort zur Erholung. Man hat ihn im Kurbad Bergen-Belsen sogar schon beim Wassertreten gesehen. Wenn er nicht gerade bedient, versteht sich.«

Frau Löwenberg bedachte ihren Mann mit einem gezierten Lächeln, musterte ihn hochnäsig und aschte einfach auf den

Abteilboden. Ein paar Stippchen rieselten ihr auf den Rock, und Herr Löwenberg klopfte sie weg.

»Entschuldige, Schatz«, sagte er, und als er den Blick hob, sagte er zu uns: »Ich übertreibe vielleicht ein klein wenig, Kinder.«

Frau Löwenberg zog gierig an ihrer Zigarette. Sie sah elegant und zufrieden aus, wenn sie rauchte. »Wenn du so gut Bescheid weißt, Darling«, sagte sie, »dann verrate mir doch, ob es in Bergen-Belsen auch reichlich Zigaretten geben wird.«

»Aber ja doch, sie wachsen dort an den Bäumen; aber für den sehr unwahrscheinlichen Fall, dass dem nicht so sein sollte, kannst du dich drauf verlassen, dass ich immer welche für dich auftreiben werde.«

»Das weiß ich«, sagte sie und zeigte ihm einen Kussmund.

Werner beugte sich zu mir herüber und flüsterte: »Der olle Hitler mag ja Hilfskellner sein, aber jeder weiß, dass man dem ollen Hitler nicht den Rücken kehren darf.«

Ich musste bei dem Gedanken an den *Heidi*-Film mit Shirley Temple und den bösen Ziegenbock Türk kichern. Werner forderte mich mit großen, erwartungsvollen Augen auf, die dazugehörigen Dialogzeilen zu liefern.

»Dann ist aber der olle Hitler nicht gerade …«

Werner riss die Augen noch weiter auf und brachte mich erst recht zum Lachen.

»Dann ist aber der olle Hitler«, setzte ich noch einmal an, und dann kam es wie aus der Pistole geschossen: »nicht gerade ein Kavalier.«

Wir bogen uns vor Lachen. Die Erwachsenen stimmten ein.

»Ich weiß nicht einmal, warum ich lache«, ächzte Mutti.

»Weil sie es tun«, sagte Frau Löwenberg und zeigte mit dem Finger auf uns. »Ist doch Grund genug.«

Die Heiterkeit ebbte nur langsam ab.

Das Glas des Zugfensters verströmte Kälte. Die Niederlande lagen hinter uns, vor uns das norddeutsche Tiefland. Selbst wenn mich Mutti häufig daran erinnerte, dass Deutschland einmal meine Heimat gewesen war, konnte ich mir das kaum noch vorstellen. Ich erinnerte mich höchstens an meine Großeltern, an den pudrig warmen Duft meiner Omi, wie Opa Frühstück machte oder sich über die Pflanzen im Schrebergarten bückte und scherzte.

Waren wirklich acht Monate vergangen, seit wir zuletzt mit dem Zug gefahren waren und ich an *Heidi* gedacht hatte? Jetzt wurde ich erneut zu Heidi – auf einem weiteren Abenteuer in einer Geschichte, in der sich alles wie immer zum Guten wenden würde. Ich träumte von den hohen Gipfeln der Schweiz und Heidis liebendem Großvater. Wie meine Heldin und ihr Almöhi fuhren mein Opa und ich zusammen Schlitten, sausten bergab und wurden von Pferden durch Dörfer gezogen, die aussahen, als hätte man sie in Zuckerguss getaucht. Immerhin brachten uns der Abtransport aus den Niederlanden und die Weiterfahrt nach Deutschland den Alpen eine Idee näher.

Nur dass nicht *immer* am Ende alles gut wurde. Heidi hatte am Ende ihren Almöhi. Ich würde meinen Großvater nie wiederhaben, aber ich hatte dafür etwas, was Heidi fehlte: meine engste Familie. Dass etwas am Ende gut wurde, hieß nicht immer, dass alles gut wurde, aber die wesentlichen Dinge vielleicht.

Irgendwann schlief ich ein.

20

Beißende Hunde

KZ Bergen-Belsen, Februar 1944

Ich steckte im höhlenartigen, stinkenden lila Bauch eines Walfischs und aß Riesenbete, die nach feuchter Erde rochen. Die Knollen waren so groß wie mein Kopf, purpurrot aufgereiht auf langen Tischen. Eine körperlose Hand reichte mir eine Gabel, und eine ferne Stimme forderte mich auf zu essen, so viel ich wolle, und siehe da, sobald die Zinken die zähe, schrumpelige Haut einer Bete durchbohrten, wurde daraus eine meiner Leibspeisen, Anisküchlein etwa oder Schokolade. Führte ich aber einen Bissen zum Mund und freute mich auf den Gaumenkitzel, wurde daraus wieder Bete, ranzig wie der Riesenmagen, in dem wir festsaßen. Mich würgte es, aber ich hatte solchen Hunger, dass ich zubiss, meine Zähne schlossen sich um die Gabelzinken und ich schaufelte mir das Zeug hinein. Der Fußboden ruckte und rumpelte. Ein Grollen füllte meine Ohren. Das war der Wal. Mir drehte sich der Magen um. Zischen und Kreischen. Schrilles Quietschen. Wörter. Bellen.

Wo war ich?, fragte ich mich mit weit aufgerissenen, geblendeten Augen.

Das Bellen wurde lauter und lauter, bis ich mir die Ohren zuhalten musste. Die Tür zum Abteil flog auf, und dann stand da bebend und stumm ein junger deutscher Wachposten. Ich suchte in seinem Gesicht nach einer Absicht. Er hatte unter einer moosgrünen Mütze, die hinten so tief heruntergezogen war, dass sie den Kragen seines langen Mantels berührte, dichtes blondes Haar. In seinen Stiefelkappen spiegelte sich das viele Licht, sie wirkten so blank und neu wie gerade vom Schuster geliefert. Seine Lippen waren rot, so rot, dass sie geschminkt hätten sein können. Ich hatte den Eindruck, er wollte lächeln, und entspannte mich schon etwas. Doch dann gab es einen Pfiff, und er brüllte los.

»Aussteigen! Raus! Sofort raus!«, kam es von seinen schreienden roten Lippen.

Er fluchte, benutzte Wörter, von denen ich wusste, dass sie schlimm waren, selbst wenn ich sie nicht verstand. Sein Deutsch war hart, schrill und spröde wie Eis, ganz anders als das weichere, leise Deutsch meiner Eltern.

»Raus! Raus! Der Zug ist zu gut für euch Pack!«

Er fuchtelte mit einem Knüppel herum, der spiegelglatt war. Papi stand auf, schob sich zwischen den Soldatenjungen und uns, nickte Werner und meiner Mutter zu und bedeutete mit seinen Gesten: »Schon verstanden. Wir kommen ja.« Passagiere schoben sich zwischen deutschen Wachsoldaten im Gang vorbei, drückten den jungen Wachmann zu uns ins Abteil. Er taumelte gegen Herrn Löwenberg, der ihn an den Schultern auffing. Der Soldatenjunge fand sein Gleichgewicht wieder, stieß Herrn Löwenberg heftig von sich und wich zurück in die Tür. Jetzt war sein ganzes Gesicht rot. Er schien etwas vor Augen zu haben, das wir nicht sehen konnten. Er hielt den Knüppel höher und stand bebend da.

»Vorwärts, Hasenbergs. Los, los«, befahl Papi.

Mit Werners Hilfe zerrte er unsere paar Habseligkeiten von der Ablage über den Sitzen. Ich faltete meine rosa Decke zusammen und klemmte sie mir unter den Arm. Der Soldatenjunge trat in den Gang zurück, den Knüppel noch immer erhoben, und wir fädelten uns ins Gedränge ein. Der schmale Gang roch nach Schmierfett und Ruß und zu vielen Menschen. Als wir auf den Bahnsteig hinabstiegen, waren überall deutsche Soldaten, an Leinen straff wie Klaviersaiten knurrten große braun-schwarze Schäferhunde mit langen Schnauzen. Ich stolperte über etwas und fiel auf der hartgefrorenen, zerfurchten Erde auf die Knie. Ein riesiger zähnefletschender Hund fiel mich an und hätte mich, wäre er nicht zurückgehalten worden, sicher gebissen. Ich schrie.

»Reni, sieh mich an«, sagte Mutti. »Sieh mich an. Hunde, die bellen, beißen nicht.«

Ich sah ihr in die Augen, dann wieder auf die an den Leinen zerrenden Biester, dann wieder sie. »Hörst du mich? Hunde, die bellen, beißen nicht! Sieh nicht hin.«

Meine Augen suchten den Himmel. Das erste Morgenrot befingerte kahle Äste am Horizont. *Da stimmt doch was nicht*, dachte ich und rappelte mich hoch. Ich hatte zwar nicht erwartet, dass Bergen-Belsen genau wie Westerbork sein würde, aber das hier kam mir vor wie ein fauler Trick. Unweit von uns sprach ein Mann einen Posten an.

»Verzeihen Sie, mein Herr, das muss ein Versehen sein«, brach es aus ihm hervor. »Wir ... wir sollen ausgetauscht werden ... wir sollen woanders ... doch nicht ...«

Der Wachposten verzog den Mund, als schmeckte ihm etwas nicht, dann haute er dem Mann eine runter. »Maul halten! Marsch, weiter!«

Ich wandte mich ab. Die rosigen Felder verloren sich in der Ferne, hier und da unterbrochen von kümmerlichen Bäumen. Marschbefehle. Wir marschierten. Laufbefehle. Wir liefen. Der Weg folgte den Eisenbahnschienen und scherte dann nach links weg. Wir bildeten einen dichten Menschenschwall, einen Strom, an den Ufern belauert von Räubern mit Zähnen und Waffen. Ich rempelte im Versuch, mich zwischen ihnen wegzuducken, erst Werner, dann Mutti an. Papi atmete stoßweise. Wir fielen alle mit ihm zurück, die Wachen brüllten, und da trieb uns die Angst wieder an. Ich verlor meine Decke. Ohne zu überlegen, drehte ich mich um, um sie aufzuheben, und wurde fast von einem keuchenden Paar umgerannt. Werner packte mich am Arm, flehte mich wortlos mit einem Blick an, mich nicht fortreißen zu lassen.

Nach etwa zwanzig Minuten wurde der Zug langsamer. Einzelne liefen vornübergekrümmt, wer aber stehen blieb, wurde mit einem »Tempo!« weitergetrieben. Atemluft umwölkte die Gesichter, sie verschwammen im Licht der kalten, jetzt grellen Sonne. Mit zusammengekniffenen Augen konnte ich gerade so die Drähte eines hohen Zauns ausmachen.

»Frauen nach links, Männer nach rechts!«

Mutti und ich wurden hierhin, Werner und Papi dorthin gestoßen. Ich heulte auf. Mutti drückte mich fest an sich, weil ich mich losreißen und zu meinem Vater laufen wollte.

»Papi! Werner!«, rief ich selbst dann noch, als ich sie nicht mehr sehen konnte. Ich suchte nach ihren vertrauten Beinen, langen und kürzeren. Ein Schäferhund knurrte, Schaum an den Lefzen, an der Schnauze dunkler Schorf.

»Papi, hier sind wir!«, schrie ich. »Hier!«

Auch andere Häftlinge schrien. Die Wachen brüllten noch lauter.

»Reni, hör auf!«, befahl Mutti und riss an meinem Arm.

»Aber denk doch an Omi und Opa!«, zeterte ich. Wagte es, von meinen Großeltern zu sprechen. »Man hat sie uns genommen, und jetzt sind sie für immer fort!«

Hatten Opa und Omi das als Letztes erleben müssen? Dass sie vor ihrem Tod noch getrennt wurden? Wann hatten sie sich zuletzt die Hände reichen, zuletzt in die Augen sehen können?

»Hör auf! Das war nicht hier. Opa und Omi waren nicht hier!«

Sie hat ja recht, sagte ich mir immer wieder, aber an Muttis gekräuselter Stirn konnte ich die Angst ablesen. Mit bangem Blick maß sie die wachsende Entfernung zwischen uns und den Männern und Jungen.

Wir wurden durch ein großes Einfahrtstor an einem schäbigen Wachhäuschen vorbeigeschleust. Drinnen sah ein Posten gähnend auf die Uhr. Krumm wand sich Stacheldraht um und zwischen Zaunpfosten hin. Große Drahtrollen schlängelten sich durch den Schnee, damit sich niemand den Zäunen auch nur nähern konnte. Hauchdünne Eissplitter und –scherben säumten die Ränder wüster Schlaglöcher. Mutti und ich eilten in unserer Kolonne hinter einer hochgewachsenen Aufseherin her. Ich reichte ihr nicht mal bis an die Schultern. Sie war riesig, und wäre da nicht der steife Rock gewesen, ich hätte sie für einen Mann gehalten, so vierschrötig war sie und so kantig ihr Kinn. Sie schaute stur geradeaus und führte uns flott die Hauptstraße entlang, die sich wie ein Rückgrat mitten durchs Lager zog.

Bergen-Belsen lag ausgebreitet vor uns, ordentlich unterteilt wie in der Schule das Millimeterpapier. Das Lager war größer als Westerbork, aneinandergereihte flache Bauten und Straßen, die sich zu Wegen verzweigten. Wir marschierten endlos in ein und dieselbe Richtung. Ich blickte zurück, um zu schauen, wo wir hergekommen waren. Dunkle, schlurfende Gestalten. Überall viele, viele Menschen, die sich alle so langsam bewegten wie eine Raupe, wenn sie an einem Blattrand knabbert. Eine alte Frau ging vorüber. Sie trug ein Weckglas mit einer braunen Flüssigkeit in den Armen wie ein Baby. Trug sie überhaupt Kleider, oder hing einfach Stoff in Fetzen an ihr herab? Drei Mädchen glotzten. Sie trugen ihr Haar unter Kopftüchern stramm und strähnig zurückgerafft. Sie sahen mir nicht ins Gesicht, sondern auf mein Kleid und unsere Sachen. Ich packte meine zusammengerollte Decke fester, drängte mich dichter an Mutti und fasste sie am Ärmel.

»Reni, was ist?«

»Wie lange werden wir hier bleiben müssen?«

»Das weiß ich nicht«, antwortete sie. »Dein Vater tut, was er kann.«

»Was heißt das?«

»Stell nicht so viele Fragen. Mach keinen Ärger.«

»Aber das *tue* ich doch gar nicht. Ich habe nur eine Frage gestellt: Wie lange werden wir hier sein? Und wo ist Papi, und …«

»Pscht!«

Damit hatte ich die Antwort, die ich nicht hören wollte. Es sah ganz so aus, als käme hier niemand mehr weg. Man blieb, man wurde dreckiger und dünner. Die Aufseherin hielt vor einem Gebäude an und rief eine Reihe von Namen auf: »… *Haas, Hasenberg, Holtzmann, Kolb* …« Unsere Baracke.

Eine Frau drängelte sich an uns vorbei und schoss hinein. Gleich darauf knuffte uns von der anderen Seite eine zweite. Da packte auch Mutti der Rappel, und sie schleifte mich mit. Wir eilten im Zickzack vorwärts. Es war dunkel und klamm, überall Etagenbetten. Es roch so stark nach Schweiß und Schlaf, dass ich es auf der Zunge schmeckte.

»Die besten sind in der Mitte, weg von den kalten Wänden«, zischte Mutti mir zu.

Sie warf ihre Jacke und andere Sachen gerade noch vor einer Rivalin über zwei untere Bettstellen, die eine davon vom nächsten Gang aus belegen wollte. Die Frau blitzte uns an. Ihre hohen Wangenknochen machten ihr kantiges Gesicht noch breiter. Mutti breitete ihre Decke über eine der Bettstellen und warf sich auf die andere, um sie leibhaftig in Beschlag zu nehmen. Sie bedeutete mir, ich solle dasselbe tun.

»Ihr seid doch nur zu zweit«, beschwerte sich die Frau und stapfte drohend auf Mutti zu.

»Die sind für meinen Mann und Sohn«, erklärte Mutti.

»Die Baracke ist aber nur für Frauen«, sagte die Frau.

»Stimmt nicht«, entgegnete Mutti und richtete sich auf.

»Mutti, ich glaube schon«, fuhr ich dazwischen. »Sieh doch, hier sind nur Frauen und Mädchen.«

Mutti ließ die breitwangige Frau nicht aus den Augen.

»Was geht hier vor?«, verlangte eine dritte, die nun dazukam. Sie war älter, hatte ein langes, verschlossenes Gesicht, eine Hakennase, kleine dunkle Augen und hochgestecktes dunkles Haar.

»Wer sind denn Sie?«, wollte die breitwangige Frau wissen.

»Ich bin Frau Blumfeld. Ich bin hier Barackenälteste. Ich habe hier das Sagen. Also: Was gibt's?«

»Sie belegt zu viele Betten«, sagte unsere Rivalin.

»Sie sind für meinen Mann und meinen Sohn«, erklärte Mutti.

»Hier schlafen keine Männer oder Jungen«, sagte Frau Blumfeld. »Sonst noch was?«

Frau Blumfeld funkelte Mutti und die breitwangige Frau böse an.

»Nein«, murmelte Mutti, »nichts …«

»Nichts«, stimmte die Rivalin zu und besetzte die Bettstelle.

»Wir gehen gleich noch mal die Hausregeln durch, damit es auch bei eurem ›nichts‹ bleibt«, erklärte Frau Blumfeld, bemerkte den nächsten lautstarken Streit und stapfte davon.

Die breitwangige Frau feixte, Mutti riss ihren Mantel von der Bettstelle.

Frau Blumfeld machte ihre Drohung bald wahr und zählte für uns Neuankömmlinge piefige Regel um Regel auf. Wir hätten die Baracke sauberzuhalten, unsere Betten zu machen, prompt zum Appell anzutreten.

Eine fragte nach den Männern und Knaben.

»Sie sind anderen Baracken zugeteilt«, sagte Frau Blumfeld.

Eine andere fragte, ob wir zu ihnen könnten.

»Ihr werdet euch morgen sehen.«

Nicht heute Abend?

Frau Blumfelds Gesicht verfinsterte sich.

»Jetzt hört mal gut zu«, sagte sie. »Das hier ist nicht Westerbork. Ihr habt hier nichts zu melden. Ich habe das Sagen. Was ihr wissen müsst, erfahrt ihr von mir dann, wenn es erforderlich ist. Ihr verlasst die Baracke, wenn ich es sage, es sei denn, ihr müsst austreten. Bis nach dem Appell geht ihr nirgendwohin. Ihr werdet eure Jungs und Männer wiedersehen. Morgen.«

Sie blickte weiter finster in die Runde. Kein Piep war zu hören. Sie zog ab.

Da begriff ich, weshalb mir Frau Blumfeld bekannt vorkam. Sie erinnerte mich an Fräulein Rottenmeier, die böse, strenge Hausdame aus *Heidi*.

Andere Frauen – die, die bei unserem Eintreffen bereits da gewesen waren – liefen in der Hoffnung herbei, vertraute Gesichter zu finden, und um uns über das Nötigste aufzuklären. Jeder Tag beginne mit dem Zählappell, zu dem alle in Reih und Glied antreten müssten, um von den Deutschen und den Kapos durchgezählt zu werden.

»Was ist ein Kapo?«, fragte Mutti.

»Das sind die Funktionshäftlinge, Gefangene, die in den Dienst der deutschen Nazis gepresst werden«, erklärte eine. »Sie überwachen hier die Zwangsarbeit und können ziemlich grausam sein. Richtig schlimm.«

»Aber es gibt auch anständige Kapos«, befand eine andere, »wenn man bedenkt, was sie tun müssen. Die Deutschen suchen sie sich aus. Sich zu weigern zieht eine Strafe nach sich. Manchen gelingt es, gleichzeitig den Nazis zu dienen und uns zu helfen. Andere sind weniger ... wendig. Sie werden immer mehr wie die Nazis.«

Ich verstand nicht alles, was sie sagte, aber genug. Achtung: Kapos konnten gemein sein. Obwohl sie Gefangene waren wie wir.

»Und Blumfeld?«, fragte Mutti.

»Sie ist ein Günstling des Lagerkommandanten, und sie hat wiederum selbst ihre Günstlinge, wenn auch anders. Der Blumfeld kommt ihr besser nicht in die Quere.«

»Kommt besser gar nicht in ihre Nähe«, empfahl eine andere.

»Sind diese Zählappelle denn eine ernste Sache?«, fragte Mutti.

»Unbedingt. Es werden nicht nur Einzelne für Fehler bestraft. Wir alle müssen dann büßen. Wenn sie wollen, Hunderte für den Fehler eines Einzelnen.«

Andere Frauen schilderten den Ablauf beim Appell. Die Kapos und Aufseher riefen dabei keine Namen auf, und wir kriegten auch keine Nummern. Die Nazis zählten einfach nur wieder und wieder alle durch, als wären wir Geld für die Sparbüchse. Das kleinste Vergehen – ein Flüstern, ein scheeler Blick – konnte bedeuten, dass wir länger strammstehen mussten. Schlimmere Verstöße zogen oft Schläge nach sich.

Am Abend stiegen wir in unsere Betten. Ringsum schwatzten Frauen über Rezepte und Speisen und das, was sie essen würden, wenn der Krieg erst vorbei wäre. Ich dachte an unsere gemeinsamen Mahlzeiten und fragte Mutti, ob wir irgendwann wieder mit Papi und Werner zusammenwohnen würden.

»Reni, wir sind immerhin im selben Lager«, sagte Mutti. »Wir werden sie bald wiedersehen. Versprochen.«

»Ist gut«, sagte ich.

Ihr glaubte ich, bei Frau Blumfeld war ich mir da nicht so sicher.

21

Appell

KZ Bergen-Belsen, Winter 1944

Wie zuvor im Zug war ich für mein Gefühl kaum eingeschlafen, als ich schon wieder von dem Ruf »Raus! Raus! Aber dalli!« geweckt wurde. Ich fuhr hoch und sah mich eingedenk der geifernden, zum Sprung ansetzenden Hunde wild um.

»In dreißig Minuten zum Appell!«, bellte Frau Blumfeld. »Es ist jetzt fünf Uhr dreißig. Ihr habt noch neunundzwanzig Minuten.«

Zwei Etagenbetten weiter fragte eine Stimme nach dem Frühstück.

»In Westerbork hat man euch verwöhnt. Hier gibt es kein Frühstück. Nur deshalb habe ich euch noch schlafen lassen. Los jetzt.«

Ich war so darauf bedacht, rechtzeitig die ganzen Kleider anzukriegen und einen Schluck Wasser zu trinken, dass ich es erst merkte, als Frau Blumfeld verkündete, es blieben uns noch acht Minuten.

»Ich muss Pipi«, sagte ich zu Mutti.

Sie biss sich auf die Unterlippe. Ihre Augen weiteten sich.

»Bitte. Ich muss wirklich dringend«, jaulte ich fast.

»Dann schnell. Ganz schnell.«

Ich schob mich durch das Gewoge halb bekleideter Frauen und Mädchen. Einige waren längst fertig und warteten schon an der Barackentür.

Der kalte Schwall draußen vertrieb die letzte Müdigkeit. Ich beeilte mich, den Blick aufmerksam zu Boden gerichtet, weil ich auf ein paar dunkel vereisten Stellen schon fast ausgerutscht war. Die Barackenfrauen hatten uns gesagt, dass zu jeder Hütte ein paar einzelne Klohäuschen gehörten, die aber baufällig seien und dreckig und nur von den wirklich Kranken und Verzweifelten benutzt wurden, die es weiter nicht schafften. Die brauchbaren Latrinen waren in einer eigenen Baracke untergebracht. Davor wartete eine Schlange, ich stellte mich hinten an und vergrub die Hände in den Taschen meiner Jacke. Ich bohrte rechts einen Finger in das immer größer werdende Loch, blickte ständig hoch, ob die Schlange schon kürzer wurde, und zurück zur Baracke, wo jemand zeterte.

Eine Frau zischte mir beim Verlassen der Latrine zu: »Komm ja nicht zu spät! Sonst müssen wir es alle büßen!«

Ich überlegte, ob ich lieber zurückflitzen sollte, aber ich wollte mir nicht in die Hose machen. Dann würde ich erst recht frieren.

»Los, los, los«, flehte ich stumm.

So hastig wie die Einzelnen aus der Latrinenbaracke stürzten, sich rasch die Röcke glattstrichen und die Jacken zuknöpften, so hastig drängten gleich die Nächsten nach. Schließlich war auch ich an der Reihe. Der Gestank verschlug mir den Atem. Ich hielt mir die Nase zu. Wie konnte es hier nur so viel schlimmer sein als in Westerbork? Die Latrine bestand aus einem langen Sitzbrett mit einer Doppelreihe versetzter Löcher, damit man, wenn man sich zurücklehnte, nicht gleich mit der Person hinter sich zusammenstieß. Ich spähte im schummrigen Licht nach dem saubersten Loch, weil ich die nassen und verschmierten meiden wollte. Dann zog ich mir in einer einzigen schwungvollen Bewegung die Strumpfhosen herunter, den Rock hoch und hockte mich hin. Ich tat so privat wie möglich, zupfte meinen Rock zurecht, um mich bedeckt und warm zu halten, und sah stur nach vorne und nach unten, um meine Nachbarinnen nicht ansehen zu müssen. Es war wenig zu hören, nur gelegentlich ein Ächzen. Ich musste so dringend, dass es mir ziemlich egal war.

Ich atmete durch den Mund. Werner hatte mir gesagt, dass Gerüche in Wahrheit winzige in der Luft schwebende Stippchen von dem wären, was roch. Die Vorstellung, kleine Klümpchen Kot einzuatmen, gefiel mir gar nicht, besonders mit dem Mund, aber das war immer noch besser als der Gestank in der Nase.

Ich schloss die Augen und lauschte einem Wachmann, der irgendwo weiter hinten Befehle brüllte. Ich versuchte, den Urin rauszupressen. Nichts. Ich zählte, ließ locker, schaffte ein Tröpfeln. Dann wieder das Brüllen, und es versiegte. Ich versuchte es mit Rechenaufgaben. Drei plus drei ist sechs plus drei macht neun plus drei macht zwölf … aus Tröpfeln wurde ein Strullern … plus drei macht achtzehn plus drei macht einundzwanzig und so fort bis dreißig.

Niemand sonst hockte noch da, nur ich. Wann war ich zuletzt allein gewesen? Ich spähte in die schummrigen Ecken, wo der Boden an die Wände grenzte, die Wände ans Dach und dieses schräg anstieg. Ich wollte das Alleinsein gern auskosten. Die lichtlosen Winkel lockten mich, schienen etwas zu bergen – alles, nur nicht das, was uns erwartete.

Gebrüll. Ich musste mich sputen. Es gab kein Papier. Kein Waschbecken. Kein Wasser zum Händewaschen. Widerlich. Ich zerrte meinen Rock hinunter und stürzte hinaus, schloss mich den letzten Nachzüglern der Kolonne an, zu denen meine sehr besorgte Mutti gehörte.

»Grundgütiger, Reni! Tu mir das nie wieder an«, stöhnte sie, zitternd und sichtlich erregt.

Zusammen eilten wir auf den Appellplatz; als wir das von Baracken umstellte Geviert betraten, blieb mir die Spucke weg. Dort waren Hunderte Menschen. Alle dick vermummt, alle gehetzt, mit Stößen und Knüffen in Reih und Glied gebracht.

»Grundgütiger«, hauchte Mutti. »Halte Ausschau nach deinen Vater und Werner. Sie müssen ja hier irgendwo sein. Wo wir so viele sind. Da müssen doch auch sie hier sein.«

Wachposten und Kapos umkreisten uns, zwangen uns in Fünferreihen. Mutti und ich standen ziemlich weit hinten. Ich hielt nach allen Seiten Ausschau, aber ich war zu klein, um viel sehen zu können. Ein Posten näherte sich, und da senkte ich den Blick. Es war furchtbar kalt. Um es wärmer zu haben, zog ich die Finger in die Mitte meiner Handschuhe zurück, ballte sie zu Fäusten und spürte dabei die eingerissenen Nägel, die ich würde feilen müssen. Ich wackelte mit den Zehen. Ein Posten stolzierte an der Reihe vorbei und zählte, nicht nur ein-, sondern zwei- und dann dreimal.

»Drecksjude!«, brüllte ein Wachsoldat jemanden an.

»Strammstehen, du Hund. Dämlicher Jude, noch zum Stillstehen zu blöde, wie?«, brüllte ein anderer.

Wer ist hier blöde?, dachte ich bei mir. *Ihr seid doch die, die dreimal zählen müssen, weil sie es einfach nicht hinkriegen.* Ich verscheuchte die Worte, aus Angst, dass mein Gesicht mich verraten könnte oder die Gedanken aus der Deckung kommen würden wie ein aufgescheuchter Fasan. Statt an das zu denken, was ich keinesfalls tun durfte, konzentrierte ich mich auf den Mantel meines Vordermanns. Ich zählte die verschossenen Webreihen, verzählte mich und fing von vorn an. Eine zarte Schneeflocke landete auf der schwarzen Wolle. Ich dachte, sie würde schmelzen oder davonwehen, aber sie blieb. Ich zählte, schaute wieder nach, und stets war die Schneeflocke noch da, ein wunderschöner, einsamer, schimmernder Stern.

Stunden verharrten wir so, standen tatenlos da. Neue Posten ersetzten die alten. Ich tat, als wäre der Mann vor mir Opa und führte mich zu unserem Schrebergarten oder in Berlin herum, in Amsterdam und sogar bis in die Alpen wie Heidis Almöhi. *Aber es ist so weit! Wie sollen wir da hinkommen?*, fragte ich. *Na, mit Henki Express natürlich*, antwortete Opa, überrascht, dass ich darauf nicht von selber gekommen war. Ich folgte dem Mantel meines Opas auf allerlei Abenteuer: Samen pflanzen, Ziegen melken, Berge besteigen, auf Schlitten mit großen, rund wie die Hörner der Bergschafe verlängerten Kufen Hohlwege hinabsausen. Der Appell ging zu Ende. Ich dankte Opa und sagte ihm, wie sehr ich mich schon auf die nächste gemeinsame Tour freute.

Alle stürzten zu den Latrinen oder zurück in die Baracken, wo sie sich um die Öfen drängten und in Decken hüllten, um sich aufzuwärmen. Sobald wir nicht mehr ganz so mit den Zähnen klapperten, wollten Mutti und ich uns aufmachen, Papi und Werner zu suchen, aber sie waren schneller. Ich entdeckte Papis vertraute Gestalt und rannte hin, als er am Ende des Gangs zu unseren Stockbetten erschien.

»Ach, meine liebe, gute Reni«, sagte er und nahm mein Gesicht in die Hände. »Du weißt ja gar nicht, wie schön es ist, dich zu sehen.«

»Aber ja doch.«

Er drückte mich und umarmte Mutti.

»Na, Schwesterchen«, sagte Werner und drückte mir sogar ein bisschen den Arm. Ich drückte feste zurück, packte ihn und gab ihm einen dicken Schmatz. Papi meinte, wir würden zwar kaum eine Unterkunft teilen können, aber besuchen dürften wir uns immerhin.

Wir verabredeten auch einen Treffpunkt auf dem Appellplatz, damit wir dort beieinander stehen konnten. Papi sagte, der Appell würde mal schnell gehen, mal nicht. Und manchmal würden wir mehrmals am Tag antreten müssen. Die Appelle würden hart sein, aber eben fester Bestandteil, und wenigstens würden wir als Familie zusammensein können.

»Nur auf eines ist in Bergen-Belsen Verlass: den Appell«, sagte Werner, der sich mal wieder seinen eigenen Reim auf das machte, was er so hörte.

Je mehr wir vier uns aber darüber austauschten, was wir im Laufe des Tages erfahren und beobachtet hatten, je deutlicher wurde, dass Verlass leider auch auf karge Essensrationen, Schwerarbeit für Mutti und Papi und die alles durchdringende Kälte wäre. In den Baracken wurde so gut wie gar nicht geheizt. In manchen standen zwar kleine Kanonenöfen, aber die meisten verfielen wie antike Ruinen, weil es kaum Brennholz gab und zweihundert Barackeninsassen sowieso nicht drum herum passen würden.

Werner hatte mit ein paar gleichaltrigen Jungen gesprochen – er war jetzt fünfzehn – und in kürzester Zeit viel erfahren. Bergen-Belsen zog sich von West nach Ost rund anderthalb Kilometer hin und war halb so breit, bildete also ein gleichschenkliges Rechteck. Wir befanden uns im Sternlager – einem Lager im Lager –, das seinen Namen der Tatsache verdankte, dass wir nicht die grau-weiß gestreifte

Häftlingskleidung tragen mussten, sondern nur den angenähten Judenstern. Wir waren ein paar Tausend, zum größten Teil zusammengetrieben in den Niederlanden. Das Sternlager bildete das Kernstück von Bergen-Belsen, umringt fast auf allen Seiten von kleineren Lagern. Sie alle waren mit Stacheldraht umgeben. Wohin wir auch blickten, wir sahen nur weitere Lager, bis auf einen kleinen Streifen Richtung Osten mit Feldern, einer Straße und der Reihe dunkelgrüner Bäume dahinter. Es war die einzige Aussicht ohne Baracken und Häftlinge.

Westlich von uns war das Sonderlager, das fast so groß war wie unser Sternlager, östlich gab es die Ungarn-, Häftlings- und Neutralenlager. Der Zaun im Westen folgte der Straße, die den Nerv von Bergen-Belsen bildete. Zu beiden Seiten der Straße gab es Gräben, auf einer auch eine Reihe Masten, an denen wie Duschköpfe große Scheinwerfer hingen. Am Ostende des Lagers, hieß es, gebe es ein kleines Krematorium, in dem die Toten einer nach dem anderen zu Asche verbrannt wurden. Die ganzen langgestreckten Bauten, teils mit qualmenden Schornsteinen, erinnerten an die Wirtschaftsgebäude eines großen Gehöfts. Hohe Stacheldrahtzäune zogen sich von hölzernen Wachtürmen, die vierbeinigen, jederzeit jagdbereiten Monstern glichen, in alle Richtungen.

Die Lagerverwaltung ließ alle Insassen arbeiten, die ihr vierzehntes Jahr erreicht hatten, was auf Werner zutraf, aber nicht auf mich. Meine Eltern wurden Kommandos außerhalb des Lagers zugeteilt – »überstellt«, sagte Papi. Sie brachen morgens nach dem Appell auf, Papi, um Gräben zu schaufeln, Mutti zur Arbeit in einer zugigen Fabrikhalle. Werner kam zum Schuhkommando, wo er alte Schuhe auftrennen und brauchbare Lederstücke herausschneiden musste.

Ganz gleich, wie schwer er schuften musste und wie erschöpft er war, Papi legte weiterhin Wert auf ein glattes Gesicht. Er hatte sein Rasierzeug retten können: eine Holzschatulle mit einer Vertiefung für das Rasiermesser und ein Päckchen Klingen, die er auswechselte und schärfte. Als ihm die Rasiercreme ausging, schäumte er Seife auf. Als es keine Seife mehr gab, rubbelte er sein Gesicht kräftig ab. Dann zog er die Klinge langsam in kurzen Strichen übers Gesicht und tastete mit der freien Hand nach Stoppeln, denn einen Spiegel hatten wir nicht. Mutti versicherte ihm stets, wie viel lieber ihr ein glattrasiertes Kinn sei und wie gut er damit aussehe. Sie strich ihm über die Wange, schob ihm das Haar von der hohen Stirn und glättete widerspenstige Stellen an den Schläfen.

»Was sind denn das für graue Fäden?«, neckte sie. »Wirst du etwa alt?«

»Hm, Anzeichen für Weisheit, würde ich meinen.«

»Und was sagt unser Weiser?«

»Dass wir hier alle rauskommen werden.«

»Gut so, denn ich will mein Lebtag keine alten Unterhosen mehr sehen.«

Die Arbeit meiner Mutti bestand darin, die abgetragene Wäsche der Soldaten zu zerschneiden und die Teile, die noch zu gebrauchen waren, wieder zusammenzustückeln. Ihr drohten Strafen, wenn die Aufseher fanden, es werde auch nur ein Fitzelchen verschwendet. Papis Arbeit klang härter, denn er musste bei jedem Wetter schuften, für lange Gräben an Straßen, Feldern und Zäunen Erdhaufen versetzen, schaufeln und schieben.

Aber ihre Aufgabe fand ich ekliger.

»Mutti ist der Frankenstein der Leibwäsche«, kommentierte Werner.

»Es lebt!«, steuerte ich entsprechend den früheren Frotzelein von Freunden zu dem Monsterfilm bei.

Mein Bruder gluckste.

»Nicht schlecht, Reni!«

Ich strahlte.

22

Eine verwöhnte Göre
KZ *Bergen-Belsen, Spätwinter 1944*

»Wie ist es denn draußen, außerhalb?«, fragte ich Mutti eines Abends. Ich war es leid, ohne die anderen den ganzen Tag im Sternlager festzusitzen.

»Ich kriege ja bloß eine große, zugige Halle zu sehen, in der Frauen arbeiten«, sagte Mutti. »Dir entgeht nichts.«

»Und siehst du auch mal andere Leute? Andere Orte?«, drängte ich sie.

»Reni, Schluss jetzt«, sagte Mutti. »Es gibt da draußen nichts zu sehen.«

Papi löcherte ich mit denselben Fragen, wenn er zur Essenszeit zurückkehrte. »Wir arbeiten hart«, sagte er.

»Und esst ihr mittags von Silbertabletts?«, scherzte ich, weil ich an die Albereien vor wenigen Wochen im Zug denken musste.

»Bitte?«, meinte er entgeistert, dann brachte er ein halbherziges Lächeln zustande. »Ach so, nein, noch nicht. Wenn es so weit ist, sage ich dir umgehend Bescheid.«

»Und schafft es Herr Löwenberg, für seine Frau Zigaretten aufzutreiben?«, fragte Werner.

Genau genommen hatte ich bisher in Bergen-Belsen kaum jemanden rauchen sehen. »Die eine oder andere bestimmt«, sagte Papi. »Dabei ist das nicht einfach. Ich glaube, er tauscht dafür ein Teil seiner Rationen ein.«

»Brot gegen Tabak? Von Zigaretten kann man doch nicht leben. Auch wenn sie es weiß Gott versucht«, meinte Mutti und fügte dann hinzu: »Richtig froh wirkt Frau Löwenberg nie.«

»Von wem kann man das hier schon sagen«, gab Werner zu bedenken.

»Vogeltje«, sagte ich.

Das stand außer Frage.

»Vogeltje spinnt«, meinte er abfällig.

»Gar nicht wahr«, widersprach ich.

Mein Bruder verdrehte die Augen. »Sie ist wunderlich!«

»Zugegeben, sie fällt aus dem Rahmen«, sagte Papi, »aber verrückt ist Vogeltje nicht, sie ist einzig … ein Schatz.«

»Ein Schatz?«, wiederholte Mutti und machte ihre braunen Augen groß.

»Aber natürlich nicht so kostbar wie du, Trudi«, beeilte sich Papi zu sagen.

Mutti schnaubte.

Vogeltje war eine liebe, wohlmeinende Frau in unserer Baracke. Sie war klein, kaum einen Kopf größer als ich, kämmte sich das Haar immer straff hinter die Ohren und ließ es lose um ihre Schultern fallen. Vogeltje hatte im Lager keine Verwandten und sprach nicht viel, aber man sah sie oft leise für sich oder für die kleinsten Kinder lächeln und singen. So war sie zu ihrem Kosenamen gekommen, weil sie ständig sang.

»Sie ist so anmutig«, sagte ich, weil ich daran denken musste, wie sie über die unebenen Dielen der Baracke zu schweben schien.

»Aber keine Schönheit«, sagte Mutti.

Vogeltje war unscheinbar. Sie hätte jede von uns sein können, jeden Alters, jeden Aussehens. Ehrlich gesagt wäre sie mir vor Bergen-Belsen wahrscheinlich nie aufgefallen. Hätte es nicht das Lächeln, Lachen und Singen gegeben, sie wäre untergegangen. Deshalb war sie einzig. Ich fand nicht, dass Vogeltje verrückt war, aber selbst wenn, wer wollte schon normal sein, wenn normal hieß, immer nur unglücklich oder gemein zu sein. Das gab es im Lager zur Genüge.

»Nun, Kinder«, sagte Papi und räusperte sich, »ich bin jedenfalls froh, dass ich die Liebe eurer Mutter nicht mit Zigaretten erkaufen muss.«

»Nein. Du musst uns bloß hier rausholen«, sagte Mutti.

Die Wochen vergingen in einer Gleichförmigkeit, die lebenstötend war. Meine Eltern schufteten ohne Pause, ohne ausreichend zu essen, ohne Heizung und Zeit füreinander. Wenn sie spätnachmittags zurückkehrten, waren sie in zunehmendem Maße erschöpft und lagen oft bis zum Essen nur noch im Bett. Sie löffelten ihre Suppe mit zittrigen Händen – Anzeichen für eine Mangelernährung, sagte Werner. Im Laufe weniger Wochen magerten sie stark ab, und auch meine Hände begannen zu zittern.

Meine Aufgabe bestand darin, die Baracke und unsere Kleidung in Ordnung zu halten, was bedeutete, dass ich doch allzu oft Frau Blumfeld über den Weg lief. Bei uns in der Baracke schliefen über zweihundert Menschen. An Putzzeug hatte ich aber nur einen Eimer, einen Lumpen und einen kurzen Besen, der ständig Strohborsten verlor. Keinen Mopp, keine Schmierseife. Ich schob den Dreck, Staub und Lehm herum und gab mir Mühe, die schmuddeligen, rissigen Dielen frei zu halten. Sobald sich Frau Blumfeld irgendwo blicken ließ, machte ich mich auf das Schlimmste gefasst, denn sie fand unweigerlich etwas auszusetzen.

»Du bist eine verwöhnte Göre«, sagte sie gern. »Nennst du das sauber?« Sie stupste mit der Schuhspitze ein Bröckchen Lehm an und zertrat es zu Staub.

Ich fegte ihren Dreck sogleich auf ein Stück abgerissene Pappe mit der Aufschrift »Rotes Kreuz«. Als ich mich aufrichtete, baute sie sich direkt vor oder vielmehr über mir auf und hielt mir mit schrundigen Fingern ein steifes Stück Stroh unter die Nase.

»Und das?«, höhnte sie, die Besenborste vor dem Gesicht. »Du sollst hier fegen und nicht etwa einstreuen! Du bist eine verwöhnte, verzogene Göre. Und deine ganze Familie genauso.«

Sie ließ die Strohborste fallen. Mir schlotterten die Knie. Ein einzelnes dunkles Haar ihrer linken Augenbraue zeigte hoch zu den Falten auf ihrer Stirn. Ich bückte mich nach dem Strohende und rechnete fast damit, dass sie mir einen Tritt versetzen und mich zu Staub zermalmen würde. Stattdessen stapfte sie davon.

Papi, Mutti, Werner und ich hatten jeweils nur einmal Kleider zum Wechseln. Jede Woche wusch ich die Sachen, die nicht getragen wurden. Ich musste sehr aufpassen, nicht zu doll zu rubbeln und womöglich den Stoff durchzuscheuern. Papi hatte ein Paar blaue und ein Paar graue Hosen. Mutti hatte einen grauen Wollrock und ein rotes Kleid. Werner hatte braune Hosen und blaue Kniehosen, zu denen er in der Kälte lange Strümpfe brauchte. Ich hatte zwei Kleider, ein braunes und ein rotes. Ich war froh, dass ich nicht meine weißen oder gelben mitgebracht hatte. Bei dunklen Sachen sah man den Dreck nicht so. Weil wir die Sachen schon seit dem Aufbruch aus Amsterdam trugen, waren die Farben fast ganz weg.

Der Waschraum lag am Ende der Baracke, der Betonfußboden – mit Loch als Abfluss – war immer nass. Über dem Loch lag ein Holzrost, der nach Bootsdeck aussah und offenbar eine ständige Versuchung für die war, die die Holzstreben am liebsten in den Ofen werfen und sich so eine Stunde Wärme gönnen wollten. Die Wasserhähne sprotzten bräunliches, eiskaltes Wasser in lange Betontröge. Ich gab mir alle Mühe, den Dreck und Schmutz aus den Sachen zu kriegen, aber viel war nicht zu machen, schon gar nicht ohne Seife und heißes Wasser. Immerzu musste ich die Hände aus dem Wasser ziehen und sie in meinen Ärmeln, Taschen oder Rockschößen kurz aufwärmen. Sie wurden schnell blau und steif.

Ich bin es so leid, immer dasselbe zu tragen, dachte ich bei mir, verschränkte die Finger und bog sie, bis die Knöchel krachten. *Ich schwöre hiermit feierlich, dass ich, wenn wir diese ganzen Lager endlich hinter uns gebracht haben, nie wieder dunkle, gedeckte Farben tragen werde.*

Eines Tages war ich beim Putzen, als Werner früher von der Arbeit zurückkehrte. Die bestand darin, mit einem kurzen Stummelmesser die Nähte an Schuhen aufzutrennen, diese zu zerlegen und die Lederstücke auf verschiedene Haufen zu packen.

»Reni«, sagte er, »so viele Schuhe hast du in deinem Leben nicht auf einmal gesehen. Der Haufen ist vier oder fünf Meter hoch, und da sind die niedrigeren daneben nicht mitgezählt. Zusammen ergeben die ein kleines Gebirge.«

»Wo kommen die denn alle her?«, fragte ich.

»Überall. Überwiegend vom Heer. Aber viele auch von Häftlingen, schätze ich.«

Wo waren die Schuhe getragen worden? Bei welchen Gefechten? Welchen Tanztees? In welchen Cafés, bevor sie hier gelandet waren? Welche Länder hatten sie durchquert?

»Stinken sie?«

»Ja, nach Leder.«

»Nicht Füßen?«

»Jedenfalls nicht wie *deine*. Im Vergleich zu deinen das reinste Bukett«, sagte er. »Meist sind sie sauber. Manche sind dreckverkrustet, und einer bei uns hatte mal welche mit getrocknetem Hundekot dran …«

»Igitt, Kot?«

»Ja, den kratzt du halt ab. Aber weißt du, was ich daran wirklich hasse? Dass ich ein Schuhsklave bin. Dass ich den Nazis zu besseren Schuhen verhelfen muss, während meine immer schäbiger werden.«

»Kannst du nicht welche stibitzen?«

»Spinnst du? Der Kapo kennt meine ollen Treter. Er weiß, dass sie mir zu klein sind, er zieht mich damit auf. Der würde mich vertrimmen, wenn er mich mit anderen erwischt.«

Ich musterte die Socken, die Werner aus den ausgesparten Kappen seiner Schuhe quollen. Er hatte sie unlängst aufgeschnitten, um Platz für seine wachsenden Füße zu schaffen. Papi staunte, dass Werner bei so wenig Nahrung überhaupt weiter wachsen konnte. »Du bist stark«, sagte er erfreut zu ihm. Und ergänzte nach einem Blick auf mich: »Beide seid ihr stark.«

»So viel zu dem alten Sprichwort«, murrte Werner und rieb sich die Zehen. »Es sind *nicht* des Schusters Kinder, die die schlechtesten Schuhe tragen.«

Zu meinen Aufgaben zählte auch, die kleineren Kinder zu betreuen, während ihre Eltern arbeiteten. Ich hatte kleine Kinder immer ganz lustig gefunden, aber auch lästig: Dauernd herrscht Tohuwabohu, sie rennen herum und stellen immer

1 Berlin, 15. Dezember 1927: Meine Eltern Gertrude und John Hasenberg an ihrem Hochzeitstag.

2 Riga, 6. September 1918: Mein Vater John Hasenberg (rechts) mit seinem Freund und Offizierskamerad Leo Buschhoff im Ersten Weltkrieg in Lettland. Als während des Zweiten Weltkriegs unsere beiden Familien zusammen in Westerbork interniert waren, konnte Leo erreichen, dass wir Hasenbergs von der Transportliste für Auschwitz gestrichen wurden.

3 Meine Mutti Gertrude Hasenberg, geb. Mayer.

4 Mein Papi John Hasenberg.

5 Berlin, 1934: Mit meinem Bruder Werner.

6 *Berlin, 1928: Werner mit unserem Opa Julius Mayer.*

7 *Berlin, 1935: Mit Papi.*

8 Berlin, 1931: Mit Omi Pauline Mayer, meiner Großmutter mütterlicherseits.

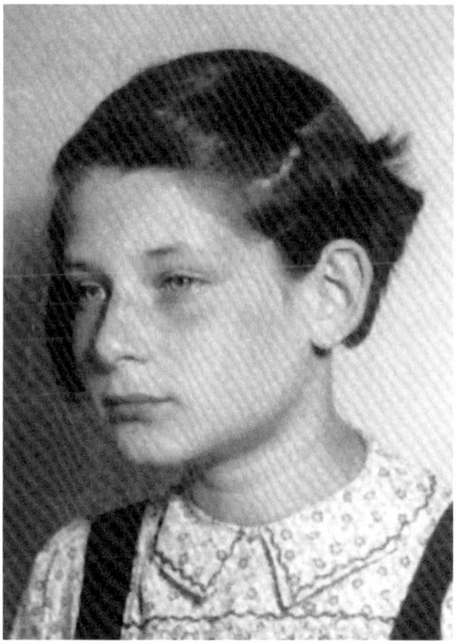

9 Amsterdam, 1943: Mein Ausweisfoto. Für deutsche Ausweise musste als weiteres Erkennungsmerkmal stets das linke Ohr zu sehen sein.

10 Amsterdam, 1943: Mit Mutti und Werner vor der Polizeirazzia und der Deportation ins Durchgangslager Westerbork.

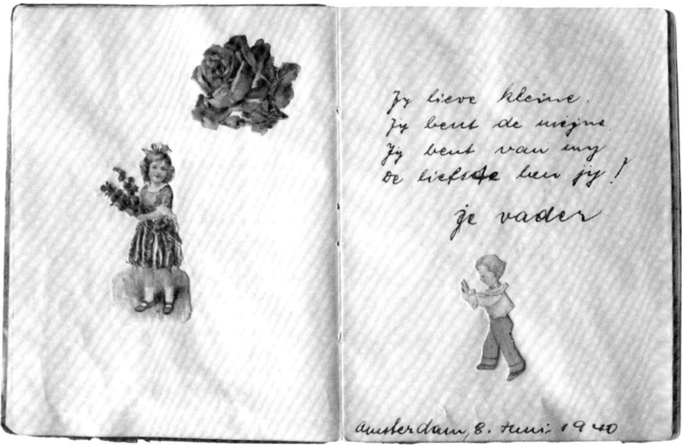

11 Amsterdam, 1940: Papis Eintrag in meinem Poesiealbum: Ich find dich allerliebst, mein kleiner Herzensdieb, und so, wie ich's hier schreibe, wird es auf immer bleiben.

12 Amsterdam, 1941: Omi Siltens Eintrag in meinem Poesiealbum, der die Bedeutung einer Hilfsbereitschaft und Kraft betont, die anderen das Leben erleichtern. Die Worte wurden für mich umso wichtiger, je länger meine Familie im Durchgangslager Westerbork ausharren musste.

13 In der Amsterdamer Vondel-Schule um 1939.

14 Im Auffanglager Jeanne d'Arc, Philippeville, Algerien 1945: Ich hatte so zugenommen, dass ich fand, ich müsse eine Diät machen.

15 Niederlande, 1945: Lex Roseboom, mein Verehrer in Algerien.

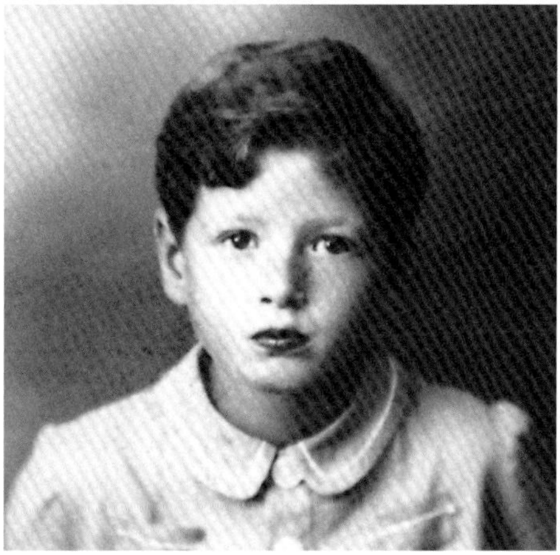

16 Vitek, der traumatisierte polnische Junge.

17 Auffanglager Jeanne d'Arc für Displaced Persons, Philippeville, Algerien, 1945: Ich sitze in der ersten Reihe rechts außen, mit meiner Freundin Mieke.

18 New York, 1949: Beim Abschluss an der Walton High School.

19 New York, 1946: Mein Bruder Werner.

20 Amsterdam, 1957: Frisch verheiratet mit meinem Ehemann Charlie Butter.

21 New York, 1950er Jahre: Meine Mutti.

22 Ann Arbor, Michigan, 1990: Mit dem Schriftsteller, KZ-Überlebenden und Friedensnobelpreisträger Elie Wiesel bei der Verleihung der Wallenberg Medal der University of Michigan.

23 Gedenkstätte Bergen-Belsen, 1991: Mit meinem Bruder Werner.

24 Ann Arbor, Michigan, 1994: Bei der Verleihung der Wallenberg Medal an Miep Gies, die während des Zweiten Weltkriegs half, Anne Franks Familie zu verstecken.

25 Ann Arbor, Michigan, 1994: Mit dem Dalai Lama, ebenfalls in diesem Jahr mit der Wallenberg Medal ausgezeichnet.

26 Ann Arbor, Michigan, 2013: Eröffnungsansprache bei den Feierlichkeiten zum hundertsten Geburtstag Raoul Wallenbergs.

27 Laupheim, 2014: An Papis Grab.

28 Mein Ehemann Charlie Butter.

29 Meine Tochter Ella Butter.

30 Mein Sohn Noah Butter.

31 Papi, Sommerfrische um 1920.

was an. Hier waren die Kinder anders. Es gab kein Tohuwabohu, kein Gerenne und keine Gelegenheit, was anzustellen. Diese Kinder waren wie kleine Gespenster, Schatten ihrer selbst und der Spiellust, die sie vor dem Krieg gekannt haben mussten. Jetzt hatten sie – wie wir alle, im Grunde – nur eines im Sinn: Essen.

Ein Junge, Josef, wartete mit dem Pipimachen immer zu lange, wurde dann kopflos und nässte ein. Seine Hose war fast immer voll.

»Josef, hast du Pipi gemacht?«, fragte ich, als er weinend angelaufen kam.

Er nickte und sah zu Boden.

»Nicht so schlimm«, sagte ich. »Nicht schlimm. Komm schon. Hör auf zu weinen, wir kümmern uns drum. Komm her.«

Er hockte sich neben mich. Pipi war mir inzwischen egal. Josef schmiegte sich an mich. Sein Pipi wurde kalt. Da hörte ich die schweren Schritte einer Erwachsenen. *Bitte nicht*, dachte ich.

»Was ist das denn auf dem Boden?«, verlangte Frau Blumfeld. »Ist das Urin?«

»Der Junge … ist krank, er …«

»Was fällt dir ein?!« Sie ließ ein Donnerwetter vom Stapel. »Habe ich mich nicht klar ausgedrückt? Hier gibt es keine kleinen Malheurs, und wenn doch, dann wehe!, hast du gleich aufzuwischen! Was sitzt du da und verzärtelst den Jungen? Mach das sofort weg!«

Die Anweisung war unmissverständlich, und doch war ich wie gelähmt. Josef vergrub das Gesicht an meiner Seite. Bis auf das Klingeln in meinen Ohren war nichts zu hören.

»Sofort heißt augenblicklich, du Stück Dreck!«

In meiner Hast stieß ich Josef um. Er fing an zu weinen, ich stürzte los, um Eimer und Lappen zu holen.

Ich schrubbte, und Frau Blumfeld brüllte. Der Lappen verfing sich an einem Splitter im Boden und riss. Frau Blumfeld zeterte wieder, ich sei eine verwöhnte Göre.

»Wir sind nicht verwöhnt«, murmelte ich halblaut.

»Was hast du gesagt?«

»Nichts.«

»Sieh mich an. *Sieh mich gefälligst an!* Oho, ich kenne euresgleichen. Ihr gluckt als Familie zusammen, euch geht es viel zu gut. *Aufwischen!*« Das Letzte kam ihr als Sprühregen über die Lippen. Ihre Hände krampften immerzu, ballten sich zu Fäusten.

Noch als meine Knie aufgehört hatten zu schlottern, blieb ich den Rest des Tages schreckhaft und beruhigte mich erst, als Mutti zurück war. Ich erzählte ihr von dem Zusammenstoß mit Frau Blumfeld.

»Geh der Frau aus dem Weg«, sagte Mutti.

»Sind wir verwöhnt?«, fragte ich sie.

»Bitte?« Mutti schnaubte.

»Sind wir?«

»Ach, Reni. Ehrlich, du ... nein, sind wir nicht«, sagte sie und sah mir fest ins Auge. »Mag sein, dass wir dich und Werner vor dieser ganzen Geschichte etwas verwöhnt haben. Aber hier, jetzt ... glaubst du das wirklich? Gut, manche haben es schwerer als andere, aber verwöhnt wird hier keiner.«

»Verstehe.«

»Hat Frau Blumfeld das zu dir gesagt?«

»Ja«, hauchte ich.

»Wenn es noch einmal Ärger gibt, sag Papi oder mir Bescheid, ja?« Aber es war nicht einfach. Ich mied Frau Blumfeld nach Möglichkeit, ohne es zu offensichtlich zu tun. Ich passte bei den Kleinen mehr auf und wusste schneller, wann sie Pipi oder Aa machen oder spucken mussten. Sicherheitshalber hielt ich nun immer einen Eimer Wasser und einen Feudel bereit. Ich lernte, besser, das heißt ohne Rückstände aufzukehren, und Frau Blumfeld suchte sich neue Opfer. Aber ihre Meinung über unsere Familie änderte das nicht.

23

Kranke Kinder

KZ Bergen-Belsen, Vorfrühling 1944

Zu essen gab es in Bergen-Belsen täglich als Erstes einen Kanten Brot und einen geschmacklosen, aus Eicheln gebrühten »Kaffee«. Und als Letztes wieder einen Kanten Brot und eine spärliche Kelle Suppe. Kartoffel-, Bete- oder Zwiebelfitzelchen in der Suppe waren Luxus. Normalerweise bestand die Suppe aus Wasser und Steckrüben. Gelegentlich verliehen ihr eingelegte Rote Bete oder eine Spur Marmelade etwas Geschmack. Und dann gab es die Tage, an denen es gar nichts zu essen gab, weil das Küchenkommando, wie die Nazis behaupteten, zu faul war. Und manchmal hatten wir nur rohe, bittere Kohlrüben, die bei mir mehr als unbeliebt waren. Anfangs gab ich meine Ration an den Nächstbesten weiter. Dann gab ich sie meiner Familie. Schließlich aß ich sie selbst, eingedenk der Worte meiner Mutter, die immer gesagt hatte: »Wenn du erst wirklich Hunger hast, isst du einfach alles«, und nun recht behielt.

Nicht genug zu essen zu kriegen war schlimm, aber Frau Blumfeld machte alles noch schlimmer. Sie beaufsichtigte die Essensausgabe, eine Rolle, die sie äußerst ernst nahm, denn Essen war Macht. Frau Blumfeld schenkte ihre Gunst mit der Schöpfkelle. Ihren Leuten gab sie mehr Suppe und grub tiefer im Kessel nach den Gemüsestückchen auf dem Grund. Die Essensschlange rückte nur langsam vor. Ich hielt den größeren der zwei braunen Kochtöpfe hin, die wir von zu Hause mitgebracht hatten. Frau Blumfeld sah mich nicht an, wusste aber, wen sie da vor sich hatte. Die Kelle in ihrer Hand tunkte kaum unter die Oberfläche, schöpfte die wässrige Schicht von oben ab. Die erinnerte mich an das letzte Spülwasser nach der Kleiderwäsche. Ich schob mich weiter, um etwas trockenes Brot zu nehmen. Frau Blumfeld unterhielt sich derweil mit der Frau hinter mir, und ich sah die Schöpfkelle so tief in den Kessel tauchen, dass Frau Blumfelds Fingerspitzen nass wurden. Ich überlegte, ob ich Papi und Mutti was sagen sollte. Es war ungerecht, aber ich beschloss, lieber noch härter zu arbeiten. Die Familie wurde schließlich meinetwegen bestraft, also war es an mir, eine Wende herbeizuführen.

Abends schwatzten die Frauen vorm Einschlafen über Speisen, beschwerten sich über alle möglichen Leute und Dinge, besonders das Appell stehen, während ich mich zunehmend auf die Appelle freute. Die Zeit beim Appell war der Familie immerhin als gemeinsame gewiss. Zwar konnten wir nicht reden, aber wir redeten ohnehin nicht mehr viel. Mutti legte sich früher schlafen. Papi hatte nicht viel zu sagen, fragte höchstens, wie es mir ging, ob ich gesund sei (das war ich, im Vergleich zu vielen anderen). Doch allein einander nah sein zu können, war ein Geschenk.

Neue Freundschaften wie die zu Hanneli Goslar entschädigten dafür, nicht viel von der Familie zu sehen zu kriegen. Ich schaute zu Hanneli auf, denn sie war zwei Jahre älter als ich. Sie war still, wusste aber irgendwie viel. Ihr langes Gesicht wirkte gefasst und unbeteiligt. Ihr Vater, bis Hitler an die Macht kam ein wichtiger Mann in der deutschen Regierung, hatte aufhören müssen, weil er Jude war. Die Goslars waren aus Berlin in dasselbe Viertel von Amsterdam gezogen wie wir und hatten geglaubt, das Deutsche Reich damit weit genug hinter sich gelassen zu haben. Ehe für sie die Stationen der verschiedenen Lager begannen, war die Mutter mit ihrem jüngsten Neugeborenen im Kindbett gestorben, und es waren nur Hanneli, ihr Vater und die kleine vier Jahre alte Gigi geblieben. Sonst ein sonniges Kind, dämmerte Gigi nun entkräftet auf Hannelis Schoß vor sich hin; um den Kopf trug sie einen schmuddeligen Verband.

»Wie geht es ihr?«, fragte ich.

Gigi hatte am Kopf ein Furunkel, das im Laufe der Woche faustgroß angeschwollen war. Gestern hatten Hanneli und ich die Kleine schließlich aufs Krankenrevier gebracht. Die Entscheidung war uns nicht leichtgefallen, denn allzu viele, die hingingen, starben. Dort stach ein Arzt das Furunkel auf. Gegen die Schmerzen gab es nichts. Es war schrecklich, Gigi wimmern und weinen zu hören.

»Es geht schon«, meinte Hanneli. »Ich hoffe nur, dass sie alle Keime erwischt haben. Ich sehe regelmäßig nach und reinige die Wunde. Aber das quält sie natürlich.«

Gigi rührte sich nicht, sie schlief tief und fest. Ein paar andere Kleinkinder krochen mir auf den Schoß. Ich war froh um die Wärme. Ich befeuchtete einen Daumen und wischte einem Jungen den Schlaf aus den Augen, einem Mädchen einen Schmutzfleck von der Backe. Ein Knirps namens Henry steckte sich den eigenen dreckigen Daumen in den Mund. Hanneli schimpfte.

»Ich hab aber Hunger«, klagte Henry.

»Kein Grund, Dreck zu lutschen«, sagte ich.

»Oder deinen Daumen«, fügte Hanneli hinzu.

»Komm mal her«, sagte ich.

Er kroch herüber, und ich rubbelte seinen Daumen an meiner Jacke ab. Ich kratzte so gut es ging, den Dreck unter dem winzigen Nagel heraus.

»Also gut, jetzt darfst du lutschen; aber nicht aufessen!«

Er nickte ernst.

Hanneli schmunzelte.

»Hanneli? Reni?«, fragte ein kleines Mädchen. »Ich habe einen wehen Bauch. Ich muss Aa.«

»Ich bin mit den letzten beiden gegangen«, meinte Hanneli.

Ich schob die zwei Kleinen von meinem Schoß und stand auf.

»Wie heißt du denn?«, fragte ich. Die Kleine war erst seit ein paar Tagen da.

»Lila«, sagte sie und klagte erneut, sie fühle sich nicht gut.

In der Latrinenbaracke war kaum jemand. Ich hob Lila hoch, setzte sie an den Rand eines Latrinenlochs und hielt sie mit einer Hand fest, damit sie nicht hineinfiel. Sie war zwar nicht so klein, dass sie ganz durchplumpsen würde, aber sie könnte stecken bleiben. Mit der anderen Hand hob ich ihr Kleidchen an. Sie fröstelte, und ich hörte Dünnpfiff pladdern. Wenig später fragte ich, ob sie glaubte, fertig zu sein.

»Glaub schon«, sagte sie.

Ich half ihr herunter und zog ihre Unterhose mit spitzen Fingern hoch, um mir die Hände nicht vollzuschmieren. Es gab nichts, womit ich ihr den Hintern hätte abwischen können.

»Mir ist schlecht«, sagte Lila.

Ich drehte sie herum, und sie stützte sich genau dort auf, wo sie eben gesessen hatte. Ich hob ihr das verfilzte Haar aus dem Nacken, und ihr Erbrochenes klatschte ins Schwarze. In ihrem Bauch grummelte es. Als sie fertig war, trug ich sie in die Baracke zurück. Ich fummelte mit der freien Hand am

Türriegel und wäre fast mit Frau Blumfeld zusammengestoßen, die gerade heraustrat. Sie fixierte mich und das Kind auf meinem Arm böse.

»Du hast es mit ihr hoffentlich rechtzeitig auf die Latrine geschafft«, meinte sie.

Ich biss mir auf die Zunge.

»Du hast beim Fegen vor euren Stockbetten eine Stelle übersehen«, herrschte sie mich noch an und schob sich an uns vorbei.

Ich kriegte so eine Wut, dass ich laut hätte schreien können. Den ganzen Tag kümmerte ich mich um kranke Kinder und versuchte, Ordnung zu halten, wo keine möglich war. Mich drängte es, meinem Herzen Luft zu machen, ihr zu sagen, dass sie ungerecht sei, dass sie dasselbe machte wie die Nazis – die entschieden, wer »taugte« und wer nicht, die nur bei den eigenen Leuten Nachsicht übten. Aber sie war mir über, so wie die Nazis uns allen über waren. Sie hatte das Sagen. Sie bestimmte in der Baracke. Sie bestimmte über das Essen. Also verkniff ich mir jegliche Widerworte. Ich wollte die Lage für meine Familie nicht noch verschlimmern.

»Sie ist so gemein!«, platzte ich heraus, als ich noch einmal gefegt hatte.

»Sie ist auch Jüdin«, meinte Hanneli.

»Das weiß ich doch. Und?«

»Es ist nicht leicht für sie«, sagte Hanneli.

»Auf wessen Seite stehst du eigentlich?«

Die Frage überging Hanneli.

»Sie ist in die Niederlande geflohen. Dann wurde sie nach Westerbork deportiert. Und nun ist sie hier. Genau wie wir.«

»Aber sie benimmt sich nicht wie eine von uns«, begehrte ich auf.

»Das stimmt«, sagte Hanneli und nickte, »aber anders als wir hat sie hier niemanden. Sie ist allein.«

»Wo ist denn ihre Familie? Hatte sie mal eine?« Ich war mir nicht sicher, ob ich die Antwort wirklich hören wollte.

»Sie hat zwei Töchter. Eine wurde ins Ausland geschickt und ist entkommen. Die andere hält sich angeblich versteckt.«

»Recht so. Freut mich für sie. Sie alle«, sagte ich, obwohl das für Frau Blumfeld eigentlich nicht stimmte, aber immerhin für die Mädchen.

»Ihr Mann ist hier gestorben. Und ein Bruder.«

Ich wusste nicht, was ich sagen sollte. Sprach aber dann doch: »Das ist kein Grund.«

»Nein, es ist kein Grund«, stimmte Hanneli zu. »Ich meine ja nur, dass der eigentliche Unterschied zwischen ihr und dir der ist, dass du deine Familie bei dir hast. Ihr seid zusammen, und ihr seid noch am Leben.«

Ich dachte an Hanneli selbst. Sie hatte ihre Mutter und ein neugeborenes Schwesterchen verloren. So viele hatten irgendwelche Liebsten und Nächsten verloren. Ich hatte meine Großeltern und Rudi und wahrscheinlich Tantetje und Oom verloren. Daran, meine Eltern und Werner nicht mehr zu haben, mochte ich gar nicht denken. Frau Blumfeld hatte das Sagen, aber keine Familie.

»Sie nennt uns verwöhnt«, erboste ich mich.

»Sie ist nur neidisch.«

Dazu fiel mir nun wirklich nichts mehr ein. Ich machte mich wieder daran, Zeug von den Kleidern der Kinder zu zupfen und einzustecken, um es später draußen wegzuwerfen. Die ganzen aufmüpfigen, schlauen Widerworte, die vielen Sachen, die ich Frau Blumfeld gern an den Kopf geworfen hätte, verpufften.

24

Langfinger

KZ Bergen-Belsen, Frühjahr 1944

Eine Woche fast war ich die Ruhe selbst, dann setzte mir Frau Blumfeld langsam wieder schrecklich zu, aber da spielte es schon keine Rolle mehr. Denn weil weitere Häftlinge eintrafen, wurden wir auf andere Baracken verteilt. Ich war überglücklich, unsere alte Unterkunft und vor allem Frau Blumfeld hinter mir lassen zu können, aber richtig überwältigt war ich, als ich mit Mutti in unsere neue spazierte.

»Trudi! Reni!« Die Stimme gehörte Papi.

»Wolltet ihr uns einräumen helfen?«, fragte Mutti und fiel fast über die Türschwelle.

»Nein! Wir sind auch hier untergebracht. Wir sind wieder zusammen!«, jubelte Werner. Wir fielen uns in die Arme, als hätten wir uns Jahre nicht mehr gesehen. Unsere Familie kriegte zwei benachbarte Bettstellen, eine für Mutti und mich, die andere für Werner und Papi. Niemand teilte sich gern die Schlafstätte, aber so würde es wärmer sein und ich könnte ein Auge auf Mutti haben, die von Tag zu Tag schwächer zu werden schien.

Mit der neuen Baracke gab es zusätzlich zu einigen vertrauten Gesichtern neue Kinder. Gigi und Lila ging es besser, aber alle Kinder wurden reihum von irgendwas befallen. Cholera und Ruhr verursachten Durchfall, Typhus Fieber und Schmerzen, Tuberkulose Husten und Polio Lähmungen.

Die eine Art Befall, die seit Westerbork noch schlimmer geworden war, waren die Läuse. Nicht nur Kopfläuse, sondern auch andere. Wir hassten sie. Kümmelgroße Filzläuse krochen uns durch Oberbekleidung und Unterwäsche in sämtliche Hautfalten. Unsere Haut war ihre Wohnstatt, unser Blut ihre Nahrung, unsere Kleidung ihr Kindbett. Wir waren mit kleinen Pusteln und Rötungen übersät, die unsere Haut mit der Zeit dunkel und hart machten. Man mahnte uns, nicht zu kratzen, weil das die Entzündungen schlimmer machte, aber ich konnte es trotzdem nicht lassen. Mutti und ich weckten uns gegenseitig mit dem vielen Kratzen, rissen an Schorf, der erst nach Wochen abheilte und doch prompt durch neuen ersetzt wurde. Die Bissstellen verschwanden nicht – sie wanderten bloß. Die Kinder, die mir auf den Schoß krochen, kamen nicht zur Ruhe und fanden keinen Schlaf. Um ihnen etwas Erleichterung zu verschaffen, harkte ich ihnen mit den Fingern leicht über die Schädel, achtete aber sehr darauf, die Haut nicht zu ritzen und womöglich eine Entzündung hervorzurufen, wie sie Gigi gekriegt hatte. Gründliches Entlausen war bei der Menschenfülle nicht möglich. Wir konnten uns vor ihnen kaum retten.

Die Tage wurden länger, lichteten den Horizont, weichten die Erde auf. Nur wo die Sonne nicht hinkam, lagen letzte Schneehaufen. Lang wurden in Bergen-Belsen auch die Finger, rafften alles weg, woran es mangelte. Essen und Kleidung, kleinste Fetzen und Fitzelchen verschwanden. Hunger machte uns krank und schlapp, befeuerte aber bei einigen so sehr den Überlebensdrang, dass sie anderen die Überlebenschance stahlen. Jede arme Seele für sich, hieß es jetzt. Die jüdische Selbstverwaltung musste sich zunehmend mit Streit und Anschuldigungen herumschlagen. Sie musste dafür sorgen, dass die Dinge nicht außer Kontrolle gerieten. Und vor allem, dass sie der Aufmerksamkeit der Nazis entgingen. Bloß *keine Aufmerksamkeit wecken*.

Es war Abend, die Arbeit vorüber und auch das Essen. Mutti hatte sich hingelegt. Papi war im Waschraum. Mir knurrte der Magen. Es gab aber nichts, nur noch mehr Wasser, also trank ich, aber nicht so viel, dass ich in der Nacht würde aufstehen müssen. Werners Gesicht war schmal geworden, seine Augen älter, aber sein Haar saß nach wie vor tadellos.

»Wir alle sind wie diese Langfinger«, sagte Werner. Es war eine seiner »Einsichten«, wie Papi dazu sagte.

»Wieso?« Ich fiel darauf hinein.

»Ziel aller Langfinger ist es, nicht aufzufallen. Keine Aufmerksamkeit zu erregen. Und wir sind genauso. Wir scheuen die Deutschen. Wir scheuen die Kapos. Wir meiden uns schon gegenseitig. Wir meiden die Langfinger, und die Langfinger wollen es vermeiden, aufzufliegen. Alle vermeiden etwas.«

»Und?«, fragte ich.

»Nichts und. Wir sind alle gleich.«

»Sind wir nicht. Wir meiden andere, um das bisschen zu schützen, was uns bleibt. Diebe nehmen anderen das bisschen, was ihnen bleibt, und meiden sie dann, um nicht erwischt zu werden.« Das klang besser, als ich erwartet hatte.

Werner stutzte. »Ist trotzdem das Gleiche, es geht ums Überleben.«

»Vielleicht ist Überleben aber nicht immer gleich Überleben.«

Ich drückte mir zitternd den Rand des kalten Blechbechers an die Unterlippe und trank einen Schluck.

Werner linste unter seiner Stirnwelle zu mir hoch.

»Vielleicht hast du recht, Reni«, überlegte er. »Vielleicht taugt ein Überleben um jeden Preis nichts. Vielleicht kommt es drauf an, wie man überlebt.«

Als ich am nächsten Tag die Wäsche gewaschen und draußen auf die dafür gespannten Drähte gehängt hatte, setzte ich mich neben Hanneli und andere Mädchen in den Dreck und lehnte mich an die Barackenwand. Ich hob mein Gesicht in die Sonne und sah in das pulsende Rot hinter meinen geschlossenen Lidern. Ich mied es, mich zu weit zurückzulehnen, damit mein Haar sich nicht im rauen Holz verfing. Und ich wusste, ich durfte die Augen nicht länger als ein paar Sekunden zulassen. Wir wollten nämlich Ausschau nach zwei Jungen halten, die hinter den Barackenecken lauerten, vorschossen, sich alles Greifbare schnappten und türmten, ehe sie jemand fassen konnte.

Einen der beiden glaubte ich zu kennen, einen gerade mal elfjährigen Jungen, dessen Mutter in einem zu Lumpen verwaschenen Kleid herumlief. Ich wandte mich ab, wenn ich sie sah, peinlich berührt von ihrem stellenweise sichtbaren Körper, rot und schrundig von der Sonne, den Läusen und der Schutzlosigkeit. Wie sollte ich da übelnehmen können, dass sie ihren Sohn zum Stehlen schickte und dass er es so bereitwillig tat? Trotzdem, ich durfte die beiden nicht unsere Kleider stibitzen lassen, also blieb ich wachsam. Und träumte dabei vom Essen, vom Fahrradfahren an den Amsterdamer Grachten, vom Lachen meiner Eltern, das aus dem Esszimmer den Flur hinab hallte, aber vor allem davon, mit vollem Bauch in meinem alten Bett zu liegen.

»Da!«, zischte Hanneli.

Ein paar von uns sprangen auf und stürmten die Wäscheleine wie Hofhunde, die an den Zaun gesaust kommen, wenn

Fremde erscheinen. Der Junge tat unschuldig und so, als trete er nach etwas, dann winkte er. Wir winkten nicht zurück.

»Es heißt, diese Henny De-Irgendwas hat mit einem Nazioffizier angebandelt«, sagte ein älteres rothaariges Mädchen, das dabei war.

Mir war nicht ganz klar, was sie mit »angebandelt« meinte, nur, dass es um irgendeine Heimlichtuerei ging, denn das Wort wurde immer im Flüsterton gesprochen.

»Was machen sie denn?«, fragte ich. »Hier gibt es doch nichts zu tun.«

»Ich wette, sie essen zusammen bei ihm in der Baracke«, sagte eine Neue mit großen Ohren. »Fleisch und Brot und allerhand Süßes.«

»Ach ja?«, meinte die Rothaarige wegwerfend. »Hast du eine Ahnung. Es geht hier um Geschlechtsverkehr. Ja, vermutlich kriegt sie auch was zu essen, aber ihr glaubt doch nicht etwa, umsonst.«

Ich wurde rot. Der Junge verschwand hinter der Ecke, und wir setzten uns wieder.

»Vermutlich hat sie keine andere Wahl«, sagte Hanneli.

»Geschlechtsverkehr? Heißt das, sie muss ihn anfassen?«, fragte ein pickliges Mädchen mit offenem Mund. »Händchen halten, ihn küssen, oder was?«

Alle schauten wir zu dem rothaarigen Mädchen hin, das kannte sich offenbar aus.

»Wisst ihr nicht, was Geschlechtsverkehr ist?«

Das Segelohrmädchen nickte kaum merklich. Ich hatte so gewisse Vorstellungen. Sehr ungefähre nur, und mir fehlte der Mut, mich zu äußern, erst recht vor dem rothaarigen Mädchen.

Hanneli meldete sich zu Wort. »Das kann Küssen sein. Das

kann aber auch viel von der anderen Sorte Berührung sein. Die Wachposten mögen besonders die andere Art Berührung. Sie bezahlen dafür mit Vergünstigungen.«

Küssen klang … annehmbar, mit dem Richtigen. Aber nie mit einem Nazi. Und mich von ihnen auf die besagte andere Art berühren zu lassen, kam überhaupt nicht in Frage, ganz gleich, was diese »andere Art« war. Was aber, wenn mir nichts anderes übrig blieb?

»Sind die Wachleute denn nie einfach nur so nett?«, fragte das picklige Mädchen.

»Nie«, kam es von der Rothaarigen wie aus der Pistole geschossen.

»Manchmal schon«, hörte ich mich sagen und erklärte: »Es gab doch den Kapo, der zu der Krankenschwester so nett war.«

»Ja«, bestätigte Hanneli, »er hat ihr Material besorgt, das sie brauchte, um anderen helfen zu können, aber es hieß, er sei dafür prompt bestraft worden. Fürs Nettsein.«

»Und was ist mit dem deutschen Offizier, der die Köchin aufs Krankenrevier gebracht hat? Ihr wisst schon, die sich in den Finger geschnitten hatte?«, meinte das picklige Mädchen. »Mir hat man erzählt, er hätte ihr geholfen, weil sie aussah wie seine Schwester.«

»Pfft!« Das ließ die Rothaarige nicht gelten. »Hier ist niemand wirklich nett. Die Nazis sind die Schlimmsten, aber wir sind doch kaum besser. Seht euch den Jungen an, der uns die Kleider stehen will. Die Frauen, die sich für ein Stück Brot den Wachposten hingeben …«

»Gezwungenermaßen«, gab Hanneli zu bedenken.

»Egal. Um zu überleben würde jede von uns alles hergeben, selbst den Anstand.«

Ich dachte an mein Gespräch mit Werner. Ich wusste, was sie meinte, wollte aber nicht glauben, dass das für alle galt; vielleicht waren die Anständigen einfach nicht so gut im Überleben. Musste man sich entscheiden? Hoffentlich nicht. Ich wollte beides: anständig sein und überleben.

So sehr ich es auch genoss, in der Baracke bei Werner und Papi zu sein, das neuerliche Familienleben war nicht so schön wie erwartet. Werner grollte, weil ich nicht »richtig« arbeiten musste, wie er meinte.

Eines Morgens war ich nach dem Appell wieder ins Bett gekrochen. Da rüttelte was an mir, ich kam blinzelnd zu mir und sah meinen Bruder auf der Bettkante hocken.

»Oh, tut mir so leid, ich wollte dich nicht stören, Prinzessin«, sagte er.

Mir fielen die Augen zu, ich döste weg, wurde aber wieder wach, als ich merkte, dass ich zusammengerollt mit den Händen unterm Kinn dalag und meine Decke auf dem Boden.

»Tut mir so leid. Da habe ich dir wohl versehentlich deine hübsche rosa Decke weggerissen.«

Ich langte hinunter und zog die Decke wieder zu mir hoch. Werner schielte herüber, während er sich zum Aufbruch bereitmachte, aber ich behielt jetzt die Augen offen, also ließ er mich in Ruhe. Es war ihm ja schon gelungen, mich zu wecken. Er hatte ganz recht: Ich zog mich am liebsten ins Bett zurück. Aber nicht etwa zum Schlafen. Sondern weil es schmerzlich war, meine Familie jeden Morgen ohne mich aufbrechen zu sehen. Ich hatte Angst, es könnte ihnen etwas zustoßen. Jeder morgendliche Abschied konnte der letzte sein.

»Schlaf du nur schön«, höhnte Werner zum Abschied.

Ungefähr eine halbe Stunde später setzte ich mich auf. Ich musste mich ja um die Kleinkinder kümmern.

»Werner benimmt sich unmöglich«, sagte ich zu Hanneli, als ich sie sah.

»Immer noch?«, meinte sie. »Du bist doch schlau. Fällt dir nichts ein, wie du es ihm heimzahlen kannst?«

»Früher habe ich ihn mit seinen Albträumen aufgezogen. Bevor wir schlafen gingen, hat er mich immer gefragt, ob ich glaubte, er würde in der Nacht schlimm träumen. Wenn ich ja sagte, war es so. Nur funktioniert das hier nicht.«

»Nein. Hier nicht. Hier ist zu vieles wirklich ein Albtraum«, sagte Hanneli.

Ich sah nach den Kleinen; sie waren zu mir unter die Decke gekrochen. Sie weinten oder sprachen nur, wenn sie aufs Klo mussten. Ich behielt sie trotzdem genau im Auge, auf der Hut vor Brechanfällen.

»Zu Hause konnte ich ihm irgendein Juckzeug ins Bett tun, Sand zum Beispiel, aber jetzt haben wir Läuse. Ich könnte ihn in aller Hergottsfrühe wecken, aber das tun ja schon die Aufseher. Ich könnte ihm was ins Essen kippen, aber wir haben es doch alle schon am Magen.«

»Die Nazis sind aber auch wirklich Spielverderber, nicht?«, meinte Hanneli. »Mit allem müssen sie übertreiben.«

25

Hunger

KZ *Bergen-Belsen, Spätfrühjahr 1944*

Anfangs war der Hunger ein lästiger Nachbar und nachts manchmal so laut, dass er den Schlaf störte. Dann wurde er zum aufdringlichen Gast, der immer häufiger anklopfte. Und irgendwann hatte er einen Schlüssel. Der Hunger kam und richtete sich häuslich ein. Das Frühjahr schleppte sich hin, die Kälte fegte durchs Lager und kroch in jede Ritze und unter jede Decke, der Hunger wandelte sich vom Fremden zur lästigen Bekanntschaft zum steten Begleiter. Es gab kein Entkommen, keinen Schlupfwinkel. Er wurde zum allgegenwärtigen, alltäglichen Grummeln.

Wenn dann Mütter, Väter und Verwandte am späten Nachmittag von der Arbeit zurückkehrten, waren meine Kinderbetreuungspflichten beendet, und ich holte unsere Essenrationen. Ich stellte mich mit anderen in die lange Schlange. Jetzt, da die Vorräte knapp wurden, konnte man Erwachsene Kinder beiseite rempeln und sich vordrängeln sehen. Ich passte auf wie ein Luchs. Zwar mussten wir uns nicht mehr mit Frau Blumfeld herumschlagen, aber beim Essen war immer Vorsicht geboten. Wenn nötig, verlangte ich von den Austeilerinnen mehr Gemüse. Ich achtete auf die Dicke der Brotscheiben. Und beschwerte mich, wenn sie zu knapp ausfielen, aber nur im Notfall. Ich wurde nicht laut, reagierte aber fix. Dann kehrte ich zu unseren Bettstellen zurück und wartete.

Ich hockte mich bei uns auf den Bettrand, schlang um des bisschens Wärme und des Geruchs willen fest die Arme um unseren Topf. Der Hunger rückte mir auf die Pelle, lag mir im Ohr, ich solle alles aufessen. Ganz einfach. Viel sei es ohnehin nicht, und ich könnte zum ersten Mal seit fast einem Jahr mit vollem Bauch einschlafen. Ich fuhr mit dem Finger am Innenrand des Topfs entlang, wo sich der Dampf zu Tropfen sammelte. Wenn niemand hinsah, hielt ich mir den zittrigen Finger an die Zunge. Meine Sinne lagen zwischen unmittelbarer Geschmackseruption und dem bangen Horchen nach den Schritten meiner Familie im Widerstreit: Muttis leichtem Tritt und Papis längerem Schlurfen. Im schwindenden Licht der Baracke. Bei erkaltender Suppe. Alle paar Minuten schöpfte ich Tropfen ab und sagte mir, sie würden sonst nur verdampfen.

Irgendwann konnte ich nicht mehr warten. Sorgfältig maß ich meine Portion ab und verschlang sie. Statt mich aber besser zu fühlen, verspürte ich erst recht Heißhunger. Zitternd tauchte ich meinen Löffel noch einige Male in den Topf und zupfte die vorstehenden Krumen von den Brotscheiben. Der Geschmack an den Lippen steigerte das Verlangen, jeden letzten Löffel Suppe und Bissen Brot zu verputzen. Ständig bildete ich mir ein, die Familie zurückkehren zu hören, und ständig lag ich falsch. Dann war es so weit. Ich fürchtete, dass sie etwas über die Portionen sagen oder mein schlechtes Gewissen bemerken würden. Und dankte zugleich dem Himmel, dass mir die Versuchung nun erspart bliebe.

Sie sagten nichts. Papi setzte sich, hebelte sich die ausgetretenen Schuhe von den Fersen, ließ sich zurücksinken und schloss die Augen. Ich sah zu Mutti hoch, die stehen geblieben war, aber die Stirn an den Rahmen des Stockbetts lehnte.

»So, Reni. Hast du für uns herrliche Hausmannskost?«, meinte Papi nach langen Minuten. Früher hätte er vielleicht hinzugefügt, er habe einen »Mordshunger«.

»Selbstverständlich«, sagte ich und zog den braunen Topf unter meiner Decke hervor.

»Hast du Werner gesehen?«, fragte Mutti.

Ich schüttelte den Kopf. Sie seufzte tief und sah sich nach ihm um. Papi rutschte zu ihr rüber und legte ihr eine Hand auf das knochige Knie. Sie sahen mich an und nickten. Sie würden erst essen, wenn ich fertig war.

»Ich hab schon«, sagte ich.

»Willst du noch ein bisschen mehr?«, fragte Papi.

»Nein, ist gut.«

»Nimm dir noch, Reni«, sagte Mutti. »Ich habe keinen Hunger.«

»Nein, schon gut. Mein Magen ist heute nicht ganz in Ordnung«, log ich und schob, als ich ihre Sorge sah, schnell hinterher: »Nicht so schlimm. Mit dem Magen, meine ich.«

Da reichten sie sich nacheinander den braunen Topf und die Brotschnitten und ließen für Werner mehr zurück, als ihm zustand.

»Hat irgendjemand inzwischen was von Austausch gesagt oder gehört?«, fragte ich, um auf andere Gedanken zu kommen.

»Nein, nichts«, sagte Papi und schob das Geschirr zusammen.

»Lass nur, Papi«, sagte ich, »ich mach das morgen früh.« Mutti schlüpfte aus ihren Schuhen, zog sich die Mütze vom Kopf und bettete das kurze, verfilzte Haar auf ihr Kissen. Sie schob sich ein Stück weiter und klopfte neben sich auf die freie Stelle. Ich machte es mir bequem, schämte mich aber.

Bevor ich wegdämmerte, sah ich ins Wellenmuster der Holzmaserung der Latten über mir hoch. Astlöcher guckten mich an, bis mir endlich die Augen zufielen.

Ich stand in meiner eigenen goldenen Welt auf einem Berg holländischer Gulden. Sie blendeten mich. Blinzelnd wendete ich mich hierhin und dorthin, spähte mit zusammengekniffenen Augen nach drohenden Gefahren. Es war *mein* Gold. Ich rutschte aus und stürzte, schneller und schneller. Es gab kein Halten. Ich fasste nach Münzen, aber sie glitten mir durch die Finger. Ich wurde davon wach, dass mir etwas entrissen wurde. Ich klammerte und rief: »Nein!«

»Reni, ich bin's doch«, zischte Werner.

Er hatte eine Hand auf meine gelegt. Ich setzte mich auf. Es war noch dunkler, es dauerte, bis meine Augen sich gewöhnt hatten. Mutti und Papi schliefen. Ich musterte Werner und sah, dass seine linke Hand verbunden war.

»Was ist passiert?«, fragte ich. »Wo warst du?«

»Ich habe mich geschnitten, und spät dran bin ich wegen einer Kollektivstrafe. Einem von uns, Berni heißt er, ging es richtig schlecht, er war zu lange auf dem Klo. Die Wachen haben ihn gleich an Ort und Stelle verprügelt. Dann haben sie auch uns geschlagen und zwei Stunden länger arbeiten lassen«, sagte er und musste erst einmal Luft holen. »Einer der Posten hat mir einen Tritt versetzt, und da ist mir das Messer ausgerutscht und habe ich mich geschnitten.«

»Schlimm?«, fragte ich.

»Nicht so«, sagte Werner. »Sie haben uns gezwungen, uns Berni anzusehen, seinen zerschundenen Körper. Das war ein guter Kerl, Reni. Er hat sich gar nichts zuschulden kommen lassen, außer krank zu werden. Himmel, wenn das so ist, sind wir doch alle schuldig.«

Werner schwieg einen Augenblick. Ich dachte, er hätte ausgeredet. Ich reichte ihm den Suppentopf mit dem Rest darin. Er nahm ihn entgegen, aber statt gierig zu löffeln, schluckte er nur einmal und zog die Stirn kraus.

»Ich habe da heute was gehört«, hob er wieder an. »Alle reden davon. Es war beim Zählappell in einem der Nebenlager. Sie wollten einen Mann schlagen, und da hat er dem Wachposten gesagt: ›Du kannst mich umbringen, aber rühr mich nicht an. Schlag mich ja nicht. Rühr mich nicht an.‹«

Ich war mir nicht sicher, ob ich die Geschichte hören wollte, aber Werner musste sie offenbar loswerden.

»Der Posten hat von ihm abgelassen. Hat es einfach gelassen. So viel zum Mut. Bei einem Kranken kennen sie kein Mitleid, einen anderen aber, der sich wehrt, lassen sie zufrieden, wo sie ihn sonst totgeschlagen hätten. Das ergibt doch alles keinen Sinn.«

Immerzu suchten wir nach Erklärungen für das Ganze, als könnten die helfen. Aber es gab keine Erklärung und erst recht keinen Verlass, also klammerte ich mich schlicht an die Vorstellung, dass auch anständige Menschen überleben konnten.

»Du hast Glück, Reni. Du brauchst nicht aus dem Lager raus zur Arbeit gehen. Und solche Sachen sehen.«

Langsam aß er sein kaltes Mahl. Dann drehte er sich weg und rollte sich neben Papi zusammen. Er hatte ja keine Ahnung, wie das war, mit der Ungewissheit zurückzubleiben, ob sie zurückkehren würden. Jeden Tag warten zu müssen, ob ich noch eine Familie hatte. Ich schwor mir, kein Essen mehr abzuzweigen, wusste aber sehr genau, dass ein solcher Vorsatz direkt nach dem Essen wenig wert war. Ich würde auch vor einer dampfenden Suppe daran festhalten müssen.

26

Fliegeralarm

KZ *Bergen-Belsen, Sommer 1944*

Der Sommer stand bevor. Mehr und mehr nahm der Tag von der Nacht. Weil es länger hell blieb und wärmer wurde, war offenbar das Reisen leichter, und die Zahl der Transporte nahm zu. Sie kamen aus anderen Lagern, aus Ländern wie Italien, Spanien und natürlich den Niederlanden. Die viele Bewegung, meinten einige Erwachsene in der Essensschlange, sei vielversprechend. Sie deute darauf hin, dass wir bald ausgetauscht würden.

Schließlich seien wir doch genau zu diesem Zweck in Bergen-Belsen, oder? Ja, und noch dazu im besonderen Sternlager untergebracht. Und selbst wenn wir nicht ausgetauscht würden, sagten andere, der Krieg werde bald vorbei sein. Deutschland werde verlieren. Wir brauchten nur ein bisschen noch durchhalten, dann würde sich das Blatt wenden.

Bloß ließen sich Gerüchte und Meinungen so oder so auslegen. Andere hielten jede Hoffnung für vergeblich. Den Nazis sei nicht zu trauen, ganz gleich, was sie sagten. Auf die eine oder andere Art würden sie ihr Möglichstes tun, uns das Leben noch schwerer zu machen.

»Was glaubst du?«, fragte ich Werner eines Morgens, als unsere Eltern die Latrinen aufgesucht hatten. »Kommen wir hier wirklich noch raus? Papi und Mutti sagen nicht viel.«

Ich zog mich hoch, bis ich im Schneidersitz an einem Eckpfosten des Stockbetts lehnte, faltete meine rosa Decke zusammen und legte sie ans Ende des Strohsacks. Ich beugte mich vor und fuhr mir mit rauen Fingern durchs dreckige Haar, schob mir widerspenstige Strähnen hinter die Ohren. Werners Wunderhaar hingegen war wieder picobello. Als er sich von der Bettstelle erhob, saß die Frisur wieder, der Scheitel akkurat wie ein aufgeschlagenes Buch.

»Aus Vorsicht, Reni.«

»Aber vielleicht ist es wirklich so weit. Und wir kommen hier doch noch raus.«

»Vielleicht«, sagte er. »Oder es passiert etwas ganz anderes. Denk dran, hier ist noch keiner lebend rausgekommen. Sie packen einfach immer mehr Leute dazu.«

Ich löcherte Papi deswegen, als er von der Arbeit kam. Ich wartete, bis Mutti losgegangen war, um Wasser zu holen. Er hockte einen Augenblick auf der Bettkante, schob sich aber dann auf den Strohsack zurück, die Kniekehlen abgequetscht von dem Kastenrand. Das sah unbequem aus, und die Beine schliefen einem irgendwann ein, wenn man zu lange so sitzen blieb. Statt mir direkt zu antworten, fragte er mich, ob ich das Sprichwort von dem Körnchen Wahrheit kenne, das in Gerüchten steckte. Ich wiegte den Kopf. Je öfter man etwas höre, erklärte er, besonders von verschiedenen Seiten und immer wieder, desto größer die Wahrscheinlichkeit, dass etwas daran sei. Gebe es nur eine Quelle, stimme es meist nicht. Auf Gerede, das schwirrte wie eine Wiese voller Grashüpfer, dürfe ich nichts geben, riet er.

»Etwa, dass wir Austauschjuden sind?«, fragte ich. »Und besser … ich meine, besser dran?«

»Nun, die Bemerkungen zum Austausch sind konstant geblieben, nicht wahr?«, meinte Papi.

»Ja«, sagte ich.

»Aber wann wir ausgetauscht werden sollen und gegen wen ... das ändert sich. Was sagt uns das?«

»Dass es wahrscheinlich einen Austausch geben wird, aber mehr wissen wir nicht.«

»Genau.«

Papis Spruch über das Körnchen siebte den Großteil des Geredes aus, also versuchte ich, gar nicht mehr hinzuhören. Doch *ein* Gerücht hielt sich hartnäckig. Mit jeder Wiederholung wurzelte es sich fester ein und trieb üppige Blüten. Eine kleine Gruppe überwieged niederländischer Juden würde aus Bergen-Belsen nach Palästina geschickt und dort gegen deutsche, vormals in Jerusalem tätige Missionare ausgetauscht werden. Wir kannten niemanden aus dieser Gruppe, aber es würde sich lohnen, die weitere Entwicklung zu verfolgen. Sollte tatsächlich jemand rauskommen, konnte jeder rauskommen.

Mehrmals wies man diese Gruppe von rund zweihundert Erwählten an, sich auf ihren morgigen Abtransport einzustellen – die Nachricht ging wie ein Lauffeuer durchs Lager –, nur um dann gesagt zu bekommen, dass der Tausch nicht zustande kommen werde. Ich lernte, dass Enttäuschung, na ja, eben enttäuschend war, aber auch ein Geschenk, weil dahinter Hoffnung schimmerte. Enttäuschung erforderte Kraft, die diejenigen, die aufgegeben hatten, nicht mehr aufbringen konnten. Sie zeigte, dass einem noch an etwas lag. So war es bei mir.

Die Tage zogen und schleppten sich weiter. In Lastwagen und Viehwaggons trafen noch mehr Gefangene ein. Aber es fuhr niemand ab. Bald war von dem palästinensischen Tauschgeschäft keine Rede mehr, geschweige denn von unserem.

Unsere ecuadorianischen Pässe, vermeintlich lebensrettend, schienen wertlos.

»Morgen geht's los. Ich habe es gerade erfahren!«, verkündete Papi eines Abends bei seiner Rückkehr von der Arbeit, ohne uns überhaupt begrüßt zu haben. Ein Lächeln umspielte seine Lippen, er hockte sich zu Mutti und mir auf die Bettkante. »Trudi, hörst du?«

»*Ich* höre dich, Papi«, sagte ich, erhob mich, schlüpfte zu Papi und Werner auf die Bettstelle und rüttelte meinen Bruder, der, wie ich sehr wohl wusste, gar nicht schlief.

»Reni, lass das!«, wehrte sich Werner. »Papi, redest du von den Leuten, die nach Palästina sollen?«

»Ist das wahr? Sie dürfen reisen?«, staunte Mutti, drehte sich ihm zu und stützte sich auf den Ellbogen auf. »Wie das? Wann denn?«

Papi wiederholte die Neuigkeit. *Jetzt in diesem Moment*, dachte ich aufgeregt, *suchen zweihundert Häftlinge ihre Siebensachen zusammen.*

»Papi, glaubst du, was du gehört hast?«, stellte ich ihn auf die Probe. »Bleibt es konstant?«

Er nickte. Ja. Er hatte es von verschiedenen Seiten gehört.

Wenn ich ans Gelobte Land dachte, hatte ich Bilder aus Schulgeschichtsbüchern von einem Land vor Augen, wo die Sonne alles in Gold badete, dazu scheffelweise Oliven und Brot, Fleischtöpfe. Reichlich zu essen. Ein Paradies: Wärme, Nahrung, Sauberkeit. Es schien zum Greifen nah.

»Trotzdem könnte es natürlich eine Finte der Deutschen sein, aber das glaube ich eigentlich nicht, weil sie es selber verbreiten«, sagte Papi. »Selbst die Nazis müssen gelegentlich den Anschein erwecken, sie hätten ein Herz.«

Mutti hob die Brauen.

Unsere Mienen hellten sich auf. Es war der erste wirkliche Hinweis, dass ein Austausch mehr als ein leeres Versprechen war. Nur, wie lange würde es dauern, bis der nächste »Austausch« ausgehandelt wäre, *und würden wir*, dachte ich bei mir voll Angst, *lange genug überleben, um dabei zu sein*?

Immer häufiger hing über Bergen-Belsen das ferne, eintönige Brummen von Flugzeugen. Papi erklärte, da oben seien die Alliierten – die Guten, die gegen Hitler kämpften. Der Himmel schien ihm beizupflichten. Hoch oben in den Wolken zogen Schwärme von Jägern nach Osten, um deutsche Städte zu bombadieren, und dann wieder heimwärts, nach Westen, um zu rasten und zusammengeflickt zu werden. Wir mussten an diesem Vormittag mal wieder aus nichtigem Grund Appell stehen.

»Vielleicht«, meinte Werner, »gibt den Nazis das Herumkommandieren und Strammstehenlassen das Gefühl, dass sie alles unter Kontrolle haben, besonders, wo sie ihnen am Himmel entgleitet.«

Stunden vergingen, aber es war wenigstens nicht kalt oder regnete. Ein paar von uns legten die Köpfe in den Nacken, als über uns ein einzelner Flieger vorüberzog. Ich spähte ins Blau. Was sahen die Männer, wenn sie von dort oben hinabschauten? Wussten sie, dass das hier ein Gefangenenlager war, oder sahen wir einfach nach irgendwelchen Hof- oder Fabrikanlagen aus, einer Ortschaft? Konnten sie, wenn sie sich die Mühe machten, Menschen erkennen oder nur Gebäude und Wege ausmachen? Und wenn sie uns sehen konnten, fragten sie sich nicht, weshalb Hunderte Menschen ein Karree bilden sollten? Mein Herz begann schneller zu schlagen. Bei einem Luftschlag Anfang des Frühjahrs waren weiter hinten im Lager Bomben und Geschosse niedergegangen und hatten einige Häftlinge getötet. Der Tiefflieger war aufgetaucht und wieder verschwunden, bevor die Wachposten überhaupt reagieren konnten. Mir machte Angst, dass die Guten, die Alliierten, uns abermals bombadieren könnten. Vielleicht ging es ihnen nur darum, die Nazis zu treffen, und nicht, uns zu retten.

»Papi«, sagte ich leise, »erklär mir doch bitte noch mal, warum ich mir wegen der Flugzeuge keine Sorgen machen muss?«

»Na, weil die Deutschen beim ersten Angriff nicht reagiert haben«, erklärte Papi. »Sie haben nicht zurückgeschossen, das heißt, das Lager ist nicht kriegswichtig. Die Alliierten haben ein bisschen gestochert und kein Wespennest gefunden, also war's das.«

Das hatte ich hören wollen. Seine Worte beruhigten mich, jedenfalls tagsüber. Manchmal gab es mehrfach Fliegeralarm, ertönte das wellenartige Jaulen, das dem keuchenden Atem schlafender Riesen glich, Unterhaltungen mitten im Satz abschnitt, die Arbeit mitten in einem Handgriff. Dann jagte man uns in die Baracken zurück, als könnten die dünnen Dächer, Wände und Wolldecken uns schützen. Nachts wurde alles verdunkelt. Selbst ein Streichholz anzureißen war streng verboten, damit kein Flämmchen einem Piloten ins Auge sprang.

»Werner, was machen wir, wenn die Alliierten uns aus Versehen bombadieren?« Ich ging davon aus, dass er darauf eine Antwort haben würde, weil er dauernd darüber nachdachte und –grübelte.

»Keine Ahnung. Wahrscheinlich gar nichts. Was können wir schon tun? Wir können ja nicht vorhersehen, wo eine

Bombe landen wird. Wenn wir weglaufen, rennen wir vielleicht direkt in die Flugbahn.«

Daran hatte ich nicht gedacht. »Hast du denn keine Angst?«, fragte ich, überrascht, wie gelassen er wirkte.

»Davor nicht. Das lässt sich nicht ändern. Aber weißt du was: Wenn die Alliierten so viele Flieger da oben haben, dann gewinnen sie offenbar die Oberhand.«

In der tintenschwarzen Nacht lauschte ich. Als wir vor fünf Monaten hier angekommen waren, hatte ich das Gefühl gehabt, verschlungen und im Blähbauch einer hungrigen Bestie gelandet zu sein. Jetzt, umgeben vom Rascheln der nächsten Bettnachbarn und Hunderter schlummernder Fremder, war mir, als wären wir die Lungenflügel des Biests. Sein Atem. Wichtig – wenn auch nur fürs Überleben des Monsters. Ohne uns hätte das Lager keinen Zweck. Es würde verkümmern, eingehen. Dank uns, der »Austauschjuden«, konnten die Deutschen hoffen, für ihren Endsieg noch ein paar »wahre« Deutsche zurückzugewinnen. Auf ganz eigene, ekelhafte Art wurden wir tatsächlich gebraucht. Komischerweise munterte mich das auf.

Der Sommer verflüchtigte sich. Das Licht verglimmte immer früher. Die Nacht pirschte sich an wie ein Rudel Wölfe. Es wurde Oktober. Kälte und Regen setzten ein. Zwischen grauen Wolkenschwaden erhaschten wir gelegentlich einen Blick auf die unermüdlichen Bomber. Rauch stieg im Süden auf – Papi sagte, wahrscheinlich über Hannover. Deutsche Zeitungen verirrten sich ins Lager. Sie wurden gründlich studiert und beseitigt, Berichte gingen von Mund zu Mund, weil doch Nachrichten von draußen verboten waren. Artikel sprachen vom Heldentod deutscher Soldaten. Nicht von Siegen, nur Heldenmut. Papi meinte, auch das sei ein Hinweis darauf, dass die Deutschen den Krieg verloren.

Vielsagend schien außerdem, dass das Wachpersonal sich wandelte, dass an die Stelle junger Burschen ältere Männer und sogar Frauen traten. Diese neuen Wachtrupps waren weniger kernig und kräftig, dafür aber nervöser und damit unberechenbar. Der Krieg lief nicht gut, und das ließen sie uns spüren. Wir mussten länger stehen. Die Wachen brüllten und drohten mehr. Beim Zählappell setzte sich morgens mal eine winzige alte Dame nach zwei Stunden Strafstehen vor mir in den Matsch, zog zitternd die Knie an und rieb sich das Bein.

»Stehen Sie auf«, zischte Papi und fügte hinzu, was wir alle wussten. »Sie dürfen keinesfalls sitzen bleiben.«

»Müde«, gab sie bloß zur Antwort. »Krampf.«

Ich konnte ihr Gesicht nicht sehen, nur von hinten ein Nicken. Papi wiederholte seine Worte.

Steh auf, dachte ich, *steh auf*. Vor mir klaffte jetzt in der strammen Reihe eine Lücke, als hätte man ihr einen Zahn ausgeschlagen. Ich blickte mich rasch links und rechts um und sah den Wachposten, der am nächsten stand, aufmerken wie eine Spinne, die an den Schwingungen spürt, dass in ihrem klebrigen Netz eine Fliege zappelt.

Bitte, bitte, steh auf, dachte ich. Die Frau versuchte sich erst hochzurappeln, als sie den Posten kommen hörte.

»Sind wir hier vielleicht in der Judenschule!?« Alles, was den Deutschen missfiel, schoben sie auf unsere Traditionen.

Die alte Dame drückte die gespreizten Finger der rechten Hand in den Dreck und wollte sich hochstemmen; die runzlige, knotige Hand im Matsch erinnerte mich an lose Wurzeln, wie sie oft aus Uferböschungen ragen. Doch die Frau sackte gleich wieder in sich zusammen. Papi beugte sich vor, als wollte er helfen, richtete sich aber wieder auf, als der Wachmann von rechts auf uns zuhielt. Ich riskierte einen Blick in sein Gesicht, rechnete mit grimmiger Wut, doch der Posten wirkte mit seinen verquollenen Augen, schweren Lidern und der wulstig geschürzten Unterlippe bloß gleichgültig. Ich wusste es besser: Den Schläger erkennst du nicht am Gesicht.

»Hoch, Dreckstück«, sagte er so nebenher, wie Erwachsene einen Kaffee bestellen.

Die alte Frau hatte sich kaum geregt, da fuhr der verquollene Wachmann so jäh wie ein Prankenhieb herum. Ich verstand nicht gleich. Ich dachte, die alte Dame wäre ausgerutscht, hätte einen unschönen Spagat hingelegt wie manchmal Schlittschuhläufer. Dann sah ich in der weiß geballten Faust des Wachmanns die Peitsche. Die alte Dame saß mit gespreizten Beinen zusammengesackt im Dreck, und unter dem grauen Haar lief ihr das Blut über den Nacken in den Kragen. Ihr Haar wurde schwer und klebrig schwarz. Beim zweiten Peitschenhieb schrie sie um Gnade. Mit flehend erhobenen Händen und knochig aus den verrutschten Ärmeln vorragenden grün und blau geschlagenen, zerschrammten Armen.

Der Wachmann guckte gelangweilt, aber er lief puterrot an, als er wieder und wieder zuschlug und sein massiger Arm auf und niederruckte, auf und nieder. Die Riemen der Peitsche klatschten der alten Frau um Schultern und Hals. Als sie seitlich hinsank, sah ich die roten Striemen an Wangen und Kinn. Ich kniff die Augen zu. Jetzt wusste ich, wie verschieden Leder auf Wolle klang und wenn es Haut spaltete. Die Frau zischte und fauchte wie eine in die Enge getriebene Katze, spie und jaulte. Dann Stille, abgesehen von einem Geräusch, das für mich wie das Schnauben eines tollwütigen

Hundes klang. Das Herz wollte mir aus der Brust springen. Ich öffnete die tränennassen Augen gerade weit genug, um ein schwarzes Häuflein zu erkennen. Die alte Frau war ganz unter Mantel und Rock verschwunden, bis auf die krummen Wurzelfinger einer Hand, die sich in die Erde zu wühlen suchten. Schlammige Stiefel verschwanden aus meinem Blickfeld, ich hörte schwere Schritte sich entfernen.

Ich blieb reglos stehen, atmete möglichst flach, kämpfte gegen die Tränen an, vergeblich, und hoffte dann, dass sie mir wenigstens gleich vom Gesicht trocknen würden. Denn ich wagte nicht einmal, die Hand zu heben und sie mir schnell wegzuwischen. *Nicht auffallen*, mahnte ich mich, *unsichtbar sein*. Ich wagte nicht, mich nach meiner Familie umzusehen. Wenn diese Leute einer hilflosen alten Frau so etwas antun konnten, dann würden sie kaum zögern, uns auszupeitschen. Meine Zehen verkrampften sich, zogen sich so weit ein wie möglich, als wollte alles an mir sich einigeln.

Aber selbst bei geschlossenen Augen gab es kein Entrinnen. Die Bilder der durchgepeitschten Frau liefen vor meinem inneren Auge ab wie eine Wochenschau. Ich hörte die neuen Wachen den gerade abgelösten scherzhaft zurufen, sie hätten sich nach solchen Strapazen wahrlich eine Pause verdient.

Die alte Frau wurde in einem Handwagen weggekarrt, wir sahen sie nicht wieder.

27

Der Tod bekommt ein Eigenleben

KZ Bergen-Belsen, Herbst 1944

Wenn aber Hitlers Krieg längst verloren war, warum wuchs dann Bergen-Belsen immer weiter? Die Wachtrupps zogen Papi und andere Männer aus dem Sternlager vom Straßenbaukommando ab und ließen sie weitere Baracken errichten. Ich fragte ihn am ersten Morgen der neuen Einteilung, ob er froh sei, keinen so weiten Weg mehr zu haben.

»Den Nazis ist gleich, wo wir schuften, Reni«, sagte er.

»Aber ist die Arbeit wenigstens leichter?«

»Alle Arbeit hier ist schwer, findest du nicht? Aber in einem hast du recht: Ich muss nach der Arbeit nicht mehr so weit gehen, um dich wiederzusehen.«

Hinter ihm erklärte ein Mann, den ich als Herr Cohen kannte, lauter, als dass es nur für die Ohren seiner Frau daneben bestimmt sein konnte: »Es ist ein weiteres Zeichen dafür, dass sie verlieren.«

»Ja«, stimmte ihm einer aus dem Nachbarstockbett zu und fuhr sich durch den Bart, »sie werden langsam kopflos. Und wenn sie hier drinnen nicht mehr Herr der Lage sind, gilt das leider auch für die Situation da draußen.«

»Na wunderbar«, entgegnete Frau Cohen. »Je weniger sie im Griff haben, desto mehr steht für uns auf dem Spiel. Was nutzt uns ihr verlorener Krieg, wenn wir alle tot sind?«

Ich suchte in Papis Gesicht nach Gewissheit.

Er musterte mich, während er sein Hemd zuknöpfte. »Alles in Ordnung, Reni?«

»Ja«, log ich.

Er ließ es mir diesmal durchgehen. Welchen Grund hatte ich schon zu klagen? Hanneli und Werner hatten recht: Leiden war relativ. Unsere Familie war schlecht beeinander, aber noch auf den Beinen. Ich hatte Hunger, aber noch alle Zähne. Ich konnte essen. Wir waren nicht geschlagen worden. Wir waren nicht in einer Karre vom Appellplatz geschafft worden. Ich griff nach Papis Manschette.

»Dein Knopf ist lose«, sagte ich und krempelte den Ärmel so um, dass der Knopf gesichert war. »Ich kümmere mich nachher darum.«

Er legte mir die freie Hand auf die Schulter. »Ich werde gleich dort hinter dem Zaun in dem Wäldchen sein. Ich werde nach dir Ausschau halten und dir winken.« Papi sah mir fest in die Augen. »Und pass gut auf. Noch schlimmer als ein grinsender Wachposten ist ein kopfloser.«

Es war eine Mahnung, die nicht oft genug wiederholt werden konnte. Wir waren wie Mäuse, die einige ihrer Artgenossen einer Katze zum Opfer hatten fallen sehen. Wir zuckten beim kleinsten Geräusch zusammen, wir wussten um den Wert der Schatten, in die man huschen konnte.

»Ich weiß, dass du das weißt, Reni«, fuhr er fort. »Aber bitte, du und Werner, ihr dürft keine Aufmerksamkeit auf euch ziehen und müsst immer tun, was man euch sagt. Bitte, mir und Mutti zuliebe.«

Er marschierte mit den Männern zum Tor hinaus.

»Hanneli«, bat ich etwas später, »kannst du kurz auf die Kleinen aufpassen? Ich will sehen, ob ich Papi irgendwo draußen entdecken kann.«

Hanneli ließ den Blick über die acht Kinder schweifen, die auf den Holzdielen der Baracke saßen oder lagen. Sie rührten sich kaum, höchstens mal, um nach ein paar nicht vorhandenen Krumen zu betteln. Eines stocherte lustlos an einem Astloch herum.

»Ich glaube, das kriege ich hin.«

Überwiegend war Bergen-Belsen baumloses Ödland, die Erde je nach Wetter festgebacken oder morastig, aber es war keine Zeit geblieben, das Wäldchen in dem Teil des Lagers abzuholzen, der um die neuen Baracken erweitert werden sollte. Statt in ordentlichen Reihen angelegt zu sein wie in den älteren Teilen, wanden sich auf dem neuen Gelände die Wege zwischen Bäumen hindurch und standen die Baracken nicht im rechten Winkel zueinander. Es wirkte alles planlos.

Ich ging an den Stacheldrahtzaun. Links von mir ragte ein Wachturm drei Stockwerke hoch in den Himmel. Er hatte vier durchgehende Bretterwände und weitete sich oben unter dem flachen Satteldach etwas, um den Posten Schutz zu bieten. Ein Wachsoldat spähte Richtung Baustelle. Der andere saß offenbar, denn ich sah nur einen gewölbten Helm.

Mein Blick folgte dem des Soldaten. Von fern hörte ich jenseits des Doppelzauns, jenseits der mitten durchs Lager führenden, von Häftlingen selten benutzten Hauptlagerstraße und des hinteren Zauns Hämmern und die Rufe der Arbeiter. Handwerker riefen immer auf die gleiche Art, ob in Berlin, Amsterdam, Westerbork oder hier. Der Wind trug den Lärm von Sägen heran und Rauch, vielleicht aus dem Krematorium.

Ich sah zum Turm hoch, um mich zu vergewissern, dass niemand in meine Richtung guckte, und spähte dann wieder zwischen den Drähten des Zauns hindurch zu den alten Bäumen und neuen Bauten hinüber, wo die Balken der Baracken vorm dichten Grün aussahen wie alte Knochen. Ich fixierte nacheinander die Gestalten, konnte aber niemanden erkennen. Alle wirkten gleich dunkel, gebeugt und trist selbst in der Sonne, und niemand winkte. Ich kehrte um.

Eine Woche später meinte Hanneli zu mir: »Die neuen Frauen sehen schrecklich aus.« Wir beaufsichtigten mittags von den Barackenstufen aus die Kleinen. Es war frisch, aber sonnig. Wir hatten ein Auge drinnen und eines draußen, weil sich die Kinder verteilten; die meisten hockten da und starrten ins Leere, ein paar spielten im Dreck. Den kleinen, schmächtigen Henry hatte ich auf dem Schoß. Der schlief inzwischen fast nur noch. Sein Gesicht war schmuddelig, bis auf die Oberlippe, über die unablässig der Rotz lief. Ich zog mir den Ärmel über die Hand und wischte ihn ab. Dann verlagerte ich im Versuch, eine bequemere Stellung zu finden, mein Gewicht. Langsam spürte ich Knochen, von denen ich gar nicht gewusst hatte, dass es sie gibt – Knie, Rippen, Hüften. Meine Kleidung polsterte nicht genügend ab.

»Ja, die sind richtig krank«, stimmte ich ihr zu. »Es heißt, die haben alle irgendwas.«

»Ich glaube, wir sind alle krank«, meinte Hanneli.

Ein paar Jungs spielten auf dem Barackenboden mit Kieseln, und ich merkte mir vor, bloß ja hinter ihnen aufzuräumen.

»Aber es gibt wahrscheinlich krank und richtig krank«, sagte ich.

Ein kleines Mädchen, Sara, kam zu uns. Sie rieb sich mit den Fäusten die Augen; ich fragte mich, wie sie überhaupt sehen konnte, wo sie hinging. Mit dreckigen Fäusten, die Wangen verschmiert und nass vor Tränen. Ich verschob Henry etwas, ohne ihn zu wecken, und machte auf meinem Schoß Platz. Sara lehnte sich an, rieb ihr Gesicht an meinem Kleid und beruhigte sich. Ich hätte gern sagen können, dass sie aufhörte zu weinen, weil sie getröstet war, aber eher lag es wohl an der Entkräftung.

»Du weißt, was das heißt, nicht?«, sagte Hanneli. »Weniger zu essen, weniger Platz, mehr Probleme. Wart's ab.«

Die Klage sah Hanneli gar nicht ähnlich. Gigi kam herüber und lehnte sich bei ihr an.

»Pah!«, ergänzte Hanneli. »Ich habe einfach Hunger. Tut mir leid. Ich schiebe den Frauen die Schuld zu, obwohl sie gar nichts dafür können.«

Und doch war ja an ihren Worten etwas dran. Die kranken Neulinge trafen so rasch ein, dass keine Zeit blieb, für alle Baracken zu bauen, also stellte man riesige Zelte auf. Anstelle der geraden, in regelmäßigen Abständen eingegrabenen Pfosten der Stacheldrahtzäune hatte man hastig Baumstämme zersägt, entrindet und in den Boden getrieben. Dazwischen zogen sich die festgenagelten Drähte krumm und schief dahin. Sehr undeutsch.

Ein kurzes Stück des neuen Frauenlagers grenzte an unser Sternlager. Die Frauen kochten auf offenen Feuern unter Planen, die sie über die Äste der Bäume warfen. Der Rauch nebelte alles ein. Hier und da hingen Röcke und Hemden zum Trocknen an den Zäunen, bewacht von dunkel umringten, hohlen Augen. Selbst an wärmeren Tagen trugen diese Hungerhaken noch Mäntel. Hanneli und ich sahen die Zeltstadt unentwegt wachsen. Obwohl ich mich dafür schmämte, war ich für die Neuen dankbar. Sie gingen in Lumpen. Wann immer ich fand, wir hätten es schwer, blickte ich über die Schulter zu ihnen hinüber. Wir froren, aber sie froren zweifellos noch mehr. Wir litten – sie umso mehr. Nie hätte ich gedacht, dass ein so weites Gelände überlaufen wirken könnte. Ich dachte an meinen ersten Eindruck von Bergen-Belsen zurück: dass man uns wie Murmeln über ein schwindelerregend weites Feld schoss. Jetzt, zehn Monate später, war es gespickt voll.

Unsere Familie wurde in eine andere Baracke verlegt, wo es noch enger war als in der alten. Dort war es lauter, weil wir mehr waren, darunter immer mehr Kranke, und weil wir uns der Kälte wegen mehr drinnen aufhielten. Immerzu husteten, niesten, seufzten welche im Chor. Es gab sehr viele Kinder, aber ich konnte mich kaum noch erinnern, wann ich zuletzt ein Kinderlachen gehört hatte.

Sauber zu bleiben war nahezu unmöglich. Toilettenpapier gab es nicht, und selbst Fetzen Pappe und Seife waren eine Seltenheit. Ich wusch unsere Sachen ohne, in kaltem Wasser. Mich selbst besprengte ich bloß damit. Ich kämpfte mit eisigem Wasser gegen mein dichtes dunkles Haar und die verlauste, juckende Kopfhaut an. Als Zahnbürsten benutzten wir Stöckchen, deren Ende wir zerfasterten. Der Mief zu vieler Körper auf engem Raum und notdürftig ausgescheuerter Münder war allgegenwärtig.

Mit Hanneli die kleineren Kinder zu beaufsichtigen war leichter geworden, weil sie fast nur noch schliefen, was angesichts unserer Kraftlosigkeit ein Segen war.

»Was gäbe ich nicht für ein warmes Bad«, sagte ich. »Darum, sauber und warm zu sein.«

»Erst essen, dann baden«, meinte Hanneli, »in einer großen Wanne, in der ich stundenlang bleiben könnte. Und alles, das alles hier, wegschrubben.«

»Und dabei in der Wanne bedient werden«, setzte ich hinzu. »Solange genug Schaum uns bedeckt.«

»Das wäre mir gleich. Hauptsache, was vorgesetzt kriegen.«

»Wirklich?«, fragte ich. »Kein Schaum? Du würdest andere deinen Körper sehen lassen?«

»Na ja, vielleicht ein bisschen Schaum an den entscheidenden Stellen.«

Ich musste schmunzeln.

»Mir soll man Pfannkuchen und Brötchen bringen«, fabulierte ich, »und Butter und Marmelade. Und Tee. Auf keinen Fall Rüben.«

»Nicht einmal Rübenpfannkuchen?«, fragte Hanneli.

»Nicht den kleinsten Rübenraspel, und wäre er unter Eiscreme begraben.«

Hunger quälte jede Minute. Schlaf war die einzige Ausflucht. Ich erwachte von dem immer gleichen Traum, Ausgeburt der ewigen Not. Ich gehörte als Hund einer wohlhabenden Familie. Sie feierte regelrechte Gelage mit Speisen auf Silbertabletts. Es gab Lamm- und Rindfleisch, allerlei Gemüse, Obst und Brot, Kuchen und Eis in rauen Mengen. Ich saß geduldig unter dem Tisch und wartete gespannt. Waren sie fertig, kratzten sie die Reste auf einen Teller und setzten ihn mir vor. Ich wedelte mit dem Schwanz und schlang alles gleich geifernd hinunter.

Die Dunkelheit bot jetzt den sogenannten Brotdieben Schutz, und es wurden stetig mehr. Nach Kleiderdieben konnte man Ausschau halten, aber die Brotdiebe schlugen nachts zu. In Amsterdam und Berlin hatten wir mehr besessen, als uns bewusst war, lebten in Saus und Braus mit Vorräten genug für jeden Verwandtenbesuch oder beliebige Gäste.

Wir wären empört gewesen, hätte ein Dieb bei uns eingebrochen und unser Silber entwendet, aber verloren hätten wir ja doch nur Erbstücke – Familienandenken – und eine Spur Stolz. Jetzt stand so viel mehr auf dem Spiel, und das für so viel weniger.

Ich hörte von einer Mutter, die fremde Kinder bestahl, um ihre eigenen zu füttern. Papi sagte, von Notleidenden zu stehlen, um die Not anderer zu lindern, sei unmoralisch. Und Mutti mahnte uns mit einem Kopfschütteln zum Nachdruck nie, niemals, in der Weise jemanden zu bestehlen.

Und doch plagte mich eine unausgesprochene Frage: Sollte ich etwa Papi, Mutti oder Werner im Namen des Anstands sterben lassen? Mutti wurde schwächer. Sie schleppte sich wie ein Gespenst von der Arbeit ins Bett und wieder zur Arbeit. Sie schien immer weniger zu schaffen und immer mehr zu schlafen. Sie musste häufiger auf die Latrine. Sie war nicht die Einzige. Oft schafften es die Kranken nicht mehr bis dorthin, sie benutzten die verstopfte Toilette am Ende der Baracke oder Schüsseln unter ihren Bettstellen. Der zunehmende Gestank kündete von aufziehenden Typhus-, Ruhr-, Cholera-, Tuberkulose- und Poliostürmen.

Mich fröstelte; ich sagte mir, sie sei stark und werde sich erholen. Ich hatte, ehe wir uns zum Schlafen hinlegten, ein Stück Brot fürs Frühstück unter mein Kissen geschoben, und ich berührte es noch mal mit den Fingerspitzen, um mich zu vergewissern, dass es noch da war, wünschte die Brotdiebe zum Kuckuck und schloss bis zum Morgen die Augen.

Eine Woche später war ich mit nasser Wäsche auf dem Weg zum Zaun, als ich in einem flachen Graben ein längliches Bündel Kleider entdeckte. Sie sahen alt und dreckig aus und waren wahrscheinlich unbrauchbar, aber nachsehen sollte ich – sicherheitshalber. Es wäre ja kein Diebstahl, wenn sie weggeworfen worden waren, fand ich, und ich hatte offenbar das Glück, als Erste zur Stelle zu sein. Ich blieb stehen. Irgendwas stimmte nicht: an den Schuhen, der strammen grauen Haut an Schädel und Händen. Ich starrte in eine zeitlose Leere. Kannte ich die Person? Es war weder das Gesicht eines Mannes noch das einer Frau, weder das einer erwachsenen Person noch das eines Kindes. Wie konnte ein Gesicht so gesichtslos sein? Die Gestalt lag reglos da. Nicht der leiseste Hauch Stoff regte sich.

Ich lief so schnell ich konnte zur Baracke zurück, in den Armen die nasse Wäsche, jeder Gedanke ans Trocknen wie fortgeblasen. Ich wollte nur weg, so weit weg wie irgend möglich. Das Bild der alten Frau auf dem Appellplatz stieg vor mir auf. Selbst wenn die Alte gestorben war, und im Innersten ahnte ich, dass es so war, hatte ich … mir nie … sicher sein können. Nicht so. Diesmal schon. Gesicht, Augen, Hände und Füße alle so zusammengeschnurrt, ich würde von ihnen träumen. Ganz bestimmt. Ich hockte schlotternd auf unserer Bettstelle unter meiner Decke, bis ich wieder zu Atem gekommen war. *Hilfe*, dachte ich. Papi. Mutti. Werner. Sie alle waren beim Arbeitskommando. Es war niemand da. Ich hielt ganz still, versuchte zwanghaft, an anderes zu denken: die Schweiz, Opa, mit Werner am Strand entlanglaufen, mit Vera spielen, Heidi, die von einem Ziegenbock umgerannt wurde.

Ich schwor mir, Mutti und Papi nicht zu sagen, was ich gesehen hatte. Sie hatten genug Sorgen, ich musste mich allmählich benehmen wie eine Große. Ich hörte andere scheinbar ungerührt von der Leiche sprechen – einem Mann. Aber als Mutti mich fragte, ob alles in Ordnung sei, konnte ich nicht anders. Sie hörte mir zu. Sie sagte nur, es tue ihr leid. Ich war froh, dass wir beieinander in einem Bett lagen.

In den nächsten Wochen gab es, als es auf den Winter zuging, weitere Tote. Im Frühjahr und im Sommer hatte ich mitgekriegt, dass täglich einige Menschen starben, es waren so wenige, dass ich es nur vom Hörensagen wusste. Doch die Zahlen nahmen im Herbst stetig zu. Man sah draußen Körper in Gräben, an den Gebäuden, manchmal hingen sie an den Zäunen. Drinnen wickelten Familien ihre Toten in deren Bettzeug, bis sie auf Karren geladen und zum Krematorium gebracht werden konnten. Selber hatte ich die Anlage nie gesehen, aber man hatte sie mir beschrieben: ein Schuppen, ähnlich einer Garage, aus dem ein Eisenschlot aufragte wie ein mahnender Finger. Der Schornstein qualmte unablässig, und doch reichte der eine Ofen nicht mehr. Asche und Überreste wurden nahebei in eine Grube gefüllt. Kein Grab, nur ein immer größeres Loch.

»Es heißt, es müssen mehr Gruben ausgehoben werden«, sagte Werner.

Ich hatte nie darüber nachgedacht, was mit dem Körper passiert, wenn man stirbt. Aber wohl irgendwie angenommen. Dass man zum Beispiel ein eigenes Grab bekam. Oder dass man einen Grabstein mit Namen und ein paar Lebensdaten kriegte. Freunde und Verwandte würden kommen, um einem die letzte Ehre zu erweisen, zu trauern und sich an die schönen Zeiten zu erinnern. Doch allmählich war ich derart abgestumpft, dass Tote so normal wurden wie fallende Blätter, mich störte daran nur die mangelnde Achtung. Die schien vollkommen zu fehlen, wo so viele Leichen in ein anonymes Loch gekippt wurden.

Der Tod bekam ein Eigenleben. Vor Bergen-Belsen war der Tod bloß eine Vorstellung, wie die Schweiz oder Afrika, etwas, was man dachte oder worüber man sprach, aber nicht kannte. Dann schwebte der Tod heran wie ein seltener Vogel, von dem man nur dann und wann einen Blick erhascht, bis er schließlich kam und ging wie ein Schwarm Tauben, den man nicht weiter beachtet. Der Tod wurde alltäglich, und wie bei allem Gewohnten zeigte er sich in Kleinigkeiten. Etwa einfach nicht mehr hochkommen zu können. Der Unterschied zwischen den Lebenden und den Toten schrumpfte auf eine Regung, und sei sie fast unmerklich. Der Tod war da, wenn ein Körper seine Haltung nicht mehr veränderte. Zuckte aber ein Finger, setzte sich im Handkarren jemand auf, dann – *husch!* – verzog sich der Tod wieder.

Ich gewöhnte mich an die leblosen Haufen, weigerte mich aber, Kleider zu fleddern. Ich ließ die Toten – still, namenlos – einfach Teil der Landschaft werden.

28

Verzweiflung ist das Gegenteil von Judentum

KZ *Bergen-Belsen, November und Dezember 1944*

In einer kalten Novembernacht kam Sturm auf. Der heftige Regen auf dem Blechdach war ohrenbetäubend. Der Wind heulte durch jede Ritze, in den Fensterrahmen schepperten die Scheiben. Papi hatte inzwischen schlimmen Husten. Seine Anfälle hinderten mich am Einschlafen. Ich schmiegte mich enger an Mutti, ihr regelmäßiger Atem milderte das Getöse ein wenig ab.

Am Morgen versank alles im Schlamm. Böen rasten wie unschlüssig hierhin und dorthin. Ich spähte hinüber zum Frauenlager. Der Sturm hatte Zelte einstürzen lassen. Leute stocherten in den Überresten, zogen Kleider aus den Pfützen, dem Müll und dem stinkenden Morast. Ich fühlte mit den armen Frauen und schätzte mich glücklich. Ich hatte meine Familie. Ich hatte Hanneli. Wir hatten ein festes Dach. Ich konnte mich ins Trockene retten. Wir waren nicht dort hinter dem Zaun.

In der Nacht wachte Papi keuchend und schwitzend auf, er warf seine Decke von sich. So sehr mich sein hartnäckiger Husten erschreckte, so sehr fürchtete ich bald, ihn nicht mehr zu hören. Wenn ich nachts aufwachte und es zu still war, lauschte ich angestrengt nach ihm und holte nicht Luft, ehe er sich räusperte oder ich eindeutig seinen rasselnden Atem hörte.

»Ich habe Angst um Papi«, sagte ich zu Werner.

»Ich weiß. Wir kennen das nicht, dass er so schwach ist.«

»Vielleicht sollte er aufs Krankenrevier«, sagte ich.

»Bist du verrückt?«, entgegnete Werner. »Willst du ihn umbringen?«

Doch irgendwann kam Papi nicht mehr aus dem Bett. Werner und ich sprachen mit Mutti, die nicht recht wusste, was tun, also beschlossen wir, einen Freund meiner Eltern zu fragen, Herrn Wolf. Der war Lehrer, oder war es zumindest gewesen, und fiel vor allem durch seine Kleinwüchsigkeit auf, ohne je mickrig zu wirken. Werner sagte ihm, dass wir fürchteten, Papi könnte eine Lungenentzündung haben, und dass wir daran dächten, ihn aufs Krankenrevier zu bringen.

Herr Wolfs Augen glitten über Papi hin und ruhten dann auf uns. »Herr Löwenberg ist dort gestorben«, sagte er. »Auf dem Krankenrevier.«

Das war uns bekannt. Es war erst vor wenigen Wochen gewesen. Angeblich hatte er gescherzt bis zum Schluss. Ich fragte mich, wo Frau Löwenberg jetzt ihre Zigaretten herbettelte.

»Ich weiß. Und das tut mir leid«, sagte Werner. »Aber was heißt das für Papi?«

»Vom Krankenrevier ist nicht viel zu halten, aber es bleibt uns nichts anderes übrig, als euren Vater hinzubringen.« Wir sagten es Mutti.

Werner kaute Nägel.

»Es wird ihm dort schon nichts passieren«, meinte Mutti von ihrer Bettstelle aus. »Ihr wisst doch, was Papi sagt: Wir sind wertvoll, weil wir austauschbar sind. Sie werden ihn schon ordentlich behandeln.«

Papi bekam keine besondere Behandlung. Keine Medizin. Keine Extrarationen. Aber er musste wenigstens nicht arbeiten.

»Und ich habe ein eigenes Bett«, bemerkte er zwischen Hustenanfällen. »Seht nur, ich kann die Arme ausstrecken, ohne jemanden zu boxen.«

»Man verwöhnt dich«, sagte ich.

Ich blieb an seiner Seite, überließ ihm alles an Brotkanten, Suppe und Wasser, was wir kriegen und er bewältigen konnte. Mutti war zu erschöpft für Besuche, und Werner konnte nicht von seinem Schuhkommando weg. Das Krankenrevier machte keinen guten Eindruck. Statt offen zu sein wie die Baracken, zog sich ein langer Mittelgang zwischen Bretterwänden hin, die ihn noch länger machten. Hinter Türen lagen einzelne Verschläge. Auf Bettstellen krümmten sich Kranke unter grauen Decken. Es lagen sogar Leute auf dem Boden und im Gang. Sie alle hatten trockene Lippen, schmal wie ein Strich. Wer nicht wimmerte, weinte oder hustete, blickte leer vor sich hin. Auch die Farben waren entkräftet. Ob ehemals Blau, Grün, Gold oder Rot, hier gab es nur Grau. Ich schwor, meine Decke leuchtend rosa zu halten.

Nach drei fast nur schlafend verbrachten Tagen quälte sich Papi wieder halbwegs hoch. Ihn sich wieder zur Arbeit schleppen zu sehen war schmerzlich; die Strapazen wurden unübersehbar. Er hustete deutlich weniger, war aber dünner geworden, kleiner und grauer. Je besser es ihm ging, desto angeschlagener wirkte Mutti, doch weil sie keine bestimmbaren Symptome hatte, musste sie in der Baracke bleiben. Und nachdem ich das Krankenrevier kennengelernt hatte und wusste, dass es immer voller wurde, war ich mit Werner der Meinung, es sei besser, Mutti das zu ersparen.

»Ich kann nicht mehr mit den Kleinen helfen«, sagte ich Hanneli. »Mutti kommt nicht aus dem Bett. Ich muss bei ihr bleiben.«

»Schon gut, Reni«, sagte sie und sah sich nach den paar übrig gebliebenen Kindern um. Die meisten waren zu krank oder schwach, um viel Aufsicht zu brauchen, weil sie einfach liegen blieben. Ich hoffte, sie lebten noch. Der kleine Josef war seit Wochen nicht mehr gesichtet worden. »Was fehlt ihr denn?«

»Was nicht? Immerhin hat sie keinen Husten.«

»Das ist doch schon mal was«, meinte Hanneli.

Ich stand Mutti bei ihren Schmerzen, dem Fieberwahn und dem Schüttelfrost bei. Nie klagte sie, sondern entschuldigte sich noch immerzu.

Ich reifte in unerwarteter, fast unmerklicher Weise. Ich hatte immer gedacht, erwachsen zu werden würde neue Freuden bringen: mit Jungen schäkern, statt der unbändigen Mähne und den Kinderklamotten eine Frisur und hinreißende Kleider haben. Ich blickte an mir herunter. Ich sah zwar vermutlich älter aus, aber nicht in der erhofften Weise.

Der Dezember kam, und mit ihm mein Geburtstag. Ich wurde vierzehn, ohne dass jemand dran dachte. Abends kauerten Grüppchen in den mit Lichtern erhellten Ecken der Baracke und begingen still Chanukka. Mit einem Tropfen Öl, Baumwollfäden und Gebeten. Werner überbrachte uns die jeweiligen Worte des Rabbi.

»Verzweiflung ist das Gegenteil von Judentum«, meldete er.

»Das klingt wie von Heidi«, sagte ich.

»Heidi ist katholisch.«

»Dann wäre sie aber eine gute Jüdin gewesen.«

Wenige Tage nach dem Erlöschen der Chanukkalichter hörte man die Deutschen ihre Weihnachtslieder singen, der eisige Wind trug ihre Stimmen zu uns herüber, und eine Woche später hatten wir 1945.

29

Wiedersehen mit Anne Frank

KZ Bergen-Belsen, 19. Januar 1945

»Anne ist hier, Anne Frank!«, verkündete Hanneli, als sie mir wenige Wochen später vor der Baracke entgegengelaufen kam. »Ich habe sie gestern Abend gesehen.«

Wir kannten Anne und ihre Familie aus der Amsterdamer Nachbarschaft, doch Hanneli war ihr vom Alter her näher und mit ihr befreundet gewesen.

»Sie ist hier?«, staunte ich.

»Nicht im Sternlager, im Zeltlager. Ich hatte Heimweh und hörte, es wären wieder Niederländer gekommen, also bin ich an den Zaun geschlichen, um nach ihnen zu fragen.«

»Das hättest du nicht tun sollen. Die Posten …«

»Wie auch immer, ich habe mich mit einer Frau unterhalten, und das war Frau Van Pels! Erinnerst du dich an sie?«

Ja, dunkel.

»Sie sagte, Anne sei hier, und fragte, ob ich sie sprechen wolle.«

»Im Ernst?«

»Ja, und es dauerte nur Minuten, da hörte ich Annes Stimme, und es war, als wäre das alles erst gestern gewesen. Wir haben uns durch den Zaun einfach angesehen, und dann mussten wir beide weinen«, erzählte Hanneli heiser. »Ach, Reni, sie sieht so elend und dünn aus.« Sie holte Luft und fuhr fort: »Ich kann's kaum glauben, dass sie hier gelandet ist. Ich dachte … ich weiß nicht … ich dachte, ihre Familie wäre in die Schweiz geflohen. Sie hatte sich aber mit ihrer Familie und ein paar anderen, nämlich auch den Van Pels, versteckt. Sie haben zwei Jahre auf einem Dachboden verbracht und sind nicht ein einziges Mal raus. Dann hat irgendjemand es den Deutschen gesteckt. Ihre Familie wurde auseinandergerissen und in verschiedene Lager geschickt, auch Auschwitz.«

Auschwitz. Dieses Lager war berüchtigt, sogar bei uns.

»Anne und ihre Schwester wurden im November hergebracht. Sie haben in den Zelten den schlimmen Sturm damals erlebt.«

»Ist ja furchtbar«, sagte ich. »Fast zwei Monate schon hier!«

»Ja, so lange und so nah, und wir wussten nichts davon.«

»Immerhin leben sie.«

»Ja, schon. Aber Reni, Anne ist dünn wie ein Stecken, wie ein Strich, und so blass. Sie fürchtet, dass ihre Mutter und ihr Vater tot sind. Ihre Schwester Margot ist so krank, dass sie sich nicht aufrichten konnte, um mich zu begrüßen, sterbenskrank womöglich. Fleckfieber, wahrscheinlich. Anne trägt nur Fetzen am Leib. Und dann die Läuse …«

Vom Fleckfieber redeten im Lager alle. Es breitete sich aus, hauptsächlich wegen der Läuse. Es ähnelte zunächst einer Grippe, dann zeigte sich fast am ganzen Körper ein Ausschlag, man bekam hohes Fieber, bis schließlich das Bewusstsein sich trübte und man starb. Ich musste an eine Spinne denken, die ihre Beute mit langen schwarzen Beinen einrollte, an ausgetrocknete, an einem Faden baumelnde Kadaver, vom Wind hin- und hergeweht, bis sie sich lösten und zu Boden schwebten. Lautlos, unbedeutend. Mit zahllosen anderen gewichtslosen Kadavern einfach beiseitegewischt.

»Können wir irgendetwas tun?«, fragte ich.

An Hannelis Wange war ein Schmutzfleck. Den verschmierte sie, als sie sich die Augen wischte.

»Ja. Ich will mich heute Abend mit Anne treffen. Ich würde ihr gern etwas zu essen bringen.«

»Können wir was auftreiben? Hat deine Familie noch was von den Rotkreuzrationen?«

Wir wussten, dass das Rote Kreuz regelmäßig Pakete schickte, nur behielten die Deutschen den Großteil für sich; doch im letzten Monat hatten sie uns kurz vor Weihnachten ausnahmsweise zwei Kartons mit roten Kreuzen in der oberen rechten Ecke überlassen. Jeder war ungefähr so groß wie für ein neues Paar Schuhe und enthielt Milchpulver, Zuckerwürfel, Marmelade und Konserven. Werner hatte angesichts des Zustands seiner Füße bedauert, dass es nicht tatsächlich Schuhe waren.

»Nein, wir haben nichts mehr«, sagte Hanneli. »Unseren Anteil haben wir letzte Woche aufgebraucht. Aber selbst wenn wir noch etwas hätten, würde mein Vater es uns vielleicht nicht weggeben lassen.«

»Ja«, stimmte ich zu. »Auch wir haben alles aufgebraucht, zumal wir Mutti aufpäppeln wollten. Ich bezweifle, dass wir jetzt noch jemandem was abluchsen könnten.«

»Aber Kleidung«, meinte Hanneli.

Wir bettelten ein paar Sachen zusammen und schnürten ein Bündel, als wollten wir durchbrennen. Es wurde dunkel und kalt, und weil alles Licht im Lager aus Angst vor den Flugzeugen der Alliierten abgedunkelt wurde, konnten wir ungesehen die hart gefrorene, zerfurchte Erde überqueren. Hanneli schlich im Schatten einer Baracke voraus zum Zaun. Dahinter irrten ein paar Leute herum. Wir warteten.

»Hanneli?«

»Anne, hier drüben!«, zischte Hanneli.

Ich konnte im Dunkeln Annes Gestalt ausmachen; fort war das lebhafte Mädchen, von dem Hanneli erzählt hatte. Sie war, wie ich mir Frauen vergangener Jahrhunderte oder gar vor einem Jahrtausend vorstellte, in eine dunkle Decke gehüllt. Sie versank geradezu in den Falten.

»Ach, Hanneli, du bist gekommen«, sagte Anne.

»Wir haben dir gebracht, was wir kriegen konnten.«

Die alten Freundinnen standen sich gegenüber, teilten diesen flüchtigen Moment in der Zeit. Zuletzt hatte ich die beiden in Amsterdam gesehen, auf einer sonnigen, sauberen Straße, das dunkle Haar vom Wind gezaust. Zwölf waren sie damals gewesen – jünger als ich jetzt an diesem Januarabend –, waren mir aber viel reifer vorgekommen, sprachen über Jungen und übers Gymnasium. Ich hielt den Zaundraht umklammert, passte aber auf, mich nicht an den Stacheln zu ratschen.

»Anne, hallo. Hier ist Reni.«

»Hallo, Reni.«

»Hanneli hat mir von dem Dachboden erzählt, und von deiner Familie. Es tut mir so leid mit deinen Eltern und Margot.«

»Ja. Danke. Margot ist ziemlich schlecht beieinander. Habt ihr etwas für uns auftreiben können?«

»Ja«, sagte Hanneli. »Es tut mir leid, dass es nicht mehr ist.«

»Ach was. Jedes bisschen hilft.«

Hanneli packte das Bündel und schwang es auf drei hoch über den Stacheldrahtzaun, damit es nicht hängen blieb. Ich hörte es dumpf aufschlagen. Anne drehte sich weg und verschwand im Dunkeln. Plötzlich gab es im Schatten Bewegung.

»Nein! Nicht!« In der Kälte brach Annes Stimme.

Ängstlich sah ich mich nach Wachposten um, da sich aber nichts tat, drehte ich mich zurück und sah eben noch eine Gestalt davonhuschen. Was war passiert? Dann stellte sich das Vakuum der Stille wieder her, durchsetzt nur von den Hintergrundgeräuschen des Lagers – Gemurmel aus den Baracken, dem Wind an meinem Ohr, schwerem Keuchen.

Anne tauchte erneut am Zaun auf. Gequält stieß sie hervor: »Sie hat es geklaut! Ich glaub's einfach nicht! Gerade hat sich eine das Bündel geschnappt!«

»Anne, Anne, wir finden was anderes. Wir finden wieder was«, beschwor Hanneli sie, beide Hände am Zaun. »Morgen schon, mit etwas Glück, oder übermorgen. Wir finden was.«

»Versprichst du's?«, flehte Anne.

»Ja, lass uns ein bisschen Zeit. Übermorgen Nacht«, sagte Hanneli. »Versprochen.«

Es würde nicht leicht sein, noch einmal ein Bündel Kleider zusammenzukriegen. Zu helfen und spenden wurde zunehmend unbeliebt. Die Verzweiflung hatte uns alle hart gemacht.

30

Muttis Zustand gefährdet unseren Austausch

KZ Bergen-Belsen, 20. Januar 1945, Vor- und Nachmittag

Ich schmeckte förmlich noch die köstlichen Speisen meiner Träume, als ich inmitten des Raschelns, Murmelns und Stöhnens der Baracke erwachte. Blinzelnd schlug ich die Augen auf: Ich starrte hoch in die Holzlatten der Bettstelle über mir mit ihrer vertrauten Maserung. Etliche Astlöcher wirkten wie Augen. Eines hatte am Rand drei dunkle Punkte, wie eine Eule. In der Luft hingen die Ausdünstungen von Schlaf, Schweiß und Sägemehl. Ich wollte mich umdrehen und nach Mutti sehen, als sie sich räusperte. Dann hörte ich gegenüber meinen Bruder sich regen und sah zum Wandkleiderhaken hin – Papis Jacke war fort. Er war schon los zur Arbeit. Mir entfuhr ein langer, leiser Seufzer. Meine Familie lebte. Die Morgendämmerung war zum schlimmsten Moment des Tages geworden. Jeden Morgen fürchtete ich, aufzuwachen und es wäre jemand tot. *Danke*, hauchte ich der Asteule zu.

Mutti sagte oft, jeder Tag in Bergen-Belsen sei ein Fragezeichen. Worauf dann Werner vorlaut meinte, jeder Tag *im Leben* sei ein Fragezeichen. Papi fand, es komme drauf an, wo man die Fragezeichen setzte. Ließen wir Ungewissheit unsere Angst nähren? Oder bot sie Anlass zu Hoffnung? Zwar würde Hoffnung allein uns in Bergen-Belsen nicht am Leben halten, sagte er, aber ab und zu geschähen auch Wunder.

Meine Familie hatte bereits eine gehörige Portion Wunder erlebt. Zweimal waren wir vor dem Abtransport nach Auschwitz gerettet worden. Im Amsterdamer Theater und in Westerbork. Wir hatten im Durchgangslager rätselhafterweise noch unsere ecuadorianischen Pässe erhalten. Und schließlich hatten wir als Familie zusammenbleiben können, was immer erstaunlicher schien. Anne hatte keine Ahnung, was aus ihren Eltern geworden war; ich wäre daran zugrunde gegangen.

Mutti stöhnte, ich drehte mich nach ihr um. Wir sahen uns wortlos an. Sie sah jetzt viel, viel älter aus.

»So blau«, flüsterte sie schließlich. »Mein gute Reni, deine wunder-, wunderschönen Augen. Wie ein Stück Himmel.«

Die Tür flog mit einem dumpfen Knall gegen die Barackenwand, wir hörten schwere, stampfende Stiefel und ein »Achtung!«. Es war wohl Zeit, sich zum Appell zu schleppen.

»Alle mit nord- und südamerikanischen Pässen haben sich umgehend zur Prüfung der Austauschfähigkeit beim Ersten Lagerarzt zu melden.«

Ich hievte mich auf einen Ellbogen hoch und spähte über Muttis Schulter hinweg. Der Kapo wiederholte die Anweisung noch einmal lauter, weil jetzt Unruhe entstand und er mit Fragen bestürmt wurde. Aber er winkte nur ab, mehr wisse er auch nicht und müsse jetzt weiter zu den anderen Austauschjuden im Sternlager. Wir würden bald mehr erfahren. Aus seiner Manteltasche hing das Ende eines Gummischlauchs. Die trugen die Kapos nun häufiger als Prügel bei sich. Mich hatte es noch nicht erwischt, aber es hieß, die Schläge seien schmerzhaft, gelegentlich sogar tödlich. Die Schläuche waren leicht einzustecken und zu handhaben und hinterließen kaum Spuren. Die Kapos trugen sie gern gut sichtbar, um klarzumachen, dass sie jederzeit zum Einsatz kommen könnten.

Zum ersten Mal seit einem Jahr war von Appell keine Rede.

Das Raunen nahm zu. Es geschah, worum wir gebetet und was wir gefürchtet hatten. War der Sache zu trauen? Würden die Deutschen Wort halten, und wenn, welches? Wir mussten dringend mit Papi reden, würden aber auf seine Rückkehr warten müssen. Werner stand gebannt da, Augen und Ohren offen. Zerstreut, fast unbewusst, schob er sich das Hemd in die Hose und strich es glatt. Energisch schnallte er seinen Gürtel noch um ein Loch enger und schob das lange Ende durch die Schlaufe. Dann hob er wie Moses zur Teilung des Roten Meers die Hände und fuhr sich ein einziges Mal durchs Haar, das brav zu beiden Seiten des Scheitels fiel.

»Was machen wir nur?«, fragte ich.

»Lass mich überlegen«, sagte er und verlagerte sein Gewicht auf den gesunden Fuß. »Ich glaube nicht, dass Mutti gehen kann, aber wenn wir sie nicht hochkriegen und zum Arzt, kommen wir vielleicht nicht mit. Nützt nichts. Zieh sie an. Ich helf dir.«

»Aber dein Fuß.«

»Ich sagte: Ich helf dir.«

Wir richteten Mutti auf, schoben ihre Beine über die Kante der Bettstelle, und sie rappelte sich mühsam hoch, schwankte, hielt sich gerade so auf den Beinen. Wir erklärten ihr die Lage, aber ich war mir nicht sicher, ob sie hörte. Sie stand sonst nur noch auf, wenn sie den Nachttopf neben dem Stockbett brauchte.

»So herrlich grau«, redete ich ihr gut zu. »Deine wunderschönen Augen.«

Deine müden, leeren Augen, sagte ich bei mir.

»Hab' dich, Mutti, sagte Werner.

Sie lehnte sich bei ihm an, er fand sein Gleichgewicht, und ich wickelte sie in eine Decke und hakte sie an der anderen Seite unter. Dann schlurften wir los. An den spindeldürren Beinen waren Muttis Schuhe riesig. Wann hatte sie ihre früheren bloß gegen diese schrecklichen Botten mit den runden Kappen und dem als Schnürsenkel verwendeten Draht eingetauscht?

Plötzlich ging sie in die Knie.

Werner musste seinen entzündeten Fuß belasten und ächzte.

Wir schleppten Mutti zur Schlafstelle zurück und betteten sie hin. Keuchend hockten Werner und ich uns zu ihr auf die Kante. Werner senkte kurz den Kopf und warf ihn in den Nacken, um sein Haar wieder zu richten.

»Tragen können wir sie nicht«, meinte er. »Zu schwach.«

»Sollen wir zwei uns trotzdem schon mal beim Lagerarzt melden?«

»Ja. Hier hocken zu bleiben bringt uns auch nicht weiter.«

»Ich lass sie nur ungern allein.«

»Das wird schon gehen. Ist ja nicht lange.«

Mutti schien gar nicht zu bemerken, dass ich ihr zusätzlich zu ihrer eigenen meine rosa Decke überwarf, sie ihr sogar noch unters Kinn zog. Weil mein Bruder so ordentlich aussah, fand ich, ich brauchte noch ein paar Minuten, um mich zurechtzumachen. Ich pumpte eisiges Wasser in den Trog vor der Baracke, bespritzte und schrubbte mein Gesicht und klopfte mir den Dreck vom Mantel.

»Gehen wir«, sagte ich.

»Vorwärts, Hasenbergs«, sagte Werner. »Los, los. Würde Papi sagen.«

Werner humpelte. Seite an Seite machten wir uns auf den

Weg zu der vorübergehend in einem der anderen Blöcke eingerichteten Meldestube. Jeder musste vor dem Lagerarzt erscheinen, der erst einmal fragte, ob man verstehe, worum es gehe, und ob man an dem Austausch teilnehmen wolle. Wenn die Antwort Ja lautete, wurde man untersucht. Vor uns war ein Mann an der Reihe, der sich die Mütze tief in die Stirn gedrückt hatte und murrte, nur die Nazis seien imstande, ihre Gefangenen zu fragen, ob sie aus der Hölle raus wollten. Er stützte einen alten Mann, dem ständig der Kopf auf die Brust sank. Der Nacken des Alten sah vor Wundschorf aus wie schlammverkrustet.

»Der Nächste«, sagte der Lagerarzt.

Er hatte eine Hakennase und einen Überbiss, seine Augen waren gütig, so, als könnte er kein Wässerchen trüben. Der Mützenmann hatte seine liebe Not mit dem Alten, schließlich aber standen beide vor Lager- und Häftlingsärzten in ihren weißen Kitteln. Die Begutachter saßen hinter einem kleinen Tisch und machten mit spitzem Stift auf getippten Seiten und Karten mit runden blauen Stempeln zackige Haken und Zeichenketten.

»Namen«, verlangte der Lagerarzt milde.

Der Mützenmann nannte sie ihm.

»Seid ihr krank? Der jedenfalls sieht krank aus«, meinte der Arzt und zeigte auf den alten Mann.

»Nur ein bisschen.«

Jetzt erhob sich ein Häftlingsarzt und unterzog den Alten einer Untersuchung. Dieser Arzt hatte Haar wie ein räudiger Hund, seine Augen standen ungemein eng beieinander. Sein weißer Kittel war übersät mit Flecken. Er kratzte sich im Nacken, ehe er dem Alten unters Kinn griff, seinen Kopf hochdrückte und ihn von allen Seiten musterte. Dann ließ er den Kopf des Alten wieder sinken und befingerte seinen Nacken. Der Mützenmann griff zur Unterstützung in den Gürtel des Alten. Der Häftlingsarzt sah sich nach dem Lagerarzt um und schüttelte den Kopf.

»Bitte, ich kümmere mich um ihn, wir schaffen das«, flehte der Mützenmann.

»*Du* schon. Er nicht.«

»Bitte, Herr Doktor.«

»Nein. Der Nächste«, sagte der Lagerarzt mit dem netten Blick.

Wortlos betrachteten die Ärzte Werner, dann mich. Ich fuhr mir mit der Zunge über die Lippen und presste sie dann fest zusammen.

»Namen«, sagte der Lagerarzt.

Werner sprach für uns beide.

»Krank?«, fragte der Lagerarzt, während er weiter in seinen Unterlagen blätterte und seine Liste konsultierte. Der Häftlingsarzt musterte uns von oben bis unten. Ich merkte, wie ich versuchte, das Kreuz durchzudrücken. Der Häftlingsarzt forderte mich auf, mich vorzubeugen. Mir stieg ein nervöses Husten in die Kehle, ich schluckte mühsam und schüttelte fast unmerklich den Kopf. *Nein.* Werner hatte doch gesagt, es gehe uns gut. Der Arzt sah trotzdem genau hin; das würde *er* entscheiden.

»*Ja*, der Nächste.«

Ein Kollege machte auf seinem Blatt zwei Kreuzchen, beschriftete zwei gestempelte Karten und reichte sie seinem Vorgesetzten, der sich artig bedankte. Wir traten beiseite, warteten aber noch kurz, um sicherzugehen, dass sie wirklich mit uns fertig waren. Das waren sie, und wir verdrückten uns. Nach unseren Eltern fragten sie nicht.

»Was für ein Glück, dass Mutti nicht dabei war«, sagte Werner auf dem Rückweg. Ich drückte seine Hand und ließ sie bis zur Baracke nicht los.

Sobald Papi am Nachmittag durch die Tür kam, stürzten wir uns auf ihn. Werner übernahm es, die überraschende Wendung zu erklären und zu betonen, dass er und Mutti sich dringend melden müssten und Mutti unbedingt gesund wirken müsse oder jedenfalls gesünder, als sie es war.

Ein paarmal wollte ich auch was sagen, hielt mich aber zurück, bis ich schließlich doch herausplatzte: »Papi, es ist wahr! Es ist wahr! Wir können gehen!«

Doch Papi kauerte zusammengesunken und wortlos auf der Bettkante. Ich verstummte, mein Blick flog zwischen ihm und Werner hin und her, dann musterte ich meinen Vater genauer. Er war blass und zitterte am ganzen Leib, wie damals bei seiner Lungenentzündung. *O nein*, dachte ich, *doch nicht jetzt. Wie konnte er plötzlich so krank sein?*

»Papi, bitte«, flehte Werner.

»Nicht. Ich muss mich ausruhen«, flüsterte er.

Während unsere Eltern schliefen, überlegten Werner und ich fieberhaft, gingen sämtliche Möglichkeiten durch.

Da kam Herr Roseboom mit seinem Sohn Lex zu uns herüber. Herr Roseboom war lang und kräftig, die knappen Rationen schienen ihm nichts anhaben zu können. Lex, der ein paar Jahre älter war als ich, hatte mit seinem Vater nur die Länge gemein. Auch sie waren Austauschjuden. Und gesund. Die Kreuzchen des Doktors waren ihnen sicher.

»Wie geht's eurem Vater?«, fragte Herr Roseboom mit Sorgenfalten auf der Stirn.

»Ich fürchte, er ist wieder krank«, sagte Werner.

»Er ist nicht krank.« Herr Roseboom zögerte.

Ich warf Lex einen Blick zu, er hielt ihm stand.

»Euer Vater wurde heute geschlagen … von einem der Kapos.«

»Schlimm?«, fragte Werner.

Herr Roseboom sagte nichts und gab damit genau die Antwort, die wir nicht hören wollten.

»Aber warum denn?«, stieß Werner hervor.

»Ich weiß es nicht. Ich war selbst nicht dabei, und dein Vater hat nichts gesagt.«

»Wir haben bei der Arbeit von dem Austausch gehört«, sagte Lex. »Vielleicht war der Kapo neidisch.«

»Was sollen wir bloß machen?«, fragte ich Lex. Mit ihm hatte ich bislang kaum ein Wort gewechselt, aber jetzt waren er und sein Vater wichtig.

»Lasst euren Vater sich etwas erholen«, sagte Herr Roseboom. »Wir sehen in einer Stunde noch mal nach ihm.«

»Wenn er aber einen Arzt braucht?«, meinte ich bange.

»Das geht nicht«, sagte Werner. »Jetzt doch nicht.«

»Er hat recht«, meinte Lex.

Sie gingen.

»Papi«, sagte ich und legte meine Wange an seine. Sein Atem war flach und kühl. »Du musst dich melden. Sie tauschen uns nur aus, wenn wir gesund sind. Du darfst nicht zu schwach erscheinen. Bitte. Für uns.«

Er nickte und sah mich aus glasigen Augen an.

»Ich weiß, Reni … du hast recht.«

»Und schaffst du das?«, fragte ich.

»Ja.«

»Ich helf dir«, versicherte Werner.

»Nein«, meinte Papi. »Nicht gut. Dein Fuß.«

»Dann geh ich mit«, sagte ich.

Werner blieb bei Mutti. Die wollten wir noch ruhen lassen, bevor wir sie zur Untersuchung brachten, in der Hoffnung, sie würde sich noch etwas erholen. Papi schaffte es mühsam tappend nach draußen und noch ein paar Meter weiter, ehe er vornüber gekrümmt, die Hände auf den Knien, zu wanken begann. Ich schob ihm sofort einen Arm um die Taille und versuchte, ihn zu stützen. Er richtete sich an mir auf. Ich roch den Dreck und Schweiß an seinen Kleidern, an seiner Haut, und noch etwas anderes, kalt und metallen.

»Ich hab dich«, sagte ich und hoffte, dass es stimmte.

Er lehnte sich noch stärker an. Ich Klappergestell konnte ihn kaum halten und fürchtete, wir würden umfallen. Ich atmete tief durch und stählte mich. Hunger hatte ich ja immer, aber was hätte ich jetzt für ein paar stärkende Bissen gegeben! Ich flehte stumm um Kraft; ich musste meinen Vater unbedingt zum Lagerarzt schaffen.

Wenn das mit Papi schon so schwer war, wäre es mit Mutti vollkommen aussichtslos. Ich sah mich Wochen später immer noch in Bergen-Belsen festsitzen und den Geschichten über die lauschen müssen, die es rausgeschafft hatten. Sah uns, schlimmer noch, getrennt werden wie Anne von ihren Eltern, sah Werner und mich ohne Mutti und Papi weiterziehen müssen. Das könnte ich nicht ertragen, niemals. Ich hielt ja viel aus, hatte es längst, aber das? Nein. Sollten wir so viel durchgemacht haben, nur um im letzten Moment zu scheitern? Ich wappnete mich, bereit, mich beim Lagerarzt mit aller Kraft für Mutti einzusetzen, zu betteln.

Die Warteschlange war kürzer geworden.

Bald standen wir wieder vor den Ärzten an dem kleinen Tisch. Diesmal hielt hinter ihnen ein Rapportführer Wache, ein älterer Mann in einer Uniform, die ihm um einiges zu groß war. Ein straffer Lederriemen von rechts unten nach links oben sicherte das schwere Gewehr auf seinem Rücken. Der Lagerarzt blickte so unbeteiligt zu mir hoch, als hätte er mich noch nie im Leben gesehen. Er musterte mich abermals genau. *Lieber Gott*, dachte ich, *was würde er nur bei Papi sehen?*

Papi nannte auf Verlangen des Lagerarzts seinen Namen.

»Bist du krank?«

Papi schüttelte bloß kurz den Kopf.

Der Wachsoldat packte mit der rechten Hand den Riemen seines Gewehrs. Er hob es sich über den behelmten Kopf und hängte es über die andere Schulter. Er verlagerte sein Gewicht und nahm dann wieder Haltung an.

Rasch setzte der Arzt linker Hand zwei Haken, sie bluteten ins Papier.

»Herr Doktor«, sagte Papi. »Eine Frage.«

Der Arzt ließ ihn gewähren.

»Unsere Pässe?«, fragte Papi.

»Liegen vor«, sagte der Arzt. »Die Kinder, Werner und Irene, waren schon bei uns. Morgen früh müssen alle reisefertig sein.«

Verwunderung huschte Papi übers Gesicht, er schielte nach der Liste und nickte zögernd.

Ich kapierte gar nichts mehr. Wieso »die Kinder«? Papi packte meine Hand, dankte und zog mich zur Tür. Draußen sank er, sobald wir außer Sicht der Gutachter und des Wachpostens waren, stöhnend an meine Schulter.

»Glück gehabt«, meinte Papi, »oder so was.«

»Du ja, aber was ist mit Mutti? Du hast es nur mit Ach und Krach geschafft. Aber sie?«

»Muss sie gar nicht.«

»Wieso?«

»Sie haben dich für Mutti gehalten.«

»Mich?«

Er nickte.

Sah ich denn so alt aus? Sahen Mutti und ich uns so ähnlich?

Gleich nach unserer Rückkehr kroch Papi ins Bett. Werner und ich mussten packen, aber bei so wenig Zeug dauerte das nicht lang. Wir beschlossen, fast alles zurückzulassen und nur kleinere Sachen wie Papis Rasierzeug, unsere zwei braunen Töpfe und das Besteck einzupacken. Das Einzige, was ich persönlich behalten wollte, war meine weiche rosa Decke. Alles andere war schmutzig und zerschlissen. Ich erzählte Werner, was beim Arzt passiert war.

»Möglicherweise waren sie durcheinander. Vielleicht auch einfach gnädig. Vielleicht haben sie unsere Namen einfach so abgestrichen«, sagte ich.

»Spielt es eine Rolle, Reni?«

Werner hatte recht. Auf die Antwort kam es nicht an. Wozu noch lange über ein weiteres Wunder grübeln?

31

Eine weitere Nazi-Lüge?
KZ *Bergen-Belsen, 20. Januar 1945, Abend*

Die Nachricht von dem Austauschtransport wurde rasch zum Lagergespräch. Vielleicht bildete ich es mir nur ein, aber mir war, als schauten alle auf uns. Insassen der anderen Lager spähten durch den Stacheldraht der Zäune, steckten die Köpfe zusammen und zeigten auf uns. Wachleute, die uns sonst, wenn sie uns nicht gerade anbrüllten oder schlugen, ignorierten, begafften uns wie Neuzugänge im Zoo. Denn wir hatten *Glück*! Auf einmal. Ich war es gewohnt, *Dreck* geschimpft zu werden. Das hörten wir täglich. Die Wachtrupps sagten es von uns. Die Häftlinge sagten es. Selbst die Kinder nannten einander so, aber nie vor den Erwachsenen. Es war kein schönes Wort, aber zu Bergen-Belsen passte es. *Glück* hingegen war das kostbarste, das süßeste aller Wörter. Ich ließ es mir auf der Zunge zergehen.

Es gab mehr Gedränge und Rummel als sonst – mehr Trubel als seit Langem. Eltern befahlen ihren Kindern zu packen. Kinder entgegneten, es *gebe* nichts zu packen. Ihnen blieb nur, was sie am Leib trugen. Paare berieten, was sie mitnehmen sollten: ein bisschen Schnur, eine löchrige Jacke, einen verbeulten Blechbecher. Freunde und Verwandte boten ihre Hilfe an. Es war ihnen ein Anliegen, sicher, aber sie wussten auch, dass sie selber für alles, was zurückblieb, Verwendung hätten. Der Großteil derer jedoch, die nicht ausgetauscht wurden, hatten für uns nur böse Blicke.

»Versetz dich doch in ihre Lage«, sagte Werner zu mir auf der Bettkante.

»Bloß nicht«, sagte ich.

»Alle wissen, dass wir bald weg sind, und gehen doch mit grimmiger Miene an uns vorbei, den Blick gesenkt, als wären wir längst fort. So viel gemeinsam verbrachte Zeit, und dann ist es so, als gäbe es uns nicht.«

»Es sind nicht alle so«, widersprach ich.

Aber wie wohlwollend wäre ich selber, wenn andere *Glück* hätten und entkämen? Es machte die Menschen, die uns halfen, zur umso größeren Ausnahme. Sie hatten eigentlich nichts davon, abgesehen vielleicht von einem trockenen Kanten Brot oder einem Paar zerschlissener Socken, um sich gegen diesen Ort, an dem das Leben schneller und schneller zerrann, zu wappnen. Vielleicht blickten sie auf uns wie wir auf die Gruppe, die vor einigen Monaten schließlich doch nach Palästina hatte aufbrechen dürfen: Sie und wir waren der Beweis, dass es ein Entkommen gab.

Weil Papi und Mutti so schlecht beieinander waren, schlugen einige Barackenfreunde Werner vor, die Eltern gemeinsam auf einer selbstgebastelten Trage zum Zug zu schaffen. Papi meldete sich krächzend.

»Ja, bitte, John?«, sagte Herr Roseboom mit seinem Sohn Lex im Rücken.

»Zu riskant«, brachte Papi mühsam hervor und fuhr fort: »Womöglich finden sie uns zu schwach für die Reise. Tauschen können die Deutschen nur lebende Juden. Dass wir die erste Prüfung bestanden haben, heißt nicht, dass sie nicht mit Argusaugen darauf schauen werden.«

Die Männer wechselten einen Blick.

»Wir laufen«, beharrte Papi.

»Gut«, entschied das kleine Komitee.

»Und, Werner«, sagte Papi. »Überlass ihnen das Milchpulver, die Zuckerwürfel und die Marmelade.«

Damit meinte Papi unseren Anteil aus dem zweiten, jüngst eingetroffenen Hilfspaket, mit dem wir sehr sparsam umgegangen waren. Der eine tägliche Löffel Marmelade war unglaublich, Leib und Seele sträubten sich gegen den Verzicht auf diese Köstlichkeit.

»Alles?«, klagte ich. »Können wir nicht wenigstens die Marmelade behalten? Falls wir sie doch noch brauchen?«

»Reni, ich weiß, wie sehr du sie magst«, sagte Papi, »aber die Freiheit wird viel süßer sein.«

Stimmt, dachte ich, sah aber trotzdem nicht ein, warum wir nicht auch die Marmelade haben konnten.

»Verstehst du?«, fragte Papi leise.

Eigentlich nicht, aber ich wusste, dass es nur eine richtige Antwort gab.

»Oho«, meinte Herr Roseboom, »deshalb haben sie uns die Hilfspakete gelassen.«

»Um uns für den Austausch aufzupäppeln«, ergänzte sein Sohn.

Das Freundeskomitee einigte sich darauf, dass wir die Vorräte am Morgen übergeben würden, nachdem wir uns noch zum Frühstück bedient hätten. Sie versprachen, alles gerecht zu teilen. Reihum schüttelten sie Papi die Hand, auch Lex, der dann auch mir und Werner die Hand reichte. Ich kam mir dabei seltsam erwachsen vor.

Wir überlegten, was wir sonst noch zurücklassen könnten, aber es konnte ja immer noch sein, dass wir in einem weiteren Lager landeten, und es war Winter. Als alles entweder in unserem einen Koffer verstaut oder in Decken gewickelt war und Papi und Mutti schliefen, machte ich mich auf die Suche nach Hanneli. Sie stand nicht auf der Austauschliste. Sie lag in ihrem Stockbett.

»Unser Fantasiegerede übers Essen wird jetzt für dich wahr«, sagte sie.

»Ja. Ich kann es kaum fassen«, sagte ich. »Ich werde mit jedem Bissen an dich denken.«

»Ich freue mich für dich. Für deine Familie. Deine Mutter braucht kundige Hilfe. Das Rote Kreuz wird sich um sie kümmern.«

»Meinem Papi geht es auch nicht gut. Man hat ihn geschlagen. Ziemlich schlimm, scheint's.«

»Ach, das tut mir leid.«

»Bitte grüß die anderen von mir. Auch Anne. Es tut mir leid, dass ich nicht weiter helfen kann.«

Hanneli nickte. Sie zuckte mit den Achseln. Wir hockten beieinander. Zwei Betten weiter tuschelten Erwachsene. Wir konnten sie hören. So gerade eben.

»Von hier ist noch nie ein Zug an einen besseren Ort gefahren. Das ist bloß eine weitere Nazi-Lüge.«

»Glaube ich auch. Kommandant Kramer und die ganzen Nazis würden uns lieber hier verrotten sehen. Also fährt ihr Zug nur noch tiefer in die Hölle, glaub mir.«

»Die Armen. Sie glauben, ihre kühnsten Träume werden wahr, dabei ist es bloß ein fauler Trick.«

Trick oder nicht, dachte ich, was spielte es schon für eine Rolle? Werner hatte es ganz richtig gesagt, es bestand immerhin eine Chance – für uns die größte seit unserer Ankunft. Bei ständig steigenden Häftlings- und Todeszahlen weiter in Bergen-Belsen auszuharren war keine Aussicht, aber das sagte ich zu Hanneli natürlich nicht.

32

Fahrt über dichtgepackten Schnee
KZ *Bergen-Belsen, 21. Januar 1945, morgens*

Am Morgen war ich früh wach und starrte ein letztes Mal hinauf in den Lattenrost der Bettstelle über mir. Er drückte nieder wie der Deckel eines Sargs. Ich ließ meinen Blick über die Reihen der Etagenbetten und Körper um mich herum schweifen, hoch zu den Deckenbalken und bis unters Dach. Da draußen warteten ein Transport, Kälte, Wolken, blauer Himmel und ... wer weiß? Lebend aus dem Lager herauszukommen war für alle die große Hoffnung, das Ende offen.

Die Barackentür kreischte in den Angeln und setzte meinen Grübeleien ein Ende. Sie rumste gegen die Bretterwand, dann trampelten Stiefel. Ich setzte mich auf. Zwei Kapos, wie immer wohlgenährt und wichtigtuerisch, standen regen- und schneetriefend da.

»Sieben Uhr«, sagte der eine. »Alle, die auf den Transport sollen, haben sich im Desinfizierungs- und Waschraum zum Duschen und Entlausen zu melden.«

Das wiederholte er und fügte hinzu, es sei alles mitzunehmen, auch das Gepäck. Zwei Stunden hätten wir, um uns fertig zu machen. Zum Nachdruck klatschte er zweimal in die Hände. Die Tür fiel donnernd wieder zu, und von den Kapos blieben nur die Lehmklumpen und nassen Stiefelabdrücke, die ich nun nicht mehr würde aufwischen müssen.

Papi ging es allerdings anscheinend nicht besser als gestern, im Gegenteil, er bewegte sich noch schwerfälliger. Sein Gesicht war blass und angespannt, sein dünnes Haar verfilzt. Mutti rührte sich überhaupt nicht, und mich durchzuckte Panik, bis ich sie einen Arm ans Kinn führen sah.

»Mutti, wir müssen los«, sagte Werner.

Mutti reagierte nicht.

Werner versuchte es noch mal.

Mutti murmelte etwas.

»Bitte?«, meinte Werner.

»Zu müde«, brachte sie schließlich hervor.

»Papi«, flehte ich, »hilf uns mit Mutti.«

Werner und ich wechselten bange Blicke, als Papi sich zu ihr auf die Bettkante schob und ihr zuflüsterte: »Trudi, Liebste. Trudi, Courage. Das ist unsere Chance. Unsere einzige Chance.«

»Iss ein bisschen was«, drängte ich sie. »Dann geht es dir besser.«

Sie regte sich. Alle nahmen wir einen Extralöffel Rotkreuz-Marmelade zu uns, dann hüllten wir uns in unsere Mäntel und knöpften sie zu. Werner und ich prüften die Kordeln, mit denen wir unsere Rucksäcke zusammengeschnürt hatten und schlangen uns die Bündel über die Schultern. Irgendwer griff sich den Koffer. Freunde trugen Mutti. Unser letzter Abschied bestand nur aus kurzem Nicken und Blicken, obwohl Hanneli noch zu einer schnellen Umarmung herbeieilte und Vogeltje es sich nicht nehmen ließ, zu prüfen, ob wir auch ordentlich warm eingepackt wären, und zu fragen, ob wir alles hätten. Zufrieden trat sie zurück und summte.

Der Tag war so kalt wie schon der ganze Monat, alles war mit einer dünnen Schicht Neuschnee bedeckt, sodass die Baracken, Zäune und Menschen sich abhoben wie die ersten Pinselstriche eines Malers auf einer frischen Leinwand. Der graue Himmel war mollig dick wie ein neuer Wollschal. Man ließ uns in Kolonnen zum Waschraum marschieren, dort wurden Mutti und ich von Papi und Werner getrennt. Die Männer und Jungen mussten sich ausziehen. Wir guckten weg. Dann wurden sie in einer langen Reihe in den großen Duschraum getrieben. Wir hörten es in den Leitungen rumoren, dann sprotzte Wasser und schrien die Leute auf, was uns in Erinnerung rief, dass es kein Heißwasser gab. Der Wachposten am Eingang brüllte höhnisch seine Anweisungen.

»Fester schrubben!«

»Auch die Ritzen! Ha, besonders die, wo ihr doch ohnehin Dreck seid!«

»Bei euch Schweinen nützt noch so viel Wasser nichts!«

Nach rund zehn Minuten wurde das Wasser abgestellt. Das letzte Tröpfeln versiegte.

»Dageblieben! Stillgestanden! Eure Dreckslumpen müssen erst desinfiziert werden. Ihr wartet so lange.«

Wir hörten Füße stampfen und zittrige, zaghafte Stimmen um irgendetwas zum Abtrocken bitten. Zum Umhängen.

»Dageblieben!«

Ich stellte mir die Armbanduhr eines Wachmanns vor, die langsam vorrückenden Zeiger. Minuten. Eine halbe Stunde.

»Ha, ja, klammert euch nur aneinander. So halten sich Kinder warm!«

Ich zitterte hinter der Wand förmlich mit. Dabei durfte ich mich ja nicht rühren.

»Nicht hinsetzen!«

Eine halbe Stunde. Langsam vorrückende Zeiger. Eine Stunde.

»Wie, glaubt ihr, *uns* gefällt das vielleicht? Euch nackt vor der Nase zu haben?«

»Noch nie so magere Speckseiten gesehen.«

»*Aufstehen*, habe ich gesagt!«

Ein Klatschen.

Wurde da Papis arme Haut gepeitscht? Ich konnte nur hoffen, dass andere ihn stützten. Dann kamen Kapos herbei und warfen rings um uns her Haufen feuchter Kleider auf die Erde. Wir wandten uns ab, als die Männer und Jungen herauskamen, ihre Sachen zusammensuchten und sich anzogen. Jemand tippte mir auf die Schulter; ich sah zu Werner hoch.

»B-bis g-gleich«, stammelte er mit klappernden Zähnen. »Is-st z-ziemlich frisch da drinnen.«

Mein Bruder und Papi zogen mit den anderen in einer langen Schlange ab, Werner mit der vorn aus den aufgebogenen Kappen seiner Schuhe quellenden dunklen Strumpfwolle und stärker humpelnd als sonst. Papi hatte links und rechts zwei Mithäftlinge bei sich. Er wurde nicht direkt getragen, ging aber eindeutig nicht ohne Hilfe.

Mutti und ich zogen uns auf langen Bänken im Sitzen aus, reichten unsere Kleider und Taschen den weiblichen Wachkräften, die sie mit spitzen Fingern zum Dämpfen brachten. Mutti seufzte und stützte sich schwer auf mich, als wir uns in den großen Duschraum schoben. Die Wände waren gemauert, überall im Raum verteilt gab es Metallständer mit abgewinkelten Beinen, die mich an Schaukelgerüste erinnerten. An jedem waren sechs Duschköpfe angebracht, je einer an den Enden der Querstange und jeweils zwei an den seitlichen Streben, dazu baumelten an rostigen Ketten in der Mitte zwei Seifenschalen. Mutti schaffte es, sich an einer seitlichen Stange festzuhalten, während ich sie wusch.

Ich wollte eigentlich weder sie noch die anderen Frauen ansehen, aber es ging nicht anders. Alle waren furchtbar dünn, besonders Arme und Oberkörper. Schulterblätter und Hüftknochen stachen unter der bleichen Haut vor. Das Wasser verschlug mir den Atem, ich drehte mich so, dass es nur eine Körperhälfte traf.

»Mutti, kommst du einen Augenblick ohne mich zurecht?«, fragte ich.

Sie nickte.

Ich hielt meinen Kopf in den Strahl, machte mein Haar nass, das zu verfilzt und steif war, um es mit den Fingern noch kämmen zu können. Ich wollte es mit einem schmalen Span Seife aufschäumen, aber so sehr ich auch rieb, der Span blieb hart und stumpf. Dreimal gab ich so viel Seife wie möglich ins Haar. Und trotzdem fühlte es sich an wie Wachs. Mutti schlotterte inzwischen am ganzen Leib. Gerade, als ich dachte, sie kippt um vor Kälte, schepperten die Leitungen und versiegte das Wasser. Mutti zitterte wie Espenlaub. Ich verlor alle Scham, sie zu berühren, weil mir klar war, dass ich sie möglichst schnell möglichst trocken kriegen musste. Ich schnickte ihr mit den flachen Händen rasch das Wasser vom Haar, von Armen und Beinen, vom Leib. Meine Hände schleckten wie flinke Katzenzungen. Muttis Gesicht blieb maskenhaft, ihre Augen geschlossen. Zwei andere Frauen stellten sich zu uns, und wir drängten uns japsend, aber wortlos aneinander, wir starrten auf den Beton und unsere verkrampften Füße. Ich wünschte mir längere Arme, um Mutti mehr Wärme spenden zu können. Ich hielt ihren Ellbogen umklammert, sie ihre Stange. Meine Finger und Zehen wurden taub.

Als würden wir unsere allerersten Schritte tun, durften wir den Duschraum schließlich steifbeinig verlassen. Wir lasen unsere noch feuchten, aber angeblich entlausten Kleider auf und kleideten uns hastig mit flatternden Fingern an. Ich half erst Mutti in ihre Sachen. Viele Frauen schlangen sich einfach um die Schultern, was gerade zur Hand war.

»Ich muss mich hinlegen«, stieß Mutti fröstelnd zwischen klappernden Zähnen hervor.

Gerade wollte ich mich nach ihr umdrehen, da sackte sie über einer Holzbank an der Wand zusammen. Eine Frau rutschte rasch beiseite. Erschrocken lehnte ich mich vor, um zu verhindern, dass sie zu Boden glitt, und ließ sie vorsichtig seitlich auf die Bank runter. Sie bettete den Kopf auf einen dünnen Arm. Ich hatte nicht einmal Zeit gehabt, ihr das Kleid ganz überzuziehen; ihr Hüftknochen ragte auf wie eine große Muschel.

»Was ist hier los?«

Ich blickte zu der Aufseherin hoch, mir plötzlich allzu sehr meiner Nacktheit bewusst. Die Frau in der grobwollenen Uniform war ein Koloss. Ihr junges Gesicht war hart, ihr Blick leblos wie Gipfelstein, das blonde Haar blank wie Harsch. Mir war mein nackter Körper plötzlich schrecklich peinlich, also mied ich ihren Blick und starrte lieber auf die dicken Knöpfe ihrer Jacke.

»Ich … sie …«

»Die sieht ja aus, als würde sie jeden Moment verrecken«, lautete das Urteil der Aufseherin. »Ich glaube kaum, dass ihr reisen könnt.«

Mutti tastete blind nach Halt.

»Ach, das ist nur der Magen«, sagte sie und drückte sich hoch. »Ich glaube … äm … ich muss etwas gegessen haben … das mir nicht bekommen ist.«

Eine zweite Aufseherin erschien. Sie war genauso stämmig, hatte aber dunkles Haar, und ihre Augen und der Mund saßen zu dicht an der Nase. Sie schälte sich aus ihrem Mantel und wischte sich den Schweiß von der Stirn.

»Was geht hier vor, Helga?«, fragte sie.

»Meint, ihr wäre was schlecht bekommen«, sagte Helga und musterte Mutti, die jetzt an meiner nackten Schulter lehnte, scharf.

»Hm, der wird an Bergen-Belsen einiges schlecht bekommen sein.«

»Sie kommt gleich wieder auf die Beine«, versicherte ich.

»Besser wär's, sonst kommt sie hier höchstens mit den Füßen voraus noch weg«, meinte Helga.

Sie grinste über ihren Scherz, dann zogen die beiden ab. Ich machte uns fertig, dann half ich Mutti nach draußen, und wir wurden zu großen Lastern mit laufendem Motor geleitet, die im blütenweißen Schnee fast schwarz waren. Sie erinnerten mich an die Lieferwagen in Amsterdam, abgesehen von den schwarzweißen deutschen Kreuzen an Fahrer- und Beifahrertür.

»Männer und Jungen hier, Frauen und Mädchen da auf die Laster«, brüllte ein Wachsoldat. »Aber dalli.«

»Ihr seht euch am Zug wieder«, ergänzte ein Kapo.

Frauen hievten sich unter die Planen der Lastwagen. Weil ich Mutti nicht zumuten wollte, sich weiter zu verausgaben, warteten wir, bis ein Laster fast voll war. Dann wuchteten wir Mutti mit vereinten Kräften hoch und klemmten sie, einmal drinnen, zwischen uns, ich und eine andere. Ich bibberte noch immer in meinen feuchten Sachen. Niemand sprach. Wir umklammerten unsere paar Habseligkeiten und sahen lieber unseren Atemwolken nach als uns gegenseitig an. Dieselgestank breitete sich aus. Zehn Minuten drauf wurde die

Ladeklappe hochgeknallt, die beiden Hälften der schweren Plane wurden runtergeschlagen.

Ich riskierte immer mal wieder einen Blick durch den Spalt in der flatternden Plane. Weil ich ganz am Ende der Bank saß, hatte ich freie Sicht auf das, was wir hinter uns ließen. Weitere Laster folgten in der Kolonne, aber mich interessierte mehr die Szenerie. Ringsum, so weit das Auge reichte, Bergen-Belsen: geduckte graue Bauten, sich dahinschleppende Menschen, fernes Brüllen, der Mief von Zelttuch und Wolle und die in den Himmel zitternden Rauchfahnen. Ich sah die Hauptlagerstraße hinter uns verschwinden, sah die Lagertore zufallen, als schnappte ein Raubtier nach fliehender Beute. Wir bogen links ab, der Laster rumpelte über eine Schwelle, und ich fiel schwer gegen Mutti. Der hohe Lagerzaun lag jetzt rechts, am Ende kam ein Wachturm in Sicht, auf ungeheuer spindligen Beinen, die schmalen Fensterscharten geschlossen. Einige Lagerhäftlinge sahen uns nach. Mit starr auf uns gerichtetem Blick stießen zwei knochige Gestalten zusammen; sie schleppten sich, ohne einander zu beachten, weiter.

Wir fuhren über dicht gepackten Schnee mit braun aufgewühlten Fahrrillen. Der Weg führte schnurgerade durch kahle, skelettartige Bäume. Die Äste waren so verheddert, dass sie ununterscheidbar wurden, ein gefrorenes Adergeflecht, das auf Tauwetter wartete. Vermutlich würde in wenigen Wochen der Wind den süßen Duft steigender Säfte ins Lager tragen.

Drei Kilometer waren es vom Lager bis zur Rampe. Vor elf Monaten waren wir dort von brüllenden Posten und geifernden Hunden fort- und halb im Marschtempo, halb im Laufschritt ins Lager getrieben worden. Jetzt wurden wir gefahren. Wir hätten jubeln müssen, doch wir waren eher benommen. Ich hörte erst eine Krähe, dann viele. Ein Holzzaun flog vorüber, so niedrig, dass er im Nu überwunden wäre. Dann eine Scheune, ein Haus ... ein Zuhause! Drinnen saß gewiss eine Familie bei einem ordentlichen Frühstück.

Wir bogen rechts ab. Der Wald wich offener Flur, dann waren wir da. Ich ließ mich vorsichtig von der Ladefläche herab, um ja nicht auf dem überfrorenen Schnee auszurutschen. Die Rampe war voller Menschen, kam mir aber verwaist vor. Sie lag ganz am Rande des Orts, überwacht von einem hohen Turm. Der schwarze Zug, der auf den Schienen schnaubte, beunruhigte mich. Züge hatten uns nur Leid und Schrecken gebracht, uns wiederholt an einen nächsten Ort getragen, der noch schlimmer war als der vorige.

»Reni, das ist gut«, flüsterte Mutti, als ich ihr vom Laster herunterhalf. »Keine Viehwaggons. Siehst du die Abzeichen überall? Die sind vom Roten Kreuz. Das uns die Hilfspakete geschickt hat. Keine Hakenkreuze.«

»Mutti, warte hier«, sagte ich und schichtete unsere Sachen um ihre Füße. »Ich gehe Papi und Werner suchen.«

33

An der Rampe

KZ Bergen-Belsen, 21. Januar, Nachmittag und Abend

Einige Nazi-Offiziere beugten die Köpfe über Klemmbretter. Einer patschte sich mit zusammengerollten Dokumenten in die Hand. Drum herum standen Soldaten, die Arme hinterm Rücken verschränkt, und warteten auf neue Befehle. Andere zogen in Trupps umher, die starren Gewehre über die Schultern geschlungen. Der Deutsche Schäferhund eines Offiziers beschnüffelte schwanzwedelnd die Erde, den Hintern eines Soldaten, verschiedene Hände. Ich machte einen Bogen.

Ich lief an den sechs Wagen des Zugs auf und ab, spähte in die Fenster hoch und lugte auch in die Bordküche. Ich umrundete das Zugende und ging an der anderen Seite entlang. Papi und Werner waren nirgends zu sehen. Ich legte einen Schritt zu, weil ich Angst bekam, als ich sie nicht finden konnte. Ich kontrollierte die hintere Seite ein zweites Mal, und da ich nicht drauf achtete, wo ich hinlief, stieß ich mit jemandem zusammen.

»Immer mit der Ruhe. Alles in Ordnung?«

Ich blickte an einem mageren, verlotterten Mann hoch. Einer von uns.

»Helfen Sie mir. Ich kann meinen Vater und meinen Bruder nicht finden«, sagte ich.

»Hast du den ganzen Zug abgesucht?«

»Ja, sämtliche Fenster. Sie müssen doch da sein.«

»Das sind sie gewiss. Wir wollen mal drinnen fragen.«

Zwar wartete Mutti draußen auf mich, aber ich ließ mir von dem Mann trotzdem die Gitterroststufen hinauf helfen, die mir den Schnee von den Schuhen schabten. Drinnen war es so warm, dass es mir den Atem verschlug. Der Mann hielt mehrere Leute an, stellte Fragen, und wir schlängelten uns zwischen sich niederlassenden Passagieren und reizbaren Wachleuten durch die Gänge. Vor einem Abteil blieben wir stehen. Von drinnen lachte mir Werner entgegen. Papi hatte den Kopf ans Fenster gebettet und schlief. Er hätte von draußen unverkennbar sein müssen, aber ich hatte ihn übersehen. Da wurde mir bewusst, wie blass und ausgemergelt er war. Werner war sogleich bereit, gemeinsam mit mir Mutti zu holen. Mein Helfer verschwand, ehe ich ihm danken konnte.

Mutti musste letztlich von mehreren Mithäftlingen ins Abteil getragen werden, sie legten sie sanft auf den Sitzpolstern der einen Seite ab und betteten ihren Kopf auf meine Decke. Werner und ich hockten uns gegenüber zu Papi. Unsere Siebensachen stapelten sich zwischen den Sitzen unter dem Fenster. Wir waren vereint. Mir war nicht klar gewesen, wie unverschämt selbstverständlich ich davon immer ausgegangen war, es dämmerte mir erst jetzt, wo wir Bergen-Belsen hinter uns ließen.

Werner langte sich in die Ärmel und kratzte. »So viel zur Entlausung«, meinte er.

Er hatte recht. Mich juckte es auch, ich griff mir ins Kreuz und rubbelte.

»Tja, gegen Läuse jedenfalls wird das Reich nicht siegen.«

»Das gefällt mir«, sagte ich. »Zu wissen, dass sie so was Kleines nicht kleinkriegen.«

»Wie uns«, ergänzte Werner und sprach mir damit aus der Seele.

Ein Wachposten warf einen Blick zu uns herein, der Schirm seiner Mütze steil wie ein Hitlergruß. Ihm folgte ein zweiter, und hinter dem ein Schaffner. Der Zug schnaubte, ein Ungetüm, dessen heißer Atem durch die engen Rohrleitungen und Klappen bis zum gewaltigen Kessel fauchte und qualmend durch den Schornstein hinauszog. Nach kaum einer halben Stunde dort drinnen wurde mir doch wahrhaftig zu warm, aber ich mochte meine Jacke nicht ablegen. Was, wenn uns plötzlich befohlen würde, wieder auszusteigen, aber alles zurückzulassen? Ich wurde die Sorge nicht los, dass alles Trug war, dass ich in meinem Etagenbett aufwachen würde und in der Kälte einem Tag aus Grau und Braun entgegensehen müsste – Fußböden, Erde, Himmel, Essen. Wie konnte das hier sein? Wir vier, hier, dem Tod nahe, aber in einem geheizten Zug und auf dem Weg heraus aus … der Hölle. Denn das war das Lager wirklich oder war es vielmehr gewesen.

»Ist das alles wahr?«, fragte ich, das Gesicht dem Fenster zugewandt.

»Kommt mir vor wie ein Traum«, sagte Werner.

Wir sahen uns in die Augen. Dann ruckte die Lokomotive, das rhythmische Stampfen setzte ein, ein Pfiff ertönte. Mir lief es eiskalt über den Rücken, dann aber ließ ich mich in die Wärme zurücksinken und ein Quäntchen des Albtraums fahren. Mutti lag in tiefstem Schlaf mit offenem Mund da und bekam von dem Aufbruch nichts mit. Dasselbe galt für meinen Papi. Sie bekamen den großen Moment gar nicht mit.

»Sie brauchen Hilfe«, sagte Werner.

Mein Bruder hob seinen wehen Fuß an, löste vorsichtig den Schuh und die Socke. Seine Zehen waren schneeweiß, aber die Kuppen teils schwarz. Sie rochen unangenehm; ich rümpfte die Nase.

»Stinkt«, meinte ich.

»Ja, vielen Dank«, sagte Werner. Er berührte leicht seine Zehen und verzog das Gesicht.

»Werner, ich glaube, du brauchst auch Hilfe.« Mir war nicht klar gewesen, wie schlimm sein Fuß war. Es war, als taute erst die Wärme unsere sieben Sinne wieder auf. Was war mir in der Kälte wohl noch alles entgangen?

»Ach was, wenn die Zehen erst warm werden, ist alles wieder gut«, versicherte er.

Wir rollten dahin, ohne dass uns jemand darüber aufklärte, wo es hingehen und was geschehen sollte. Eine Dame vom Roten Kreuz klopfte und betrat das Abteil. Sie trug abgesehen von dem strahlend weißen Häubchen lauter dunkle Sachen.

»Den brauchst du nicht mehr«, sagte sie und zeigte auf den Judenstern an meiner Jacke.

Werner und ich rührten uns nicht. Ich dachte an die deutschen Soldaten mit dem Hund. Was, wenn sie sich irrte? Was, wenn Ranghöhere uns ohne Stern sahen?

»Ich meine ja nur, dass ihr sie ablegen könnt, wenn ihr wollt. Und es gibt bald etwas zu essen«, fügte sie noch hinzu, ehe sie weiterzog.

Werner zupfte an seinem Stern, also zog ich bei meinem an einem losen Faden und an den Sternspitzen, bis ich ihn in der Hand hielt. Ich befreite ihn von Fadenresten und strich die Löcher flach. Dann schob ich ihn mir tief in die Tasche. Für alle Fälle.

Es erschienen weitere Rotkreuzhelfer, sie brachten uns vier Teller mit dickem heißem Eintopf und Brot frischer als alles, was ich seit ich weiß nicht wann gekostet hatte. Achtzehn Monaten wahrscheinlich. Der Duft des Eintopfs war wie neues Leben: ein satteres, fetteres Leben, als ich es mir hätte träumen lassen. Mutti und Papi rappelten sich zu ein paar Löffeln auf, schliefen aber gleich wieder ein. Werner und ich schlugen uns fast ohne auch nur zwischendurch Luft zu holen die Bäuche voll. Der Eintopf erinnerte mich an Muttis Kochkünste und die Mahlzeiten in unserem sonnigen Esszimmer vor dem Krieg.

Werner fragte, ob wir einen Nachschlag haben könnten. »Bald«, sagte man uns, und wir kriegten ihn tatsächlich!

Die Augen gingen mir über. Ich rülpste.

»Einen besseren Eintopf habe ich in meinem ganzen Leben nicht gegessen!«, erklärte ich. »Ich werde mir die Zutaten merken – Rindfleisch, Zwiebeln, Kartoffeln, Möhren –, damit ich ihn irgendwann nachkochen kann. Sieh dir meinen Kugelbauch an! Ich glaube, ich kriege ein Eintopf-Baby!«

Ich streckte meinen Bauch noch extra vor und rieb ihn zufrieden. »Und es soll ... Töpfli heißen! Das kleine Töpfli wird groß und stark werden und mir Ehre machen. Was meinst du?«

Mein Bruder rülpste hinter vorgehaltener Hand, hielt inne und tat es noch mal. Und noch mal. Zum Abschluss grinste er. »*Das* meine ich.«

»Als Onkel nicht gerade ein gutes Vorbild«, fand ich.

Ich rieb mir weiter den Bauch. Seine Ausdehnung erstaunte mich. Vielleicht würde ich tatsächlich wieder zunehmen können, was ich abgenommen hatte. Ich kuschelte mich in meine rosa Decke, die sich ihrerseits anschmiegte, und döste.

In meinem Traum war ich wieder ein Hund. Die Tafel war

aufgehoben worden, und ich saß auf einem Stuhl, schleckte die Teller und die Butterschale ab, bis mich die Blase drückte. Und mir der Bauch wehtat. Ich wachte auf – das Bauchweh war echt. Mein Bauch schien auf die doppelte Größe geschwollen zu sein. Werner ging es offenbar auch nicht sonderlich, er musste ständig aufstoßen, und das Fenster beschlug sich.

»Puh, ist mir schlecht«, sagte ich. »War was mit dem Essen? Haben sie uns vergiftet?«

»Keine Ahnung.«

Wir sprachen eine Rotkreuz-Dame auf ihrem Weg durch den Gang an. Tja, meinte sie, so gehe es vielen. Es liege daran, dass wir so lange so wenig gegessen hätten und unsere Körper die üppige Mahlzeit nicht verkrafteten. Sie meinte zudem, unsere Verdauung habe »gelitten« und wir seien in einer »zarten körperlichen Verfassung«. »Zart« war ein Wort, das ich mit Bergen-Belsen so gar nicht verband. Sie warnte uns, dass uns übel werden könnte. Wir sollten langsam essen, so schwer es uns auch fiele. Sie setzte ihren Weg fort, offenbar überrascht, verhungernden Menschen erklären zu müssen, dass sie sich beim Essen Zeit lassen sollten. Ich schielte zu Mutti und Papi hinüber, um zu sehen, wie sie das fanden, aber sie schliefen noch immer tief und fest. Sie rührten sich den ganzen Abend und bis in die Nacht kaum. Das Stampfen des Zugs lullte mich in den Schlaf.

Freiheit und Verlust
Schweiz und Frankreich
1945

34

Zugfahrt von Bergen-Belsen nach Süden

22. und 23. Januar 1945

Tags drauf erfuhr Werner nach dem Frühstück, dass wir in der Schweiz ausgetauscht werden sollten. Weil aber der Großteil der Bahnstrecken in Deutschland beschädigt oder zerstört war, wusste keiner, wie lang die Reise dauern würde, wie viele Tage. Der Zug quälte sich voran und musste oft stundenlang halten. Die Eltern schliefen meist, rafften sich nur ein paarmal zum Essen oder, mit Unterstützung, einem Gang zur Toilette auf. Sie nahmen fast die ganzen Sitzbänke unseres Abteils ein, Werner und ich quetschten uns in die Ecken und lehnten uns an die Fenster. Wir aßen jetzt weniger hastig und weniger auf einmal, das verkrafteten unsere Mägen besser, dafür aber schwollen uns die Beine und Füße an. Die Dame vom Roten Kreuz meinte auf ihren Runden immer wieder, das sei angesichts unserer »anderen Umstände« normal. Meine Schuhe drückten, aber Werner beschwor mich, sie anzubehalten. Wenn ich sie auszöge, würde es mir ergehen wie ihm, dann würden sie nicht mehr passen.

»Reni.«

Hörte ich da meinen Namen?

Es war Papi. Ich wandte mich vom Fenster und dem Sternhimmel ab.

»Du bist ja wach! Möchtest du etwas Brot oder was zu trinken?«

»Reni«, sagte er. »Hilf mir auf die Toilette.«

»Und dann was zu essen?«

Er schüttelte den Kopf, der tief herabhing und schlackerte. Mit zittrigem Arm drückte Papi sich an der Abteilwand hoch und fiel mir gleich entgegen; ich packte ihn um die Taille. Er schaffte nur klitzekleine Schritte, und so schlurften wir mühsam zum WC. Er blieb so lange in der Kabine, dass ich drauf und dran war, Hilfe zu holen, als endlich der Riegel zurückschnappte. Unser Weg zurück zum Abteil war noch mühsamer, Papis Atem ging schwer, der Zug schwankte. Mit einem tiefen Seufzer sank er auf die Sitzbank zurück und wurde still.

»Möchtest du bestimmt nicht ein bisschen Suppe?«, fragte ich.

»Nein … genug.«

»Wir sind fast in der Schweiz«, sagte ich. »Es ist nicht mehr weit. Wir sind nur langsam vorangekommen, aber bald liegt die deutsche Grenze hinter uns. Wir haben es geschafft. Mit dem Austausch. Den Pässen. Den …«

Ein schwaches: »Ja.«

Ich beruhigte mich etwas.

»Es heißt, dort gibt es ein richtiges Krankenhaus. Für Mutti. Für Werners Fuß. Für dich.«

»Reni … es tut mir leid.«

»Schon gut, Papi. Du bist verletzt. Du brauchst Hilfe, das weiß ich. Es macht mir nichts.«

»Das meine ich nicht«, sagte er und streifte Mutti und Werner, die schliefen, mit einem Blick. »Ich werde es nicht schaffen.«

»Bitte?«, hauchte ich und wusste nicht, ob ich überhaupt einen Ton herausbrachte.

»Ich werde es nicht schaffen.« Papi lehnte sich bei mir an und schloss die Augen.

»Doch, doch. Wir sind fast frei«, ermutigte ich ihn. »Ganz bald.«

»Ja«, sagte er. »Ja. Frei.«

Ich zog ihm den Mantel enger um den Leib. Sein Gewicht lastete auf mir. Mir standen Tränen in den Augen, fielen zwar nicht, nahmen mir aber die Sicht. Ich konnte mich nicht rühren, aus Angst, dass die kleinste Regung schlimme Folgen hätte, dass sie uns Papi entreißen könnte. Die Schulter tat mir bald weh, ich musste mich mal umsetzen. Ich stupste Papi sanft an. Er reagierte nicht. Ich rüttelte ihn vorsichtig. Nichts. Ich bettete ihn behutsam auf die Bank. Dann langte ich rüber, weckte Werner und wiederholte, was Papi gesagt hatte.

Werner fuhr hoch, dann schickte er mich los, um Hilfe zu holen.

Ich taumelte durch den Gang, musste mich immer wieder an den Wänden abstützen und störte schließlich eine Krankenschwester auf, die mit zwei Herren schwatzte. Sie war jung; ihr Name sei Betty, sagte sie. Ich platzte mit dem heraus, was Papi gesagt hatte, und Betty entschuldigte sich bei ihren Gesprächspartnern. Ich schleifte sie an der Hand ins Abteil zurück, wo sie Papi abhorchte und seinen Puls fühlte. Sie tastete noch mal. Sie schloss die Augen und legte den Kopf auf die Seite.

»Er ist sehr schwach«, sagte sie.

»Man hat ihn kurz vor der Freilassung im Lager übel geschlagen«, erklärte Werner.

»Es könnte Verletzungen geben, die wir nicht sehen. Hat er über bestimmte Stellen geklagt?«

Werner und ich wechselten einen Blick, hofften jeweils, der andere wüsste mehr.

»Nein.«

»Nein.«

Betty tastete seinen Nacken und den Kopf ab, griff unter seine Jacke und drückte vorsichtig an seinem Bauch herum. Papi rührte sich nicht. Sein Gesicht war grau und stoppelig.

»Herr Hasenberg«, rief die Schwester. »Herr Hasenberg, mein Name ist Betty, Betty Ischenhauser, ich bin Krankenschwester. Können Sie mich hören?«

Nichts.

Betty versuchte es noch mal. Sie fragte ihn, ob er etwas fühle.

»Wann war er zuletzt bei sich?«, fragte sie.

Ich berichtete vom Gang zur Toilette vor kaum einer Viertelstunde.

»Es scheint nichts eindeutig gebrochen oder geschwollen zu sein«, sagte sie. »Aber genau lässt sich das nicht sagen, weil er nicht spricht. Mehr kann ich im Augenblick nicht tun. Ich schaue noch mal rein, wenn ich bei den anderen war. Holt mich, wenn sich etwas ändert.«

Dann gab es nur noch von unten das rhythmische Klackern der Zugräder auf den Schienen. Papi sah so klein aus, viel kleiner als der starke Papi, der mich einst so mühelos durch die Luft geschwenkt hatte. Nur die großen, auf den Schenkeln ruhenden Hände erinnerten an vergangene Zeiten, doch selbst die wirkten schlapp, ausgelaugt wie nasse Feudel. Zwischen dem Ehering und seinem Finger klaffte ein Spalt. Seine Haut schien zu weit für den Körper. Werner und ich drängten uns an unseren Vater, tätschelten und hielten ihn.

Irgendwann nachts regte sich Mutti und seufzte. Wir erzählten ihr das mit Papi. Sie behielt die Augen länger auf als zuvor, dämmerte aber gleich wieder weg. Ihr Gesicht war weniger grau als Papis.

Ich fand keine Ruhe. Mir war heiß und kalt, ich legte Kleidungsstücke ab und wieder an. Die Sitzbank war zu weich, das Fenster zu hart. Werners Fuß roch wie ein totes Tier im Rinnstein, dazu kam der Mief des schmutzigen Geschirrs und unserer viel zu lange getragenen Sachen. Ich zappelte, ich rieb mir das Gesicht, kratzte mir den Kopf. Im Abteil war es dunkel, nur das schwache gelbe Notlicht tauchte alles in Braun- und Senftöne, die mich an die frisch umgegrabene Erde an den Fingern meines Großvaters vor hundert Jahren in Berlin erinnerten.

Betty kam zweimal vorbei. Sie sah nach Mutti und nickte. Sie zupfte den zum Kissen zusammengerollten Mantel zurecht, fühlte Papi den Puls, den ich bestimmt ein halbes Dutzend Mal geprüft hatte. Bei ihrem dritten Rundgang färbten sich die Wolken am Horizont bereits langsam rot. Ihre Finger blieben länger als zuvor auf dem Handgelenk unseres Vaters liegen. Sie griff ihm an den Hals und beugte sich vor, um seinem Atem zu lauschen. Das machte sie mehrmals.

»Es tut mir leid«, sagte Betty sanft, »aber er ist t-, eingeschlafen.«

Nein, ist er nicht, dachte ich. Ich starrte Papi an. Er sah genauso aus wie noch vor einer Minute, vor einer Stunde. Wie sollte mir der Unterschied zwischen lebendig und tot entgangen sein? Wann sollte er denn entschlafen sein? Werner rüttelte Mutti wach, versuchte zu sprechen, aber ihm versagte die Stimme.

Betty sagte es ihr.

Dann machte Betty ein bisschen Ordnung, packte Papi wie

zu einem Nickerchen gut ein und ging. Ich wusste nicht recht, was ich tun oder sagen sollte. Was würden sich mir für Laute entringen, wenn ich den Mund aufmachte, und würden sie je wieder aufhören? Plötzlich hatte ich Hunger, ich hob das Essenstablett vom Boden und begann mir blindlings trocken Brot und kalte Suppe einzuverleiben. Werner genauso. Mutti hatte wieder die Augen geschlossen, wir fragten sie gar nicht erst. Ich schaukelte vor und zurück, den Blick starr auf Papi gerichtet.

Es dauerte nicht lange, da kamen die Ersten, um zu kondolieren. Ein paar Freunde blieben länger, beteten halblaut Psalmenverse mit Amen. Mutti war jetzt wegen des ständigen Kommens und Gehens wacher als zuvor. Sie nickte, statt zu sprechen, den Blick auf Papi gerichtet, als fände sie, er könnte gefälligst in die Gebete einstimmen.

»Werner. Irene.«

Ich sah hoch, und da waren Herr Abraham und seine Frau Gerda, Freunde meiner Eltern schon in Amsterdam, dann Westerbork und auch Bergen-Belsen. Hinter ihnen standen mit überlangen, ihnen in die Augen hängenden Haaren ihr Sohn Hans, ein paar Jahre jünger als ich, und die kleine Ruth.

»Euer Vater ist gerade verschieden«, sagte Herr Abraham mit strengem Blick erst auf meinen Bruder und mich, dann auf das Tablett. »Wie könnt ihr da essen?«

Ich legte den Löffel weg. Werner wischte sich die Hände an seiner Serviette ab. War es ungehörig, in Angesicht des Todes zu essen? War es schlimm von uns, zu essen, wo wir doch solchen Hunger hatten?

35

Wir müssen Papi zurücklassen

Biberach, 24. Januar 1945

Menschen kamen und gingen. Hinter dem Fenster wurde der Himmel tagblau. Der Zug hielt. Ein Wachposten kam und meldete, wir hätten Biberach erreicht. Dort gebe es ein Kriegsgefangenenlager überwiegend für Briten und einige Amerikaner. Man werde die Toten und Todkranken – also alle, die einen Austausch in der Schweiz wahrscheinlich nicht mehr erleben würden – von Bord holen und dafür taugliche britische und amerikanische Kriegsgefangene zusteigen lassen. Ich schnappte zufällig auf, dass die Deutschen ein festes Austauschkontingent zugesagt hatten und entsprechend liefern mussten.

Würden Mutti und womöglich sogar Werner den Nichttransportfähigen zugeschlagen werden? Nazioffiziere kontrollierten die Abteile, ihre Augen unter den steilen Mützen verborgen.

»Der da ist hin«, sagte einer und deutete mit dem Kinn.

Mutti nickte und versuchte, gerader zu sitzen.

»Bringt ihn weg«, befahl der andere. »Wir lassen den Leichnam am Bahnhof.«

Ich hatte darüber nicht nachgedacht: Was würde aus Papi?

Zwei Männer in Overalls erschienen hinter den Offizieren in der Tür.

»Können wir ihn nicht in die Schweiz mitnehmen?«, bat Werner. »Und … richtig bestatten?«

Die Männer in den Overalls sagten, sie nähmen ihn jetzt mit. Wir könnten ihnen folgen und draußen noch das Nötige sagen.

»*Bitte*, meine Herren«, sagte Mutti. »Ich kann nicht. Geben Sie uns ein paar Minuten.«

Mit »uns« meinte sie sich und Papi.

Werner und ich halfen Mutti auf die Sitzbank zu unserem Vater und betteten sie zu ihm. Sein Tod war nun unübersehbar, denn seine weiße Haut zeigte überhaupt keine Farbe mehr, noch die geringste Regung. Die tüchtigen Hände, die unsere Familie so lange zusammengehalten hatten, ruhten nun.

»Geht«, sagte Mutti. »Ist schon gut.«

Wir warteten mit den Männern in Arbeiskleidung draußen vor dem Abteil im Gang. Nach langen Minuten wagte Werner einen Blick. Über Papis Körper hingestreckt, war Mutti eingeschlafen. Wir traten ein. Ich wischte ihr das Gesicht mit dem Ärmel meines Mantels ab. Dann fassten wir sie jeweils an einem Arm, hoben sie von Papi weg und betteten sie auf die Sitzbank gegenüber.

Ich knöpfte Papis zerschlissenen Wintermantel bis unters Kinn zu und spürte dabei die kühle Starre seines Halses. Ich schluckte meine Tränen hinunter, als Werner die Männer herbeiwinkte. Ich schlug Papis Kragen hoch und zupfte den Mantel so gut es ging zurecht. Einer der Männer packte seinen Körper dicht unter den Achseln, der andere an den Füßen. Sie hoben Papis Hülle mühelos an und bugsierten sie durch die Tür. Wir folgten.

Klirrende Kälte schlug mir entgegen, ich fing sogleich an zu schlottern. Wie schnell gewöhnte man sich doch an wohlige Wärme. Dutzende Mitreisende – die Kranken und die,

die jenseits aller Leiden waren – wurden vom Zug geleitet und getragen. Wonach die Deutschen entschieden, wer zurückbleiben musste, war uns ein Rätsel. Unweit von uns warteten gesunde, saubere Gefangene, Gepäck in der Hand und die Augen starr auf uns gerichtet, darauf, zusteigen zu können. Plötzlich fürchtete ich einen Schwindel: dass wir alle hier zurückgehalten würden, während Mutti allein weiterfahren müsste. Ich holte tief Luft, packte Werners Hand und konzentrierte mich darauf, einen Fuß vor den anderen zu setzen.

Schnee lag zwischen Schienen und Schwellen. Süßer Tabakduft zog vorüber und verwehte. Der Biberacher Bahnhof war schlicht und schmucklos wie ein Holzsarg. Die Männer fragten Werner nach Papis Namen. Sie legten ihn auf eine Bank am Eingang zum Bahnhof und hefteten ihm einen Zettel an das Revers: *John Hasenberg. † 23. Januar 1945*. Dann traten sie zurück. Alle traten zurück. Es blieben nur wir drei.

Gestern Abend erst hatten Papi und ich miteinander gesprochen. Davor hatten wir zusammen gegessen, am selben Ort geschlafen und stundenlang gestanden. Er hatte mich in den Arm genommen. Er hatte mich getröstet. Er hatte immer für mich Zeit gehabt. Er hatte sich uns immer zugeneigt, wenn wir fotografiert wurden. Er war so lange so stark gewesen. Wie sollte ich ohne ihn leben? Ich sank Werner an die Schulter. Er stützte mich mit der Kraft seines gesunden Fußes.

»Er wusste, dass wir in Sicherheit waren«, sagte Werner. »Er hat dafür gesorgt, dass wir so weit kommen. Es war weit genug.«

Ich wollte aufbegehren, aber ich war ganz benommen, ich rechnete damit, dass mein Geist vor Schmerz aufgeben, mir den Garaus machen würde.

Wir müssten Papi an einem fremden Ort zurücklassen und hätten keine Ahnung, was mit ihm geschah. Meine Augen brannten vom kalten Wind. Und die Schlange der Wartenden, die auf den Zug wollten, wurde kürzer. Ich rückte den Zettel an Papis Revers zurecht, vergewisserte mich, dass er fest saß, tätschelte den verbeulten Mantel und küsste Papis Stirn.

Ich find dich allerliebst,
mein kleiner Herzensdieb,
und so, wie ich's hier schreibe,
wird es auf immer bleiben.

Wir stiegen wieder ein und kehrten in unser Abteil zurück. Ich wollte mich in ein tiefes schwarzes Loch verkriechen. Ich rutschte ans Ende der Bank, auf der eben noch mein Papi gelegen hatte, und zog mir die Decke über den Kopf. War ich an seinem Tod schuld? Ich schloss ganz fest die Augen. Hätte ich nur besser aufgepasst, hätte ich nur gemerkt, wie schwer er verletzt war. Wie hatte er das vor uns verbergen können? Selbst Betty hatte nichts gefunden. Wenn ich in den Lagern etwas gelernt hatte, dann Trost zu spenden und zu finden. Aber das reichte nicht. Ich wusste, ganz gleich, was sonst noch geschah, wo wir auch landeten, wie immer ich aufwachsen und wie alt ich auch werden würde, nie würde ich diesen Moment vergessen, dieses Loch, diesen Verlust.

Meine nächste Sorge galt Mutti. Ihr Überleben schien nun am seidenen Faden zu hängen. Jetzt, da ein Elternteil fort war, klammerte ich mich an den anderen. Werners Zustand besserte sich auch nicht gerade. Seine Zehen schwollen nicht nur zusehends an, sie verfärbten sich bräunlich, und der ungute Geruch wurde stärker. Bald würden Mutti und Werner es nicht mehr allein auf die Toilette schaffen. Um meine wachsende Sorge zu verbergen, wartete ich, bis Werner und Mutti tief und fest schliefen. Erst dann weinte ich haltlos in meine Decke.

36

Der Austausch steht bevor

St. Gallen, 25. Januar 1945

Zwei Jahre lang waren unsere Fahrten quer durch Europa unfreiwillig gewesen. Die Familie reiste dank Hitler und seinen Nazis umsonst, und doch zahlten wir einen hohen Preis. Jede Zugfahrt hatte uns an einen noch schlimmeren Ort gebracht und mehr und mehr gekostet: unsere Freiheit, Gesundheit, Würde – und nun Papi.

Wir erreichten das schweizerische Kreuzlingen gleich hinter Konstanz an der Grenze zum Deutschen Reich. Der Zug wurde neben einem anderen abgestellt, der auf dem Nachbargleis in der entgegengesetzten Fahrtrichtung wartete. Deutsche und Schweizer Offiziere und Wachen stapften draußen und drinnen herum. Die deutschen Wachsoldaten wirkten überladen – mit Abzeichen, Nadeln, Paspeln, Adlern und Totenköpfen – und doch schäbig im Vergleich zu den Schweizern, deren Uniformen schlicht, gebügelt und gestärkt, deren Gesichter glatt und nicht vom Krieg gezeichnet schienen.

»Sie sehen sogar neutral aus, die Schweizer«, bemerkte Werner.

Es war so weit, es stand der erträumte Austausch bevor. Die Deutschen trieben uns aus dem Zug, der bald schon wieder nach Deutschland zurückkehren würde, und die Schweizer trieben uns auf den anderen, der uns tiefer in ihr Land bringen sollte. In Schnee und Kälte trafen wir zwischen den beiden Gleisen auf die freigelassenen deutschen Zivilisten. Das also waren die Leute, für die wir der Gegenwert waren. Einer von ihnen für einen von uns. Ich musterte ihre sauberen Mäntel, vollen Koffer, blanken Schuhe, breiten Hände und Gesichter. Sie waren wie wir inhaftiert gewesen, aber ganz offensichtlich hatten die Alliierten sie nicht behandelt, wie man uns behandelt hatte. Spärlich schimmernde, taumelnde Schneeflocken stippten die Luft, als die Deutschen an uns vorbeizogen und in die Wagen stiegen, die wir eben geräumt hatten.

»*Heil Hitler! Heil Hitler! Heil Hitler!*« Ihr Jubel verdichtete sich zum Sprechchor. Sie fuhren heim.

Ich selbst war, wie schon meine Eltern und deren Eltern und deren Eltern zuvor, in Deutschland zur Welt gekommen, aber vor fast zehn Jahren mit meiner Familie zur Flucht gezwungen worden. Wir fuhren nicht heim. Höchstens irgendwann nach Amsterdam, aber wir hatten nicht das Gefühl, noch irgendwo zu Hause zu sein. Die Amerikaner in unseren Reihen hoben zu ihrem eigenen Schlachtruf an. »*USA! USA! USA!*«

Wir bestiegen unseren neuen Zug und traten die Reise durch die Schweiz an, das Land, von dem ich fast zehn Jahre geträumt hatte, wenn ich meine Heldin Heidi auf ihren Reisen begleitete. Heidi stand im Mittelpunkt ihrer Abenteuer, das wollte ich auch. Aber *Abenteuer* war nicht das richtige Wort für mein bisheriges Leben. Fährnisse eher … keinesfalls Abenteuer. Im Buch sterben Heidis Eltern, also wird sie in die Schweiz zu ihrem Großvater gebracht. Mein Großvater, meine Großmutter, Onkel, Tanten und Freunde waren alle tot. Und jetzt war auch mein Papi tot. Heidi und ich hatten einiges gemein, was ich nie hatte gemein haben wollen.

Nach zwei Tagen erreichte unser Schweizer Zug endlich sein Ziel. Ich schlug die Augen auf, benommen noch vom Einerlei von dösen, essen, dösen. Draußen zog wolkengleich der Dampf vorbei, in den Schwaden zeigten sich flüchtig Türme, Häuser, Berge und lösten sich wieder auf. Wo waren wir? Ich wusste nur eines: Bergen-Belsen lag nun weit hinter uns.

Ich rieb mir den Schlaf aus den Augen, sah draußen Männer und Frauen in dunklen Uniformen vorbeimarschieren, dann stiegen sie ein und brachten einen Schwall kalter Luft mit. Sie streckten die Köpfe zu uns ins Abteil. Ich wappnete mich unter meiner rosa Decke, der, die ich durch alles hindurchgerettet hatte, gegen ein Kommandobrüllen, einen erhobenen Schlagstock, einen geifernden Deutschen Schäferhund.

»Alle aussteigen!«, rief schrill eine Frau in einem ungewohnten deutschen Tonfall. Sie schritt den Gang ab und wiederholte die Aufforderung: »Alle aussteigen, bitte!«

Bitte? Wann hatte ich zuletzt ein Bitte gehört?

Mutti rührte sich nicht und sah nicht auf. Sie lag wie mein Vater zwei Tage zuvor zusammengekrümmt auf ihrer Sitzbank. Sie hatte ihr zerlumptes graues Kleid am Leib, an den Beinen fadenscheinige Strümpfe, hielt den Kopf tief in einen zum Kissen gebündelten Mantel vergraben. Ich nahm vorsichtig ihr Gesicht in die Hände.

»Mutti, Mutti, wach auf, wach auf«, sagte ich.

»Reni«, murmelte sie und schob sich die Stirnfransen aus den Augen. Sie trug das Haar nur vorn länger, sonst aber kurz, wegen der Läuse vor allem. Sie riss die sturmgrauen Augen im Bemühen auf, zu sich zu kommen. Ich liebte ihre herrlichen großen Augen, daran änderte auch ihr elender Zustand nichts.

»Ja, ich bin hier«, sagte ich.

Eine knochige Hand legte sich auf meinen Hinterkopf. Ich drückte Mutti, aber nur sanft. Dann wandte ich mich Werner zu, der auf der gegenüberliegenden Bank schlief. Ich tippte ihm aufs gesunde Bein.

»Werner, aufwachen.«

Menschen schoben sich draußen durch den Gang.

»Was machst du für ein Tamtam?«, murrte Werner und schüttelte den Kopf, um seine Haare in Form zu bringen. Seine Augen waren Papis wegen der Schlupflider sehr ähnlich, fand ich.

»Wir sind da«, erklärte ich. »Ich glaube, jetzt sind wir wirklich frei.«

»Na, das lässt sich hören«, sagte er, blickte an sich herunter und verzog das Gesicht. Nie im Leben würde er seinen Schuh wieder ankriegen. Sein verletzter Fuß war wie aufgeblasen.

Er packte seinen Mantel und eine kleine Tasche, konnte aber nur den einen beschuhten Fuß belasten.

»Reni, hilf mir hoch«, hauchte Mutti.

Ich hievte ihren schmächtigen Körper von der Sitzbank, und es war, als fassten meine Arme nur leere Kleider. Sie war eine trockene, gewichtslose Hülse. Ich lehnte sie in den Türrahmen und sammelte unsere Habe zusammen: zwei Rucksäcke mit Kleidern, Papis Rasierzeug, Unterlagen und Fotos, die braunen Töpfe und ein paar Gerätschaften. Damals in Amsterdam hatte allein auf unserem Esstisch mehr gestanden, als wir jetzt besaßen. Fort waren die glatte weiße Kaffeekanne, das schlanke Silberbesteck, die Kristallzuckerdose mit dem Silberdeckel, das Porzellan mit den passenden Eierbechern. Ich griff mir meine Decke und meinen Rucksack und half dann meinem Bruder. Die Delle, die er in der

Lederbank gemacht hatte, hob sich, als wollte sich uns ein Geist anschließen, und ich dachte natürlich an Papi. Ich spürte seinen Arm um mich. Ich spürte seine Hand auf der Schulter.

Weder Mutti noch Werner waren imstande, alleine zu gehen, ich konnte sie aber auch nicht tragen. Ich sperrte die Augen auf, schob mich hinaus in den Gang und einem dickbäuchigen Mann in einem nachtblauen Wollanzug in den Weg. Bei ihm waren zwei Schwestern in Weiß.

»Wir brauchen Hilfe«, sagte ich.

Ich bekam keine Antwort, erntete aber vielsagende Blicke. Eine der Schwestern sog die Luft ein und wich einen Schritt zurück. Sie war für ihr blasses Gesicht zu grell geschminkt. Ihre Sachen waren tadellos in Ordnung, kein Fädchen lose, kein Fleck weit und breit. Wie war das möglich? Wie sahen *wir* wohl aus? Zum ersten Mal begriff ich, wie schwach, wie elend und schmutzig wir waren. Mutti und Werner sahen uralt aus, ihre Augen waren bis auf den Grund der Höhlen eingesunken. Selbst meine geliebte Decke wirkte plötzlich ausgelaugt, mehr grau als rosa.

Behandschuhte Männer brachten Mutti und Werner auf schmalen, durchhängenden Tragen weg, mahnten sich an den Ecken zur Vorsicht. Ich folgte ihnen. Auf dem letzten Tritt vor dem gepflasterten Bahnsteig hakte mich jemand unter, als würde ich hofiert. Auf der Plattform umlagerten uns unsere Habseligkeiten wie Strandgut nach einem Sturm. Ich starrte auf die Zugtür, aus der wir eben gestiegen waren, und wartete wie sonst darauf, dass Papi erschiene.

Der Himmel war blau und dick wie eine Babysteppdecke. Ein scharfer Wind fuhr mir ins Gesicht. Zum Stadtkern hin standen wie Posten aufgereiht pastellfarbene Häuser mit karminroten Dächern vor Kirchspitzen, ein Uhrturm kratzte an dünnen Wolken. Gegenüber waren wenige Häuser über den Hang verstreut, der sich am Horizont den purpurnen Bergen entgegenhob. Noch nie hatte ich etwas so Hohes gesehen, als würden die Gipfel ans Himmelstor klopfen. Der Bahnhof glich einem Palast: vier mächtige Stockwerke aus Stein. Hier war nichts verschmiert, kaputt oder provisorisch. Wenn wir den Menschen, die hier waren, um uns zu helfen, unwirklich vorkamen, so war umgekehrt für mich dieser Ort unwirklich wie ein Bild aus einem Märchenbuch.

Wichtig aussehende Leute musterten uns über ihre Klemmbretter hinweg, mal zeigten sie auf uns, mal setzten sie ihre Haken, mal stellten sie Fragen. Ein Arzt mit einem strichdünnen Schnurrbart besah sich Werners Fuß genau, bog ihn vor und zurück, bis Werner schluckte und das Gesicht zu einer Grimasse verzog, und widmete sich dann Mutti, suchte ihr Handgelenk nach dem Puls ab. Fündig geworden, schloss er die Augen und bewegte die Lippen … eins … zwei … drei. Dann untersuchte er sie eingehend, Mund, Ohren, Augen. Mutti erinnerte mich an einen aus dem Nest gefallenen Jungvogel.

»Der hier«, wies der Arzt seine Leute mit einem Kopfnicken in Werners Richtung an. »Werner Hasenberg. Sechzehn. Ins Spital. Der Fuß sieht schlimm aus. Möglicherweise Wundbrand.«

»Und die hier …«, fuhr er fort und zeigte auf Mutti. »Gertrude Hasenberg …« Er verstummte und raunte einer Schwester etwas ins Ohr, die mir einen Blick zuwarf und sich entfernte.

Werner wurde weggebracht, ehe ich noch etwas zu ihm

sagen konnte. Ich blieb bei Mutti. Ein Mann mit schütterem Haar und dickem Mantel kniete sich zu ihr. Tiefe Falten standen zwischen den Brauen auf seiner Stirn und zogen sich von den Nasenflügeln bis zu den Mundwinkeln.

»Wer sind Sie?«, fragte ich.

»Er ist Priester«, erklärte eine Schwester.

»Kann er Mutti helfen?«

»Er spendet ihr die Sterbesakramente.«

»Sterbe- …? Nein, nein, nein …«

Vor meinen Augen verschwamm alles.

»Verzeihung, Hochwürden«, sagte hinter mir jemand.

Ich drehte mich um, und da stand der kleinwüchsige Herr Wolf und rückte die Brille auf seiner Nase zurecht. Seine Frau lag nahebei auf einer Trage, an ihrer Seite die zwei Kinder. Der Priester beendete einen Satz und sah hoch, die Hand noch auf Muttis Stirn. Sehr weit musste er nicht hochsehen. »Der jüdische Glaube kennt nur das Kaddisch, das traditionelle Totengedenken – *nach* dem Tod.« Herr Wolf richtete sich an seinem Stock zu seiner vollen Größe auf. »Nicht vorher.«

»Jüdisch?«, wiederholte der Priester. »Sie sind alle Juden?«

»Überwiegend. Vermutlich durchweg.«

»Man sagte mir, es gebe einige Flüchtlinge, die dem Tod nahe seien.«

»Wir sind beides. Ist ein Rabbi zur Stelle?«, fragte Herr Wolf.

»Nein.«

»Nun, Gott segne Sie für Ihre Hilfe. Aber segnen Sie nicht vorschnell unsere Trudi«, sagte Herr Wolf. Er wandte sich mir zu und fügte an: »Tut mir leid, Reni.«

Der Priester sagte einer Schwester, er werde wiederkommen. Dann entfernte er sich mit einem letzten, flüchtigen, nicht ganz direkten Blick auf mich.

»Deine Mutter ist sehr, sehr krank. Verstehst du?«, sagte die Schwester. »Wir tun, was wir können.«

Ich kniete mich hin und nahm, möglichst zart, Muttis Hand. Ich sah ihr ins Gesicht. Sie schlief. Ihre Augen waren geschlossen und still. *Sie darf nicht sterben*, sagte ich mir, *nicht nach allem, was wir durchgemacht haben. Nicht nach Papi*. Ihre Hand noch immer in meiner, richtete ich mich auf, als die Krankenwärter nun die Trage anhoben. Die Krankenschwester stellte sich mir in den Weg und legte mir eine Hand auf die Schulter. Ich sah zu ihr hoch. Sie drückte sanft.

»Du musst hierbleiben. Das Spital ist schon mit den Schwerstkranken voll. Du bist nicht so krank.«

»Aber ich muss doch bei ihr bleiben! Sie ist meine Mutter, und meinen Bruder haben sie schon weggeholt!«, rief ich, und ich packte die Hand der Schwester so fest, dass die Knochen knackten.

Die Schwester verzog keine Miene. Ich ließ sie los und wollte mich ihr entwinden, aber ihr Griff an meiner Schulter blieb eisern. Die Vorstellung, allein zurückzubleiben, und sei es nur kurz, war zu viel für mich. Ich versuchte, an ihr vorbeizukommen, aber sie versperrte mir den Weg. Der Abstand zwischen Mutti und mir wurde größer. Die Trage verlor sich in einem Meer von Menschen und Stimmen. Plötzlich am Ende, blieb mir keine Kraft mehr, mich zu wehren. Selbst mein Kopf wurde zentnerschwer.

Gesprächsfetzen umschwirrten mich.

« … so … gebrochen.«

»… so etwas noch nie gesehen …«

»… dem Tod nahe …«

»Du wirst sie wiedersehen.«
»Bitte?«, sagte ich.
»Du wirst sie wiedersehen«, wiederholte die Schwester.

Ich fügte mich den Anweisungen und Aufforderungen, reihte mich in eine Schlange ein und suchte hinter einem breiten Rücken Schutz vor dem Wind. Es hieß, wir würden irgendwohin gebracht, wo wir uns ausruhen und essen könnten. Als ich abermals hinten auf einen großen grauen Lastwagen voller Menschen wie mir aufgestiegen war, scherzte jemand: »Willkommen in der Schweiz.« Die Ellbogen auf die Knie gestützt, ließ ich den Kopf hängen und zu den Unebenheiten der Straße schlackern.

»Willkommen. Suchen Sie sich dort an der Wand einen Schlafplatz«, erklärte ein Posten hinter einem Tisch am Tor einer riesigen Scheune. Er hielt jedem mit beiden Händen zwei ordentlich gefaltete dunkelgraue Wolldecken hin. Hinter ihm machte ein weiterer Soldat die nächsten beiden Decken bereit, und dahinter ordnete ein dritter eine ganze Bank voll solcher Decken. Ich nahm meine beiden entgegen.

Durch die halbrunden Fenster strömte die Abendsonne herein und malte auf die Scheunenseiten Streifen so weiß wie der Schnee draußen. Die Wände waren bis zur Hälfte braun gestrichen, zerschrammt und voller Macken, der Boden war aus gestampftem Lehm. An den Rändern hatte man ringsum eine dicke Schicht Heu aufgeschüttet. In der Mitte zog sich eine Reihe Holztische durch den ganzen Raum. Ängstlich behielt ich die Wachposten mit ihren Gewehren im Blick. Aber es waren Schweizer, ermahnte ich mich, keine Deutschen.

»Ich helf dir«, sagte hinter mir eine Stimme, und eine Hand

griff nach einem meiner Bündel. Blitzschnell ließ ich meine Decken fallen und schnappte es ihm weg.

»Ist ja gut«, sagte der Soldat und streckte mir ergeben die schwarz behandschuhten Hände entgegen. Er trug ein rundes Käppi mit schwarzem Schirm und kniehohe Stiefel – ein Offizier. Sein langes Gesicht lief spitz zu wie ein kopfstehendes Dreieck. Augen und Mund waren klein.

»Die Sachen sahen zu schwer aus für so ein schmächtiges Mädchen«, erklärte er. »Ich wollte dir keine Angst machen.«

Die Rucksäcke waren tatsächlich schwer, aber was, wenn er mir doch hatte Angst machen wollen? War es ein fauler Trick? Ich kehrte ihm den Rücken zu und zog mit hängenden Schultern und gesenktem Blick ab. Ich suchte mir einen Platz neben einem Mann, der schon schlief, den Kopf auf seine noch gefalteten Decken gebettet, den Mantel über die Beine gebreitet. Graue Stoppeln zogen sich über Kinn und Wangen bis über seinen Schädel hoch. Seine Nase und der schmale Mund erinnerten mich an Papi.

Obwohl ungeheizt, war die Scheune warm. Wir richteten uns schlecht und recht ein, und die Soldaten erklärten, wir dürften nicht weg und mit keinen Schweizern reden, auch wenn wir in der Gegend Freunde oder Verwandte hätten. Sie meinten, die Abschottung sei zu unserem Besten. Wir könnten ansteckend sein und würden doch sicher keine Krankheiten verbreiten wollen.

Ich legte mich in mein Heu- und Wollnest und drückte mir meine rosa Decke ans Gesicht, bis man uns zum Essen rief. In großen, schweren, reinweißen und unbeschädigten Porzellantassen mit Untertassen wurde uns Suppe gebracht. Sie war noch besser als die, die wir im Zug bekommen hatten. Ich leerte zwei Tassen der fetten fleischreichen Brühe, blies zweimal auf jeden Löffelvoll, ehe ich ihn herunterschlang. Dann gab es belegte Brote. Dunkles Roggenbrot mit Käse und Wurst. Ich bestaunte den Belag und befühlte mit Daumen und Fingern die Kruste. Zwei frische, saftige Schnitten ganz für mich. Ich aß und schleckte mir noch die Finger ab.

Das Essen gab mir neuen Mut. Ich hielt auf den Offizier mit den hohen Stiefeln und dem runden Käppi zu, der mit meinen Sachen hatte helfen wollen und der nun die Leute beim Essen beaufsichtigte. Eine Frau in dunklen Hosen und einem dicken, in den Bund gestopften Pullover erklärte ihm gerade, sie werde nicht satt. Er nickte zu ihren Worten, behielt aber die Esser am Tisch im Blick. Die Frau zog, an ihrem Pullover zupfend, ab.

»Meine Mutter und mein Bruder«, sagte ich zu dem Offizier, »heißen Gertrude und Werner Hasenberg. Sie sind im Spital. Wer kann mir sagen, was mit ihnen ist und wie es ihnen geht?«

»Keine Sorge, Fräulein, sie sind in guten Händen.«

»Ich möchte sie sehen, ich *muss* sie sehen.«

Und da erzählte er mir alles Mögliche, so zum Beispiel: »Man kümmert sich um sie. Wir haben alle Hebel in Bewegung gesetzt, um euch herzuschaffen. Du solltest froh sein, überhaupt hier zu sein. Wir stellen so bald wie möglich die Verbindung zu deiner Mutter und deinem Bruder wieder her.«

Erschrocken zog ich mich zurück. Ich hielt es für eine Lüge.

37

Wiedersehen mit Mutti und Werner

St. Gallen, 26. bis 29. Januar 1945

Am nächsten Tag sprach ich noch mehrmals mit dem Offizier. Er sagte wieder und wieder, ich solle mir keine Sorgen machen, und schließlich, ich *dürfe* mir keine Sorgen mehr machen. Am Nachmittag wurden wir zurück in die Stadt in eine Schule gebracht, die vorläufig als Lazarett dienen sollte. Es war ein großes Gebäude mit vielen, sich in alle Himmelrichtungen wölbenden Dächern und winkelnden Mauern und einem kleinen Backsteinportal, hinter dem ein langer Gang mit vielen Türen lag. Jeder öffnete sich in einen Saal mit Reihen schmaler Eisenbetten, auf denen unter gestärkten weißen Laken und schweren Decken die Kranken, Verletzten und Entkräfteten lagen. Die Betten konnten am Kopfende auf und ab bewegt werden, und die meisten waren etwas hochgestellt. Die Bettlägrigen starrten uns an, und wir sie. Ihre Haare waren gekämmt, die Gesichter sauber. Wir hingegen waren verdreckt und hatten Heu im Haar. Alle suchten nach vertrauten Gesichtern. Jedes Bett hatte am Fußende einen Stuhl für die Kleider, darunter einen Nachttopf aus Porzellan ohne alle Macken.

Hörte ich da meinen Namen?

»Reni! Reni!«

Werner! Ich sah mich wild nach allen Seiten um.

»Hier, am Fenster.«

Sein Gesicht! Ich stürzte los, stieß mit einer Frau zusammen, entschuldigte mich und lief seinem Grinsen entgegen. Ich umhalste ihn heftig.

»Au! Vorsicht, ich bin Invalide!«

Ich ließ aber nicht los. Oh, was war es schön, ihn zu sehen.

»Ist ja gut, Reni. Was hast du nur?«

Ich heulte vor Erleichterung, die Tränen liefen mir übers Gesicht und durchnässten sein Hemd. Er lebte, ich war nicht allein. Ich packte seine Hand und erzählte ihm alles von der Scheune und meiner zum allerersten Mal allein verbrachten Nacht.

»Versteh mich nicht falsch«, fügte ich beschämt hinzu, »ich bin ja froh, dass wir hier sind. Ich habe es mir nur anders vorgestellt.«

»Ja«, stimmte er mir zu.

»Wie steht's bei dir?«, fragte ich.

»Ich denke, das wird wieder. Ich kann zwar noch nicht laufen. Und ich verliere vielleicht einen Zeh, aber sonst ist alles in Ordnung.«

»Und was ist mit Mutti?«, fragte ich bange.

»Sie ist im richtigen Spital, nicht so einem Notlazarett. Ich habe sie noch nicht gesehen. Au, zerquetsch mir nicht gleich die Hand.«

Ich legte den Kopf an seine Brust und hörte sein Herz schlagen.

»Du musst dir mal die Haare waschen.«

Ich strich mir übers Haar, betastete die verfilzten Knoten, dann berührte ich seins. »Du hast geduscht!«

»Ja, es gibt Duschen in den Umkleideräumen.«

»Du riechst nach Lavendel.«

»Nein, Edelweiß. Es ist Edelweißseife.«

Er hatte recht.

»Hast du gesagt, du verlierst vielleicht einen Zeh?«

»Nicht so schlimm. Kleinigkeit, eigentlich, im Vergleich.«

»Zu Mutti ...«, sagte ich. Fast hätte ich gesagt »und Papi«, aber ich brachte es nicht über die Lippen. Es wäre zu schmerzlich, es laut auszusprechen; ich beschloss stattdessen, mehr wie Heidi zu sein und die Stimmung aufzulockern. »Tja, wenn es dir nichts ausmacht, soll es mich auch nicht stören. Ich werde dir aber einen neuen Spitznamen geben müssen, »Vier-Zehen-Werner« vielleicht.

»Neun, wenn schon. Neun-Zehen-Werner«

Und wieder hatte Werner recht.

An diesem Abend konnte ich zum ersten Mal seit über einem Jahr heiß duschen. Es war wie Zauberei. Ich seifte mich ein und sah dem Dreck nach, der den Abfluss hinabstrudelte, bis auch ich nur noch nach Edelweiß roch. Zwei Schwestern schoben für mich in die Lücke neben Werner ein weiteres Bett. Ein richtiges Bett – direkt neben Werner. Seine vertrauten Nachtgeräusche zu hören tat mir so gut. Ehe ich endlich einschlief, stellte ich mir unsere ganze Familie, alle vier, hoch in den Alpen in einem feinen Hotel vor, so stolz und sauber wie offenbar alles hier in der Schweiz. Wir fuhren Schlitten und sogar Ski. Wir vergnügten uns bis zu den Mahlzeiten, und wir aßen bis zur Nachtruhe, und dann begannen wir wieder von vorne.

Die nächsten Tage vergingen in einem Nebel aus Schlaf und Wärme und Mahlzeiten. Eines Abends, als wir eben zu Ende gegessen hatten, erschien jemand von einer Schweizer Behörde, verlangte nach Ruhe und kam dann rasch und unüberhörbar zur Sache.

»Morgen werden Sie mit dem Zug nach Frankreich zum

Hafen in Marseille gebracht. Von dort fahren Schiffe nach Amerika und anderswo ab. Bitte packen Sie Ihre Sachen. Abfahrt ist um neun Uhr.«

»Anderswo? Wohin denn?«

»Weiß ich nicht«, sagte Werner. »Frag mal.«

Ich zupfte einen hochaufgeschossenen Beamten, der gerade vorbeikam, am Ärmel und erklärte ihm unsere Lage. »Können wir nicht in der Schweiz bleiben? Das liegt näher an den Niederlanden, unserer Heimat. Wir sprechen doch kein Englisch.«

Er sah auf mich herunter und sprach sein fremdes Deutsch langsamer.

»Ihr seid Displaced Persons, Zwangsverschleppte, aber keine Schweizer.«

»Wir sind Deutsche und leben in Amsterdam. Oder haben jedenfalls dort gelebt«, sagte Werner.

»Beide Länder sind noch in der Hand der Nazis. Ihr könnt weder nach Deutschland noch in die Niederlande.«

»Und was ist mit Ecuador?«, fragte ich. »Wir haben ecuadorianische Pässe.«

»Eure ecuadorianischen Pässe sind ungültig«, sagte der hochgewachsene Beamte. »Sie haben euch ermöglicht, den Lagern zu entkommen, aber für die Überfahrt nach Südamerika reichen sie nicht.«

»Aber wenn wir nirgends hinkönnen, warum können wir dann nicht bleiben?«

»Fräulein, es gibt einfach zu viele Flüchtlinge, und es werden immer mehr. Ihr müsst weiter.«

»Aber was ist mit unserer Mutter? Sie ist schwerkrank.«

Er versprach, sich nach ihr zu erkundigen. Dann wurde er fortgerufen. Er kam nicht wieder. Ich fragte eine Krankenschwester. Auch sie wollte sich erkundigen, obwohl es schon spät war. Diese Schwester sah ich ebenso wenig wieder, aber ein Herr mit Nickelbrille kam, als nur noch Nachtlichter brannten.

»Eure Mutter heißt Gertrude Hasenberg?«, fragte er.

Wir nickten.

»Sie ist sehr krank, auf der Intensivstation. Mehr weiß ich auch nicht. Morgen sehen wir weiter.« Er ging.

»Wenn wir doch nur mit Henki-Express reisen könnten«, sagte ich. »Du könntest uns für überallhin Karten ausstellen.«

»Papi gefielen meine Henki Express-Reisen auch gut«, sagte Werner. »Er fand es wichtig, fremde Menschen an fremden Orten kennenzulernen. Wenn wir das täten, hätten wir garantiert mehr Freunde und weniger Feinde. Ich bin mir aber nicht sicher, ob ich ihm da noch zustimme.«

Denn wir hatten offenbar eine Menge Feinde, und die hatten uns schließlich aus nächster Nähe erlebt.

»Vielleicht stimmt es trotzdem«, meinte ich. »Die Nazis haben sich ja nie die Mühe gemacht, uns kennenzulernen.«

»Sie haben uns mit blankem Hass betrachtet.«

»Ich glaube nicht, dass sie uns überhaupt gesehen haben.«

38

Ich habe nichts und niemanden mehr

St. Gallen, 30. Januar 1945

Am Morgen wurden alle, die gehen konnten, nach draußen zu einem Lastwagen geschickt. Werner sagte ich, wir sähen uns am Zug. Der Bahnsteig war übersät mit Displaced Persons wie uns, teils auf Tragen oder in Rollstühlen. Mein Gesicht war bald steif von dem Wind aus den Bergen. Hoffnung beseelte die Menschen – lächelnde Gesichter, beschwingte Schritte, Umarmungen und Berührungen –, aber ich sorgte mich um Mutti. Ich hievte mir meinen Rucksack auf die Schultern.

Nachdem ich für mein Gefühl schon überlang auf Mutti und Werner gewartet hatte, machte ich mich auf die Suche, wühlte mich von der Lokomotive bis ganz ans Ende des Zugs durch die Menge, aber vergeblich. Angst packte mich. Ich verlagerte das Gewicht meines Rucksacks. Ich musterte die Gesichter der Verantwortlichen und wandte mich dann an einen Mann mit dicken Backen und freundlichen Augen, der mit drei anderen Leuten sprach. Ich wartete, bis ich an der Reihe war.

Er hörte mir zu und meinte: »An deiner Stelle würde ich einfach hier warten und gut aufpassen. Wann hast du sie denn aus den Augen verloren?«

Als ich ihm sagte, ich hätte sie nicht verloren, sondern noch gar nicht gesehen, schickte er mich zu einem Kollegen mit

Klemmbrett. Der ließ mich erst mal lossprudeln, dann hob er warnend die Hand.

»Augenblick. Name?«, fragte er einen Mann, der gerade auf ihn zuhielt.

»Schlamm«, sagte der.

Der Beamte machte auf seiner Liste drei Haken, und drei Leute stiegen ein. Dann nahm er mich wieder in den Blick.

»Name?«

»Hasenberg«, sagte ich. »Irene. Außerdem Gertrude und Werner, meine Mutter und mein Bruder. Alle Hasenberg.«

Er setzte einen weiteren Haken. Von hinten drängte schon ein Paar nach.

»Name?«

»Hasenberg, sage ich doch.«

»Nicht du. Die beiden hier.«

»Levy«, sagte der Mann.

Der Aufseher machte zwei Haken und nickte. Zu mir sagte er: »Ich habe hier nur eine Mitreisende. Nur einmal Hasenberg: Irene.«

»Das kann nicht sein.«

»So steht es hier. Steig bitte ein.«

»Kein Werner auf der Liste? Keine Gertrude?«, bettelte ich. Ich lugte nach dem Blatt auf seinem Klemmbrett.

»Nein«, antwortete er. »Also bitte …«

»Vorwärts, Fräulein«, sagte der Mann hinter mir. Als er sein Gepäck in den Wagen hievte, pfiff die Lok schon.

»*Los, los!*«, drängte der Beamte. »Deine Familie folgt schon noch. Nicht auf diesem Zug, aber einem anderen. Ganz sicher. Los, los.«

Ich konnte nicht sprechen, aber mein Kopf ruckte von links nach rechts.

»Name?«

»Nein … nein … nein, nein, NEIN!«, stieß ich immer schriller hervor. »Ich kann nicht ohne sie fahren. Ich kann nicht! Sie brauchen mich!«

»Beruhige dich …«

»Sie brauchen mich!«

»Beruhige dich.«

»Ich muss meinen Bruder was fragen! Ich muss Lebwohl sagen!« Ich keuchte. »Ich *brauche* sie!«

Umstehende redeten beschwichtigend auf mich ein. Ich sah am Zug entlang in den Dampf auf einen weißen Punkt, Lichtspiegelung in einem fernen, hohen Fenster. Ich brauchte einen Halt. Alles verschwamm. Es schnürte mir die Kehle zu. Ich wurde gepackt und in den Zug gehoben. Auf eine Bank gesetzt. Der Zug ruckte los. Der Bahnhof glitt hinter uns weg.

Ich war zu benommen, um überhaupt zu merken, dass mir unaufhaltsam die Tränen herunterliefen, den ganzen Tag und bis in die Nacht. Es gab zu essen und zu trinken, meine Portion blieb unangerührt und wurde wieder abgeräumt. Der Zug rollte Richtung Westen nach Frankreich, zog mich und meine Familie immer weiter auseinander, bis ich dachte, es zerreißt mich. Ich flehte alle, die mir offiziell vorkamen, an, mich zu meiner Familie zurückkehren zu lassen. Irgendjemand sagte: »Mal sehen, was sich machen lässt«, machte aber gar nichts. Man begann mich zu ignorieren.

Weil meine Beine kribbelten und zuckten, wanderte ich durch die Gänge. Überall lagerten Familien und Gruppen. Meine Unrast führte mich von Wagen zu Wagen. Schließlich hatte ich das Zugende erreicht, ich lehnte die Stirn ans eisige Fenster, sah die Schienen in der Ferne zusammenlaufen.

Bäume, Felder mit Schneeflatschen, Telefondrähte, die roten Dächer kleiner Ortschaften flogen vorbei, wichen anderen, aber nicht so die Schienen. Die liefen immer auf ein- und denselben Punkt zu, an dem alles schwand, was ich an Orten und Menschen zurückließ.

Den Schweizern war gelungen, was die Nazis nicht geschafft hatten: meine Familie auseinanderzureißen. Zwei Jahre lang und trotz der zunehmenden Todesgefahr hatten wir in Lagern beisammen bleiben können, für die ich inzwischen die Bezeichnungen »Konzentration« und »Vernichtung« kannte. Zu viert waren wir schließlich alle freigekommen und wurden jetzt durch den Tod, durch Krankheit und fremde Regeln versprengt.

Ich blickte in einen Abgrund an Einsamkeit, der noch tiefer klaffte als der Hunger in den Lagern. Ich hatte nichts und niemanden. Mein Geburtsland Deutschland hatte mich verstoßen, und in die Niederlande, meine zweite Heimat, konnte ich nicht zurück. Ich war nicht einmal mehr Häftling. Bergen-Belsen war in gewisser Weise mein letztes Zuhause gewesen, einfach weil es der letzte Ort unseres Zusammenseins war. Ein Ort der Finsternis, den ich in die hintersten Winkel meiner Erinnerung zu verbannen suchte, aber im Herzen wusste ich, dass es mir nie möglich sein würde. Ich klammerte mich an dieses letzte Zuhause.

39

Zugfahrt durch die Schweiz und Frankreich

30. Januar bis 8. Februar 1945

»Alles in Ordnung, Kindchen?«, hörte ich jemanden sagen.

Ich wandte den Kopf und sah vor mir ein rundes, sorgenzerfurchtes Gesicht: eine Frau ungefähr in Muttis Alter, aber wohlgenährt und –gekleidet. Nicht fett, nicht piekfein, aber eindeutig nicht aus Bergen-Belsen.

»Ja«, sagte ich. Sie wirkte so harmlos, dass ich fand, ich brauchte sie nicht zu beachten. Ich widmete mich wieder den davonjagenden Eisenbahnschwellen.

»Hm. Ich bin Frau Eisenberg. Wie heißt denn du?«

»Irene Hasenberg.«

»Du warst in Bergen-Belsen.«

Ich nickte.

»Oje«, seufzte sie hinter mir. »Ich bin aus New York. Ich saß die letzten zwei Jahre in Deutschland fest, in Biberach. Ich hoffe sehr, dass 1945 ein besseres Jahr wird als die vorausgegangenen. Januar lässt einen doch immer hoffen. Wo ist deine Familie?«

»Nicht hier.«

»Es tut mir leid. Das war unbedacht von mir. Bei so vielen Verlusten …«

»Meinen Vater, das heißt seinen Leichnam, haben wir in Biberach gelassen …«

»Das tut mir furchtbar leid. Und wo geht es jetzt hin?«

»Keine Ahnung. Meine Mutter ist noch in der Schweiz ... sie ist sehr krank, sie ist schon so lange krank, keiner weiß so recht, was sie hat, sie wird vielleicht sterben wie mein Vater ... und mein Bruder ...«

Und dann brach die ganze Geschichte aus mir heraus, immerzu und zu, Worte ergossen sich, als hätte ich ein Leck.

»Irene, ich bin auch allein«, sagte die Frau. »Ich kann mich um dich kümmern.«

Meine Augen wurden schwer.

»Ich bringe dich nach Amerika. Versprochen.«

Sie nahm mich mit in ihr Abteil, zog mich auf ihren Schoß und hielt mich fest. Ein Klopfen an der Tür brachte weitere Rotkreuzrationen. Ich zupfte die Schnur von der braunen Schachtel. Es kamen kleine Konserven und ein kleiner Dosenöffner zum Vorschein. Ich machte auf, löffelte Pudding, Reis und Fisch. Ich starrte auf die Tafel Schokolade. Ob die gute Droste in Amsterdam noch oben auf dem Küchenschrank verstaubte? Dann stierte ich einfach in eine Ecke.

Nachmittags irgendwann zog Frau Eisenberg los. Sie war bald schon wieder da, Taschentuch vor den Augen. Sie setzte sich neben mich und nahm meine Hände zwischen ihre.

»Irene, es tut mir so leid«, sagte sie, »aber ich kann dich nicht nach Amerika mitnehmen. Ohne einen amerikanischen Pass oder gleichwertige Dokumente lassen sie niemanden rein. Ich hätte dir nichts versprechen dürfen. Aber immerhin habe ich erfahren, dass du nach Afrika sollst.«

Die folgenden Tage kamen mir vor wie aus der Geschichte einer anderen, aus einem Buch, das für mich unleserlich blieb; ich konnte mich nicht konzentrieren, meine Gedanken gingen ihre eigenen wirren, quälenden Wege.

Wir erreichten Marseille und landeten irgendwie im Hafen. Das größte Schiff war ein weißer Passagierdampfer an Tauen, die so dick waren wie Baumstämme. An den Schiffswänden standen große Buchstaben, die die Worte »Gripsholm« und »Sverige« ergaben, und prangten die schwedischen Nationalfarben. Um den Bauch liefen goldene und blaue Streifen. Die *Gripsholm* würde Frau Eisenberg und andere heimbringen nach Amerika.

Wir verbrachten zwei Tage auf einem Lazarettschiff, dann teilte man uns in zwei Gruppen auf. Ich landete in der kleineren. Die größere war für die Überfahrt auf der *Gripsholm* bestimmt, darunter Frau Eisenberg. Die umarmte mich fest, dann ging sie winkend die Gangway hinauf.

Mein kleiner Haufen zog weiter zu einem anderen Kai und zum italienischen Frachter *Città di Alessandria*, einem schäbigen Pott. Als ich mich am Geländer der Gangway hochzog, wurde meine Hand innen rot vor Rost. Ein Mann in einer schmuddeligen weißen Uniform sagte, es gehe nach Algerien, verriet aber mit keinem Wort warum, wozu oder wie lange.

Betten säumten die Wände eines langen Raums, die Laken und Decken an den Ecken stramm eingeschlagen, die Matratzen von niedrigen Holzrändern umgeben, die uns, wie uns ein italienischer Matrose mit einer Pantomine klarmachte, bei Sturm davor bewahren würden, aus dem Bett zu fallen. Mit unter dem seitlich geneigten Kopf geballten Fäusten warf sich der Mann hin und her, ruderte dann mit den Armen, bis er kurz über dem Boden die Hände spreizte. *Platsch*. Er machte es gleich mehrmals vor, bis ich mit einem Nicken andeutete, dass ich verstand. Zufrieden grinsend tippte er sich an die weiße Mütze und wollte sich rückwärts entfernen.

»Warten Sie«, rief ich. »Wann gibt es essen?« Ich tat, als

würde ich mir was in den Mund schieben, dann zeigte ich auf seine Uhr, die er mir sogleich vors Gesicht hielt, um mit dem rechten Zeigefinger auf die Zwölf zu tippen.

»Und jetzt? Gibt es jetzt was?« Ich stupste auf die Neun und die Sechs des Ziffernblatts, die aktuelle Uhrzeit.

Er schüttelte mit bedauernd vorgeschobener Unterlippe den Kopf, zuckte mit den Achseln und verschwand. Also hockte ich mich in eine obere Koje, ließ aber den kleinen Haufen meiner Habseligkeiten erst einmal auf dem Boden liegen. Der Raum war stickig, roch muffig und etwas nach Öl. Die Augen fielen mir zu. Ich sank auf die graue Decke zurück, den Kopf etwas abgeknickt, damit er nicht an die Wand stieß.

Mir knurrte der Magen. Ich hatte schon wieder einen Riesenhunger, obwohl das Frühstück noch nicht lange her war. Ich hörte Leute rumoren. Ich hielt die Augen geschlossen. Ich sollte etwas tun, dachte ich schlapp.

Du wartest aufs Essen. Das reicht.

Ich mochte mich nicht rühren. Nicht in tausend Jahren, es sei denn, um bei Mutti und Werner sein oder essen zu können. Alles andere hatten Herz und Seele sozusagen über Bord geworfen.

Vor langer Zeit, als ich zur Schule ging, hatte Fräulein Pino uns gelehrt, das Herz sei ein Muskel. Zur Veranschaulichung hatte sie die Hand zur Faust geballt und wieder geöffnet. Sie hatte betont, wie wichtig körperliche Ertüchtigung sei, die Stärkung der Muskeln, auch des Herzens, ohne zu übertreiben und Zerrungen zu riskieren. Ich hatte mir das Herz gezerrt, gerissen. Wie ein verletztes, verängstigtes Tier warf es sich gegen die Rippen meines Brustkorbs. Bumm. Bumm. Bumm.

Da hörte ich eine vertraute Stimme und öffnete die Augen.

Es war die dicke Frau Abraham mit dem von der hohen Stirn zurückgestriegelten glatten, dunklen Haar. Ich hatte sie zuletzt gesehen, als Papis toter Körper auf der Sitzbank im Zug lag, als Werner und ich aßen und ihr Mann uns getadelt hatte: *Euer Vater ist gerade verschieden, wie könnt ihr da essen?* Ich drehte den Kopf, um zu sehen, ob er auch da war, aber ich sah hinter ihr nur ihre beiden Kinder, Hans und Ruth, und den mimenden Matrosen. Und dahinter suchten sich noch wieder andere, die ihrer zerlumpten Kleidung und ihren ausgemergelten Körpern nach wie ich Häftlinge gewesen sein mussten, Kojen und sanken nieder.

Ich begrüßte Frau Abraham, mochte aber nicht reden. Sie sah mich an wie etwas, was sie vor langer Zeit verloren und gerade wiedergefunden hatte.

Ihr Ausdruck war wie der von Frau Eisenberg: besorgt. Würde auch sie Versprechen machen, die sie nicht halten konnte?

»Wir sollten etwas Ordnung schaffen«, erklärte sie vage.

Als ich mich nicht rührte, wiederholte sie ihre Worte noch zweimal. Schließlich stieg ich hinunter, hängte meine Jacke an einen Türhaken und schob mein Bündel tiefer unter das Etagenbett. Dann kletterte ich wieder nach oben und lehnte ein Foto meiner Eltern auf die Ablage über der Koje – Mutti war in ihren hochhackigen Schuhen so groß wie Papi. Ich packte Papis Rasierzeug mit dem lange verflogenen Duft der Sandelholzseife aus. Wie in Trance faltete ich meine rosa Decke und legte sie ans Fußende, strich die Falten aus und pflückte Strohfasern von der Wolle – Überbleibsel von Bergen-Belsen.

Frau Abraham murmelte ihren Kindern etwas zu und ging.

Ich strich unablässig über meine Decke, glättete tumb jede kleinste Unebenheit.

Als ich mich unter das kalte, stramme Laken schob, entriegelte jemand das Bullauge und klappte es ganz auf. Bald lullten mich das Möwenkreischen, fernes Lachen, der Geruch des Meers, eine Brise am Hals und schließlich ein Traumbild von Papi in seinem grauen Nadelstreifenanzug ein. Geschützt vor Sonne und Sand thronte er in einem großen grünweiß gestreiften Strandkorb. Er lächelte, das Haar exakt gescheitelt und mit Pomade geglättet, das rechte Bein über das linke geschlagen. Er war direkt aus dem Büro gekommen, um uns zu sehen, hatte sich nicht einmal die Zeit genommen, Badezeug anzulegen. So dringend wollte er bei uns sein. Im Traum planschte ich noch in den Wellen, wollte aber zu ihm hinlaufen, als mich der Sand zurückhielt, meine Füße umspülte und mich herunterzog. Der Rockschoß meines Badekostüms wurde nass und schwer, meine Beine von den Wellen hin und hergezerrt, meine Füße vom Sand gehemmt. Eine Kraft viel stärker als ich schubste mich in alle Richtungen, nur nicht zu Papi hin.

Ich fuhr nach Atem ringend aus dem Schlaf hoch; sofort waren die Leere und der Hunger wieder da. Ich fröstelte. Ich schloss das Bullauge, kletterte aus meiner Koje und folgte anderen zum Essraum.

Dort saßen wir an Holztischen mit erhöhtem Rand, damit das Geschirr nicht wegrutschte. *Platsch*. Als neben mir Herr Abraham Platz nahm, versteifte ich mich, ich erwartete einen Rüffel. Die Küchentür flog mit einem Knall auf – ich zuckte zusammen –, und es spazierten Matrosen mit Servierplatten voller Hamburger herein. Ich bestaunte den Berg der fetttriefenden Wunder vor uns auf dem Tisch. Selbst die Brötchen glänzten. Ich fing erst an, als Herr Abraham den ersten Bissen nahm.

Ich wollte Mutti gerecht werden und manierlich essen, aber es ging nicht. Wie ein Wolf fiel ich über meine Portion her, schlang Brocken und Bissen in mich hinein, bis alles weg war und mir der Fleischsaft übers Kinn lief. Den wischte ich erst ab, als der Hamburger ganz vertilgt war. Ich stürzte Wasser herunter, um den letzten halbgeschluckten Happen herunterzuspülen und griff mir gleich den nächsten Burger, ehe die leere Platte entschwand, um allerdings gleich durch eine volle ersetzt zu werden.

»Das bringt wieder was auf die Rippen«, bemerkte Herr Abraham und drängte: »Iss nur, iss!«

Wie auf dem Zug nach Bergen-Belsen war mein Bauch plötzlich so dick, dass ich kaum noch Luft kriegte. Mich hastig entschuldigend, schoss ich an Deck, die Hand an den Leib gepresst, als wäre der ein Deich und müsste eine Springflut zurückhalten. Draußen lehnte ich mich gegen die Bordwand und blickte über Marseille hinaus, wo sich auf dem Hügel vor violett dämmernden Himmel wie ein Scherenschnitt eine Kirche abhob.

Licht fiel übers Deck, als eine Tür aufging und ein Koch erschien, die weiße Schürze braun besudelt, zwischen den Lippen eine Zigarette. Er schleppte einen großen, schweren Zinkeimer, der ihm Schlagseite gab.

»*Buona sera*«, grüßte er so, dass die Zigarette tanzte.

An der Reling hob er ächzend den Eimer an und kippte Aberdutzende Hamburger ins Meer. Mehr Fleisch, als ich in zwei Jahren zu sehen bekommen hatte. Genug, um uns alle bei Kräften zu halten, genug, um Papi gerettet zu haben. Die ganze Verpflegung, verschwendet. Ich sprang auf und stürzte an die Reling. Anders als bei meiner ersten Völlerei musste ich mich diesmal tatsächlich übergeben. Der Koch lachte, seine Zigarette fiel ihm aus dem Mund, er trat die orange leuchtende Glut mit dem Absatz aus.

»Jetzt schon seekrank? Das Schiff liegt doch noch im Hafen. Noch gar keine Wellen!«

Am Tag darauf weckte mich spätmorgens Maschinenlärm. Das Meer war spiegelglatt. Wir hatten fast Februar, aber es war warm, und sobald ich an Deck war, zog ich auch meinen ausgefransten braunen Pullover aus. Er baumelte filzig grotesk in meiner Hand wie ein totes Tier. Ich wollte ihn über Bord schleudern, besann mich aber eines Besseren, denn ich wusste ja nicht, wo ich letztlich landen würde.

»Tag, Reni!« Es war Lex Roseboom. »Warm, nicht?«

»Ja.«

»Deinen Pullover hast du ja schon abgelegt.«

»Der ist widerlich.«

»So schlimm auch wieder nicht.«

Ich schwieg, also räusperte er sich und fügte hinzu: »Das mit deinem Vater tut mir leid. Er war großartig. Sagt jedenfalls mein Vater.«

Ich fummelte an meinem Pullover herum, ohne etwas zu sagen.

Lex sagte: »Mehr wollte ich eigentlich nicht sagen. Es tut mir leid.«

»Ja«, brachte ich heraus.

»Na dann. Bis später.«

Meine Stimmung besserte sich nicht. Beim Mittagessen hielt ich den Kopf gesenkt und den Abstand zwischen Speisen und Mund so klein wie möglich. Selbst nach drei Portionen Kartoffeln kratzte ich noch mit meinem Löffel die leere Schüssel aus.

Der Matrose, der abräumte, tippte mir auf die Schulter. »Wenn du in die Küche kommst, gibt es mehr«, sagte er in sehr einfachem Deutsch. Nase und Kinn waren bei ihm spitz, die Augenbrauen buschig.

»Ich bin Francesco.«

»Reni.«

Ich folgte ihm. Die relative Ruhe der Schiffsmesse wich in der Küche einem einzigen Tohuwabohu: Männer in weißen Hosen, Unterhemden, Jacken und Mützen wirbelten und wanden sich umeinander herum, schwangen Servierplatten, Hackbeile, siedende Töpfe und riesige Fleischteile. Jede Bewegung schien Vorspiel zu einer Katastrophe, um dann um Haaresbreite abgewendet zu werden. Es war so kunstvoll wie eine Tanzszene mit Shirley Temple. Francesco steuerte mich zu endlosen Tabletts mit Aufschnitt, Eiern, Bratkartoffeln und Brot.

»Iss.«

An die Erfahrungen im Lager zurückdenkend, zögerte ich. Nahrung war Macht. Was, wenn er im Gegenzug von mir etwas wollte, wie einige der Wachen in Bergen-Belsen von den Mädchen?

»Ich bin satt«, sagte ich. »Ich muss los.«

»Wirklich? Aber du siehst so hungrig aus. Keine Sorge«, sagte Francesco, »tut dir keiner was. Iss, so viel du willst, und wir gehen zurück.«

Ein Koch mit Jacke und hoher Mütze stieß zu uns und musterte Francesco über den Rand seiner Brille hinweg. Sie redeten mit viel Gefuchtel der Hände, bis der Koch schließlich lächelte, nickte und mit der offenen Hand auf die Festtafel wies. Als ich erst angefangen hatte zu essen, konnte ich gar nicht mehr aufhören. Der Mann stellte Fragen, aber ich war mir nicht sicher, ob er wirklich mich meinte, er schien eher Selbstgespräche zu führen. Wie ich bloß so dünn geworden sei? Wo ich herkäme? Ich sagte nichts, weil ich keine Lust hatte. Ich sah ihm nach jeder Frage in die Augen, kaute aber weiter; das Essen verschlang alle Gedanken und Gefühle.

Neubeginn
Auffanglager Jeanne d'Arc, Algerien 1945

40

Ankunft im Auffanglager Jeanne D'Arc

Philippeville, Februar 1945

Auch die nächsten zwei Tage hielt ich es so: Ich aß, schlief und bangte um Mutti und Werner. Dann rief an Deck jemand, er sehe Land. Mehrere Stunden lang verfolgte ich, wie aus dem Schatten am Horizont Hügel wurden, weiße Häuser mit orangeroten Dächern, hohe geschwungene Bäume, die sich oben borstig auffächerten, als wollten sie den Himmel anmalen. Das war die Nordküste Afrikas, dann Algerien und schließlich der Hafen von Philippeville. Ein kleiner Schlepper glitt heran und lotste die *Città di Alessandria* durch das Gewirr der im Hafen liegenden Schiffe, bis wir uns an den Kai schoben und festgemacht wurden. Essenszeit, hieß es, zu spät, um noch von Bord zu gehen.

Am Morgen frühstückten wir und packten. Auf dem Pier wimmelte es von rotgesichtig verbrannten britischen Soldaten mit Schirmmützen und aufgekrempelten Khakihosen und von dunkel gegerbten Algeriern in langen Gewändern, die Köpfe mit weißen Tüchern umwickelt. Unter Rufen, Kommandos und Gelächter schafften Letztere in rauen Händen und auf breiten Rücken unsere Habe an Land. Ihre Stimmen und Reden klangen kehlig und hastig, als würden sie zu einer Melodie singen, die ich nicht hören konnte. Eine Mischung vieler Gerüche durchzog die Luft: Es roch nach Motoren, Fisch, fremden Gewürzen und Holzfeuer. Ich schloss mich dem Strom der Menschen an, die eine so schwankende Gangway überquerten, dass ich auf jeden Schritt achtgeben musste. Hoch über dem Meer wankte ich den federnden Steg hinab auf den afrikanischen Kontinent.

Soldaten brachten uns zu einer Kolonne von Fahrzeugen und Sanitätswagen. Aussichten wie diese kannte ich bisher nur von vergilbten Postkarten. Wir kamen an Palmen vorbei, die wie in Habachtstellung die Straße säumten. Die Fahrtroute führte uns zunächst an dicht gedrängten, weißgetünchten, rundbogigen Häusern vorbei, dann, weiter draußen, an lehmfarbenen Häuschen. Aus plattgewalzten grauen Stadtstraßen wurden Pisten aus rotem Schotter. Zur Rechten zog sich zwischen türkisfarbenem schaumbetupftem Wasser und hoch aufragenden Klippen ein endloser Strand hin. Unser Fahrer drosselte sein Tempo für Rinder, Ziegen und Männer auf schlingernden Fahrrädern. Obwohl alle Fenster aufgekurbelt waren, herrschte eine Brüllhitze, und ich blinzelte in dem vielen Staub.

Die Hügel wurden höher und schroffer. Wir fuhren bergan. Einmal hielt der Wagen am Pistenrand, um einen Lastwagenkonvoi vorbeizulassen. Ein kleiner Zug Menschen wand sich einen Bergpfad hinab, die Gesichter und Leiber in lange, verschossene, am Saum rot verstaubte Gewänder gehüllt. Aus größerer Nähe sah ich, dass es Frauen waren, Stirn und Gesicht jeweils mit Tüchern umwickelt. Wie ertrugen sie es nur, fragte ich mich, so eingemummt in der Sonne umherzugehen, während unter den fließenden Gewändern bei jedem Schritt die nackten Zehen hervorlugten. Von den Kindern sah ich in dem Gewoge erst einmal nur die winzigen Zehen der winzigen Füße. Augen staunten mich an, als wir vorbeifuhren. Wie gern wäre ich unter ihnen gewesen, ein Kind und geborgen.

Wir bogen an einem kleinen weißen Emailleschild mit der Aufschrift »Quartier Jeanne d'Arc« ab. Über dem Namen wies ein Pfeil in Richtung eines mit Gestrüpp und einzelnen Bäumen bestandenen Hangs. Lange halbrunde Wellblechhütten durchzogen die öde Landschaft. An einigen Stellen hatte man diese Gewölbe aufgebogen und Fenster eingesetzt. Eines war mit einem Spitalkreuz versehen, dort hielten die Sanitätswagen. Von Zäunen und Stacheldraht keine Spur.

Wir blinzelten im grellen Licht, als wir aus dem Bus stiegen und uns in die paar Flecken Schatten drängten. Ich zog es vor, für mich zu sein, und ließ mich unter einem Baum mit dickem, knorrig verwachsenem Stamm nieder. Ich lehnte mich an und spürte die Wurzeln. Ich sah hoch und entdeckte zwischen den schmalen Blättern, die beim leisesten Windhauch tanzten, kleine grüne Früchte. Nahebei knabberten schmuddelige Schafe an dürren Grasbüscheln. Jeanne d'Arc war als Halbwüchsige auf dem Scheiterhaufen verbrannt worden; einst war es mir unvorstellbar erschienen, dass eine in so jungen Jahren einen so schrecklichen Tod erlitt.

Es gab Wachposten im Graugrün deutscher Uniformen, aber mit kleinen Käppis, die so gerade eben auf ihrem geölten Haar thronten. Sie hatten allesamt Schnurrbärte, so schmal, als wären sie mit einem weichen Bleistift aufgemalt.

Man rief uns ins Spital. In der Warteschlange lauschte ich dem, was die Erwachsenen sich erzählten. Ich erfuhr, dass die Soldaten Jugoslawen waren. Die Algerienfranzosen rechneten nämlich mit Aufständen der einheimischen Bevölkerung, und die Wachposten waren weniger da, um uns drinnen als möglichen Ärger draußen zu halten. Das Lager war eine Sammelstelle für »Displaced Persons« und unterstand der UNRRA, der Nothilfe- und Wiederaufbauverwaltung der Vereinten Nationen. Eine Frau meinte, die UNRRA sei der neue, bessere Völkerbund. Ein Mann fand, der Völkerbund habe kläglich versagt und sei für den Ausbruch des Kriegs verantwortlich. Das war alles sehr verwirrend, und ich fühlte mich klein und unwissend.

Drinnen drückte und tastete ein junger Arzt mit wirrem Haar an mir herum, hörte Herz und Lungen ab, spähte mir in Ohren und Mund. Er ließ mich auf eine Waage steigen. Eine Krankenschwester begleitete jeden Schritt, reichte dem Arzt schweigend, was er brauchte, und trug anderes weg.

»Wie kann eine, die so viel durchgemacht hat und so unterernährt ist, so dichtes Haar haben?«, wunderte sich der Arzt, aber es war unklar, ob die Frage mir galt, also schwieg ich, und er wiederholte sie nicht.

Ich betrachtete mein Gesicht kurz in dem kleinen Spiegel über dem Waschbecken. Er hatte recht. Mein Haar war so widerspenstig und üppig wie eh und je, umso schmaler wirkte mein Gesicht. Dunkle Schatten unter meinen Augen machten ihr Blau zu Scherben klaren Himmels. Ich war mir nicht sicher, ob ich das gut fand. Ich wollte nicht auffallen.

»Du bist ohne Eltern hier«, sagte der Arzt, der mir in die Ohren leuchtete und meine Kopfhaut absuchte. »Gibt es jemanden, mit dem ich über deine Gesundheit sprechen sollte?«

Das überging ich und fragte stattdessen: »Bin ich denn gesund?«

»Nun, unterernährt zwar, aber abgesehen davon schon. Hast du sonst noch Fragen?«

»Sind meine Augen in Ordnung?«

»Siehst du schlecht?«

»Nein, sie kommen mir nur blauer vor als früher.«

Er nahm etwas zur Hand, das aussah wie ein dicker Stift und hielt es mir ans Auge. Ich schrak zurück.

»Schon gut. Das ist ein Ophthalmoskop. Ziemlicher Zungen-, aber kein Augenbrecher. Auch Augenspiegel genannt. Halte die Augen offen und entspann dich.« Er spähte durch den Spiegel. »Alles bestens«, meinte er. »Nichts Auffälliges.«

»Und wie klingt mein Herz?«

»Wie es klingt?«

»Ich meine, ob es in Ordnung ist.«

»Dein Herz ist tipptopp. Sehr stark.«

»Ich hatte Angst, es könnte, na ja, einfach stehen bleiben.«

»Das wird nicht passieren. Noch lange nicht.«

Ich wurde einer Wellblechhütte für Kinder zugeteilt, deren Eltern zu krank waren, sich zu kümmern, oder die keine mehr Eltern hatten. Das angrenzende Waschhaus roch frisch gestrichen, es gab Duschen mit heißem und kaltem Wasser. Ich drehte den Hahn auf, bis es dampfte. Ich schloss die Augen und wusch mein Haar wieder und wieder, dann ließ ich das Wasser einfach auf mich herabrieseln, bis eine Stimme schrie, genug, ich solle anderen auch noch was lassen.

Im Esssaal ging ich an einen langen Holztisch mit Kindern ohne Eltern. Darauf standen Schalen mit Nüssen und großen backpflaumenähnlichen Früchten. Ich setzte mich neben ein Mädchen, das ein paar Jahre jünger war als ich. Ihr schnurgerades Haar war nass und hing ihr bis fast auf den Teller.

Sie wandte sich mir zu, lächelte und sagte: »Ich habe es viermal gewaschen. Das war toll! Ich bin Mieke, Mieke Wolf. Mein Bruder heißt Jaap. Unser Vater ist der Zwerg. Das können die Leute sich von uns am besten merken.«

»Ich weiß«, sagte ich.

»Hallo Reni«, sagte ein dünner Junge in Werners Alter.

»Ich bin Jaap. Die hier musst du probieren. Die sind ja sooo gut.«

»Ich wette, das sind Käfer ohne Beine«, meinte Robbi Joski, der auch aus Bergen-Belsen kam und ungefähr so alt war wie ich. Er hatte irgendwas Dunkelbraunes zwischen den Zähnen.

»Ih! Robbi!«, beschwerte sich Mieke.

»Köstliche Käfer«, sagte Robbi.

Vom Nachbartisch rief jemand herüber: »Das sind Datteln!«

Ich nahm eine hoch, sie klebte mir an den Fingern. Ich schnupperte daran, sie roch nach Melasse und Gewürzen. Ich schob sie mir in den Mund. Sie schmeckte himmlisch. Den Kern legte ich auf den kleinen, wachsenden Haufen auf dem Tisch. Ich erfuhr, dass Robbis Eltern und seine ältere Schwester Ellen im Spital waren. Mieke und Jaap hatte man in die Kinderhütte gesteckt, weil Herr Wolf sich rund um die Uhr um ihre krebskranke Mutter kümmerte. Wir kriegten einen Ziegenfleischeintopf mit Kartoffeln und Möhren vorgesetzt, und heißen Tee. Sobald die Reste und das Geschirr abgeräumt waren, händigte man uns allen ein Notpäckchen mit Toilettenpapier, Zahnpasta, einem Bleistift, Papier und Seife aus. »Eigentlich brauchen wir vor allem Zahnstocher«, bemerkte Robbi und pulte sich mit den Fingern klebrige Dattelreste aus den Zähnen.

Wieder in der Hütte angelangt, schoben Mieke und ich unsere Betten aneinander. Nachts schreckte ich aus einem Traum mit heulender Luftschutzsirene auf, dann merkte ich, dass es ein Schrei war.

»Was ist das?«, flüsterte ich mit bebender Stimme.

»Vitek«, sagte Mieke, »der fünfjährige polnische Junge

dort in der Ecke. Es heißt, er hat seine ganze Familie verloren – vor seinen Augen ermordet. Vor vier Wochen erst. Und dabei wären sie fast rausgekommen.«

Fast rausgekommen. Ich krümmte mich unter meiner rosa Decke zusammen und hielt mir vor so viel Schmerz die Ohren zu. Vitek schluchzte: *Mama, Tata, Mama, Tataaaaa*, bis ihn der Schlaf überkam.

Es sollte nicht der letzte Albtraum sein. Wir alle hatten welche. Robbi erzählte, seine Schwester Ellen wache im Spital ständig in Todesangst auf. Aber von uns allen war es am häufigsten Vitek. Seine spitzen Schreie bohrten sich mir in die Ohren. Es war der Klang einer Seele am Abgrund. Er machte mir eine Heidenangst, weil es bei mir ja nicht anders war. Mein Bauch füllte sich, aber der Spalt in meinem Herzen wurde bodenlos und drohte mich zu zerreißen. Die Kiesel unter meinen Füßen zerfielen und rollten in den Abgrund.

41

Wir Kinder ohne Eltern

Auffanglager Jeanne d'Arc, Februar und März 1945

Für uns Elternlose gab es eine »Hausmutter«, eine Spanierin, die nur ihre eigene Sprache sprach und für die Kinderhütte zuständig war. Sie lächelte viel, wenn sie fegte und aufräumte. Abends trank sie Wein direkt aus der Flasche und sang sich etwas vor, und nachts säuselte sie manchmal, aber nur manchmal, unsere Albträume weg. Meist verschlief sie laut schnarchend unsere Qualen.

Jeden Tag machte ein Verwalter die Runde durchs Lager und verteilte Post und Telegramme, kostbare handgeschriebene Briefe und maschinengeschriebene Streifen Papier, die festhielten, wer drüben in Europa noch lebte, wer tot oder vermisst war. Sie sagten die Zukunft voraus, verrieten, wer heimkehren würde und wer sich eine neue Heimat suchen musste. Die Rückkehr nach Deutschland schien aussichtslos, obwohl die Nazis fast besiegt waren. Doch auch Nachbarstaaten wie die Niederlande lagen in Trümmern. Die Menschen horteten ihre Brief- und Telegrammschätze wie Schokolade, gönnten sich immer nur kleine Bissen. Jedes Wort, jeder Satz wurde wieder und wieder gekostet, es sollte einem ja nichts entgehen. Jeder Satz von den Liebsten in der Ferne wurde verschlungen. Die Worte spendeten Leben.

Ich schrieb Mutti und Werner in die Schweiz. Ich schrieb übers Essen – Eier, Orangen, Äpfel, Fleisch, Brot, Kaffee und

Säfte – und schickte tausend Küsse, versicherte ihnen, dass ich immer an sie dächte. Mit jedem Tag der Verpflegung und Ruhe wuchs meine Kraft. Meine Hände zitterten nicht mehr vor Hunger, aber mich quälte, dass ich aus der Schweiz nichts hörte. Jeden Tag fragte ich den Verwalter, ob nicht auch für mich etwas gekommen sei, und jeden Tag schüttelte er den Kopf.

»Keine Nachricht gute Nachricht«, meinte Frau Abraham.

Kaum schien mein Kopf eine Zeit lang klar, fiel ich wieder ins Bodenlose der Nachtangst und der Albträume zurück. Wie sollte ich als Waise überleben? Stimmte das mit den Wundern gar nicht? Waren sie hohles Gewäsch? Jahre waren wir dem Tod entronnen, um dann zwischen Freilassung und Freiheit Papi zu verlieren. Mir fielen Miekes Worte wieder ein: Viteks Familie sei *fast rausgekommen*. Ich wusste, das hieß noch lange nichts. Meine ganze Familie war rausgekommen, um gleich darauf trotzdem auseinandergerissen zu werden. Der lange Weg der Hoffnung verlor sich nun am Ende einer Sandpiste in einem fremden Land im Nirgendwo. An diesem Ende gab es nur Staub.

Ich hielt mich möglichst außerhalb der Wellblechhütte auf, weit von den anderen und von Vitek, bis man mich hineinschickte ins Bett.

»Reni! Telegramm!«, hörte ich es eines Morgens rufen.

Bitte?

Der Schrieb war vom 2. März 1945. Mein Name stand in blauer Tinte darauf. Einen Augenblick zögerte ich, aus Angst, was zum Vorschein kommen und was es für meine Zukunft bedeuten könnte. Ich hielt das Telegramm am Fenster ins Licht und riss es an einem Ende auf, vorsichtig, um den Text nicht zu beschädigen.

Mutti und Werner gehe es besser, sie seien aber nach wie vor im Spital. Werners Zeh habe man retten können.

Mein Blick flog über die Zeilen hin und her, mir sollte ja nichts entgehen. Mutti und Werner waren AM LEBEN! Ich schluchzte auf, dann führte ich, den Schrieb an die Brust gedrückt, vor meinem Stockbett Freudentänze auf. Ich drückte auch die verblüffte Hausmutter, die gerade ein Bett neu bezog. »Am Leben!«, rief ich. Sie lächelte und prostete mir zum Schein zu. Kein Wort darüber, ob wir bald wieder zusammen wären, aber sie waren am Leben, und das hieß, irgendwann, irgendwo würden wir wieder vereint sein.

Noch am selben Tag wurde ich einer hochgewachsenen Frau vorgestellt, Madame Benatar. Sie war aus Marokko, sprach aber Englisch, sodass ich sie nicht verstehen konnte, bis ein Offizier dolmetschte. Sie war Anwältin und setzte sich für die Zusammenführung von Familien ein. Sie sagte, die Lagerverwaltung habe ein Telegramm von Verwandten in den Vereinigten Staaten erhalten, die bereit seien, unsere Reise dorthin zu finanzieren. Sie hätten bereits Verbindung mit Mutti und Werner aufgenommen und mich hier aufgespürt. Es gebe keine Garantie, erklärte Madame Benatar, aber gute Aussichten, dass wir nach Amerika würden gehen können.

Die Sonne ging unter. Die Hügel, mit Gold übergossen, in den Schatten violett, schienen näher und ferner zugleich, waren schöner als je zuvor. Ich sah Werner mit seinem Henki Express-Atlas vor mir, emsig dabei, die Züge, Busse und Schiffe herauszusuchen, die uns wieder zusammenführen würden. Ich blies tausend Küsse in den Wind, um ihm die Richtung zu weisen.

Schon am nächsten Tag kam ein Brief von Werner. Anstatt

zu berichten, wie es um ihn selbst und Mutti stand, wollte er alles über das Lager wissen. Wenn er schon wieder so viele lästige Fragen stellen konnte, ging es ihm offenbar viel besser. Ich gab mir alle Mühe, ihn ins Bild zu setzen: Im Lager lebten 400 Menschen, davon 200 Juden, viele jugoslawische Soldaten, wie groß das Gelände sei, wisse ich nicht, ja, ich hätte köstliche Orangen gegessen und ja, ich würde versuchen, für ihn algerische Briefmarken zu sammeln.

Nach und nach, als Eltern so weit genesen waren, dass sie sich wieder um ihre Kinder kümmern konnten, leerte sich die Kinderhütte. Herr Wolf holte Mieke und Jaap, nachdem Frau Wolf an ihrem Krebs gestorben war. Frau Joski nahm Robbi zu sich. Ellen wurde mit ihrem Vater, Dr. Joski, aus dem Spital entlassen. Frau Joski hatte hellbraunes Haar, trug eine Brille und hatte freimütige, gütige Augen. Die einundzwanzigjährige Ellen mit ihren blauen Augen besaß das breite Lächeln, das blonde Haar und die Figur eines Filmstars. Robbi war der Lausbub, der Datteln als Käfer bezeichnet hatte.

»Bitte komm doch zu Pessach zu uns«, forderte Frau Joski mich auf.

»Gern«, sagte ich.

»Überleg's dir lieber gut«, meinte Ellen, »Mamas Mazzen sind schwer und trocken und ziemlich ungenießbar.«

»Gern«, versicherte ich. Selbstgemachte Mazzen. Lange her.

»Gut, das hätten wir also geklärt«, sagte Frau Joski.

»Reni«, sagte Robbi, »ich will mit ein paar Freunden nachher an den Strand. Kommst du mit?«

Freunde? Freunde! Das klang gut.

»Gern!«, sagte ich.

Ich schloss mich also einer Clique Halbwüchsiger in meinem Alter an – im Lager hatte ich sie bisher gar nicht wahrgenommen. Meine Einsamkeit schmolz dahin wie Butter an der Sonne. Mir war nicht bewusst gewesen, wie sehr mir Gleichaltrige fehlten. Jetzt trafen wir uns meist gleich nach dem Frühstück, büffelten bei Herrn Wolf Englisch und Französisch und überlegten uns, was wir in den heißen Nachmittagsstunden unternehmen sollten. Die Größe der Gruppe schwankte je nach Tag und Vorhaben, aber meist waren wir sechs bis acht, darunter Lex Roseboom.

Lex war neunzehn. Ein langer Schlaks mit schmalem Gesicht und Körper, der ihm unbehaglich zu sein schien, wenn er sich vorbeugen musste, um mit jemandem zu reden, weil fast jedes seiner Gegenüber kleiner war. Lex wirkte oft streng, wenn er so lauschte, doch wenn er etwas komisch fand, wie zum Beispiel Frau Bing und ihren Gesang, hellte sich seine Miene blitzschnell auf, und er grinste wie ein Honigkuchenpferd.

Frau Bing war eine kurze, beleibte Person, die schrecklich gerne sang, ganz besonders mit vollem Magen. Kaum hatte sie nach einer Mahlzeit den Esssaal verlassen, stimmte sie unüberhörbar falsch ein Lied an. Und sobald sich hinter ihr die Tür schloss, sprang Lex auf, griff sich mit einer Hand ans Herz, riss die andere in die Höhe und karikierte ihren schrillen Gesang. Er konnte ihre Haltung und ihre weit aufgerissenen Augen perfekt nachahmen, und alle bogen sich über ihren Tellern vor Lachen. Sein schnurgerades braunes Haar blieb ungeachtet solcher Sperenzchen streng seitlich gescheitelt, was mich sehr an Werner erinnerte. Anschließend ließ er sich dann neben mir auf der Holzbank nieder und suchte mit schief gelegtem Kopf meinen Beifall.

Ich erlaubte mir ein leises Lächeln.

42

Allein mit Vitek

Auffanglager Jeanne d'Arc, April 1945

Es kam der Tag, da in der Kinderhütte nur ich und Vitek übrig blieben, ein einziges Mädchen und ein einziger Junge. Nachts träumte ich vom Strand und Papi im Wasser. Ich rief laut, um auf mich aufmerksam zu machen. Papi blieb stehen und drehte sich nach mir um. Sein Mund bewegte sich, als sagte er etwas, aber ich konnte ihn nicht hören, die Brandung wurde so brüllend laut, dass ich im Bett hochschreckte.

»*Mama! Tata!*«

Es war Vitek. Wo war nur die Hausmutter? Ich wartete, sah die kleine Gardine am Fenster sich blähen und spürte im Gesicht eine Brise. Die Gardine hob sich erneut und gab den Blick auf weit entfernte Sterne frei, wie die Lichter von Millionen einander suchenden Seelen. Die Hausmutter würde nicht kommen.

»*Mama! Tataaaaa!*« Vitek heulte nach seinen toten Eltern.

Mutti. Papi.

Ich schlug meine Laken zurück, hüllte mich in meine rosa Decke und lief zu Vitek hinüber. Ich ließ mich zu ihm auf die Bettkante sinken und säuselte, als wäre ich die Hausmutter. Es half nichts, also sang ich ihm das Kinderlied *Ein Loch ist im Eimer* vor, das Lied, mit dem ich in der Hollandsche Schouwburg die vor Hunger schreienden Babys eingelullt hatte. Vitek beruhigte sich langsam, ich legte mich zu ihm, zog seinen Kopf an meine Brust und packte ihn mit in meine rosa Decke, bettete seinen steinschweren Kummer in die weiche Wolle.

Jede Nacht wiegte ich nun Vitek in den Schlaf, und nach ein paar Tagen lockte ich ihn nach draußen in die Morgensonne. Wie ein Küken, dem eine neue Mutter vorgesetzt wird, wollte er plötzlich nicht mehr ohne mich sein. Er schreckte seltener zusammen. Seine Nachtangst ließ nach, verschwand aber nie ganz.

Eines Tages durchquerten Vitek und ich gerade Hand in Hand das Lager, als wir eine der Blechhütten umrundeten und um ein Haar mit der singenden Frau Bing zusammenstießen, deren Triller beängstigend vom Wellblech hallten.

»Reni, guten Morgen!« Sie flötete meinen Namen und wedelte mit einem offenen Brief. »Ich lese gerade, dass mein Sohn lebt! Mein wunderbarer Bub ist am Leben und wohlauf!«

»Am Leben und wohlauf!«, wiederholte sie mehrfach wie ein trunkener Matrose, konnte kaum an sich halten, und weil ich fürchtete, dass sie Vitek erschrecken könnte, hielt ich seine Hand sehr fest, bereit, ihn schnell auf den Arm zu nehmen. Doch zu meiner Überraschung sah er zu mir hoch, zeigte auf Frau Bing und lachte.

Allmählich lernte ich die anderen in der Clique besser kennen, und sie forderten mich häufiger auf, mitzumachen. Das tat ich, und besonders gern ging ich mit an den Strand, um im flachen Wasser zu waten. Weiter hinein sollten wir nicht, obwohl es jetzt heißer wurde. Die Einheimischen hatten den Lagerleiter gewarnt, es gebe eine starke Strömung, die einen zu schnell zu weit hinausziehen würde, um zurückschwimmen zu können. Es war die Rede von Schwimmunterricht und in der Folge davon, einen Schwimmbereich einzurichten. Denn bei steigenden Temperaturen würden wir, die Jugend, bald nicht mehr zu halten sein.

Überwiegend aber kümmerte ich mich um Vitek. Er brauchte mich. Vitek wurde immer noch schief angesehen, und meine neuen Freunde hatten ihn nicht so gern um sich. Er schrie inzwischen weniger, wirkte aber trotzdem nicht ganz normal. In seinem wilden Blick spiegelte sich zu deutlich der Krieg, den wir alle zu vergessen suchten. Was ich aber verschwieg, war, wie sehr *ich* Vitek brauchte. Das hätten die anderen nicht verstanden, sie hatten ja Familie. Vielleicht würden wir zwei zusammenbleiben, vielleicht würde er in unsere Familie aufgenommen werden können.

»Ich sorge für dich«, hauchte ich ihm ins Haar, wenn wir uns schlafen legten, wohl wissend, dass er die Worte nicht verstand.

Dann fiel mir Frau Eisenberg ein, die mir dasselbe versprochen hatte – und ihr Versprechen nicht hatte halten können. Im Innersten wusste ich, dass es beim gegenwärtigen Stand nicht bleiben würde. Ich würde so lange wie möglich für Vitek sorgen, aber irgendwann würde letztlich jemand mit Klemmbrett bestimmen, was zu geschehen habe. Tränen kullerten mir über die Wangen, ich wischte sie schnell weg, bevor sie Vitek treffen konnten.

In der folgenden Woche suchte mich Madame Benatar mit einem Herrn von der Verwaltung und einer mir unbekannten Frau auf. Ich saß mit Vitek draußen im Schatten und blätterte mit ihm in einer zerfledderten Zeitschrift. Die fremde Frau hatte ein flächiges Gesicht, ihr zaghaftes Grinsen entblößte mehrere Zahnlücken. Sie trug ein Kopftuch. Madame Benatar erklärte, sie gehöre zu einer eben eingetroffenen polnischen Familie. Vitek und ich blinzelten ins grelle Licht hoch, da begann die Frau in einer Sprache zu reden, die vermutlich Polnisch war. Vitek wirkte verwirrt, sein Blick flog zwischen ihr und mir hin und her. Plötzlich sagte er in einer krächzigen kleinen Stimme, die ich noch nie gehört hatte, ein paar Worte. Dann rappelte er in einer Weise los, die mir vorkam wie einem Wunder eben vorkommen sollen. Überwältigend.

Madame Benatar erklärte, diese Frau und ihr Mann hätten einen kleinen Jungen; sie würden Vitek, wenn sie nach Polen zurückkehrten, mitnehmen und ihm helfen, Verwandte zu finden, oder aber ihn selbst zu sich nehmen. Vitek solle jetzt gleich mit zu ihnen. Ich griff nach Viteks Hand.

Madame Benatar sagte: »Keine Sorge, Reni. Ihr könnt euch ja weiter besuchen.«

Ich packte seine Hand nur umso fester.

»Reni …«

Mir war klar, was sie sagen wollte: Ich müsse ihn jetzt gehen lassen. Ich konnte aber nicht. Vitek selbst entzog mir seine Hand. Dann zerrte er mich in die Hütte, die anderen folgten, und dort tastete er die Ränder seines Koffers ab, holte etwas hervor und legte es mir auf die flache Hand. Es war ein winziges Foto von einem hübschen Vitek mit großen Augen, aber sorgloser Miene. Runden Backen und vollen Lippen. Das hier war der Vorkriegs-Vitek, der Junge, wie er sein sollte. Wie er, hoffentlich, wieder sein würde.

An diesem Abend hockte ich alleine am Strand, sah zu, wie die Nacht niedersank und die Sterne über dem Meer einander zu suchen schienen.

43

Befreiung

Auffanglager Jeanne d'Arc, Mai 1945

»Wir haben gehört, dass Vitek jetzt eine neue Familie hat«, sagte Dr. Joski. »Und da haben wir gedacht, du magst vielleicht zu uns ziehen.«

»Wir haben uns bereits an die Lagerverwaltung gewandt und die hat uns bescheinigt, dass wir uns um dich kümmern dürfen«, sagte Frau Joski. »Wenn du also dafür bist, brauchen wir nur noch das schriftliche Einverständnis deiner Mutter.«

»Das sie uns sicher geben wird«, ergänzte Dr. Joski.

»Es sei denn, du willst eine ganze Wellblechhütte für dich allein haben«, meinte Ellen und fügte flüsternd nur für meine Ohren hinzu: »Dich und Lex.«

Schon seit einer Woche zog Ellen mich wegen Lex auf. Zuerst dachte ich, das läge daran, dass sie sich selbst für ihn interessiere, aber sie wiederholte bloß im Singsang ihre Anspielungen. Als ich ihr sagte, ich fände mich zu dick, entgegnete sie, ich sei fraulich wohlgeformt. Als ich meinte, die Männer schielten ja doch alle nur nach ihr, räumte sie ein, das stimme meist, Lex aber hätte »nur Augen für mich«. Mich? *Fraulich? Vielleicht.*

»Mir hat die Vorstellung nie behagt, dass du da ganz allein bist«, sagte Frau Joski. »Das ist mir immer gegen den Strich gegangen. Eine unsinnige Regel, Kinder getrennt unterzubringen. Wie gut, dass Vitek jetzt ein Zuhause hat, da können wir dir auch eines bieten.«

Also zog ich um, teilte mir mit Ellen ein Zimmer, in das wir Blumen stellten. Ich hängte sogar ein Bild von Mutti und Papi auf.

In der Woche drauf saßen Mieke und ich im Esssaal beim Frühstück, als ein Raunen durch die Reihen ging, aber ich hörte gerade nicht hin, weil wir beide wie alle »Unter-Fünfzehnjährige« unlängst ein Kilo Haferflocken zugeteilt bekommen hatten und ich vollauf damit beschäftigt war, Marmelade und Milch in unseren Haferbrei zu rühren. Mieke war seit dem Tod ihrer Mutter ohnehin recht still. Dann kam Lex angelaufen.

»Hitler ist tot! Er ist wahrhaftig tot!« Er fiel mir um den Hals. Sein Körper war an meinem ganz heiß. Hitlers Ende war ein *ungemein* gutes Gefühl.

Wiederum eine Woche später gab es noch bessere Neuigkeiten: Die Deutschen hatten kapituliert. Im Lager brach Jubel aus. Ein Jugoslawe machte Luftsprünge und schlug dabei die Hacken zusammen. Am Klavier wurden beschwingte Melodien in die Tasten gehämmert. Wir fielen uns in die Arme, wir tanzten. Selbst Miekes Stimmung hellte sich auf. Ellen, Frau Joski und ich wirbelten einander an den ausgestreckten Armen im Kreis herum, schneller und immer schneller. Dr. Joski schwang Robbi durch die Luft, bis seine Füße waagerecht abstanden, als wollte ein irrer Vogel abheben.

Zum ersten Mal konnten die Leute an eine Heimkehr denken oder einen Neubeginn anderswo. Ich war überzeugt, dass Mutti und Werner, jetzt wo das Spinnennetz der ganzen Schrecken zerriss, aus der Schweiz ausreisen könnten.

Später entdeckte ich auf meinem Bett wahrhaftig eine

Spinne. Ich hasste Spinnen; ich rollte eine Zeitschrift zusammen, um sie vom Bett auf den Boden zu fegen und zu zertreten. Mieke sah die Absicht und begehrte auf.

»Nicht töten. Spinnen im eigenen Heim bringen Glück.«

»Ehrlich? Bäh.«

»Versprich mir, dass du sie nicht totmachst. Bitte.«

»Ist gut«, sagte ich, kreuzte aber hinter meiner Zeitschrift die Finger, weil ich nicht vorhatte, Wort zu halten.

»Sie bringt Glück, Reni. Glück im Sinne von ›ungestörte Stunden mit Lex‹.«

Mir stand der Mund offen, aber es kam nichts heraus.

»Es wissen doch alle, dass er dich mag«, sagte sie.

»Ich dachte, das weiß nur Ellen.«

»Ellen, klar. Ellen und *alle sonst*.«

Ich wurde rot.

»Und weißt du, was alle sonst außerdem wissen?«

Ich schüttelte den Kopf.

»Dass du ihn auch magst.«

Ich saß gern in unserem Teil der Hütte am Tisch, schrieb und las dort meine Briefe, während Frau Joski Gemüse würfelte und auf dem kleinen Ofen kochte. Auf dem Fensterbrett stand ein Becher mit Blumen, deren Blütenblätter in alle Richtungen abstanden. Ich rutschte hin und her und zupfte dauernd an meinem Rock, denn inzwischen wurde er eng und unbequem.

»Du bist stark geworden«, sagte Frau Joski.

»Stark?«

»Ich meine: Du hast zugesetzt. Bist gewachsen, will ich damit sagen.«

»Ich weiß, aber ich habe sonst nichts anzuziehen.«

»Hast du nicht noch Sachen von deiner Mutter?«

»Ja, doch.«

»Vielleicht können wir ein paar Sachen von ihr umarbeiten.«

Vielleicht. Aber Muttis Sachen waren kaum besser als meine. Ach, wie gern hätte ich neue Kleider gehabt. Ganz abgesehen davon, dass ich nur zweimal Unterwäsche besaß. Ständig musste ich waschen.

Der Verwalter schaute mit der Post vorbei. Es gab für mich einen Luftpostbrief aus Amerika. Die Briefmarke zeigte ein kleines Flugzeug; ich würde sie für Werner aufheben. Verwandte meiner Mutter luden mich ein, zu ihnen nach New York zu kommen. Eine Übersiedlung schien wahrscheinlicher.

Ich begann, Frau Joski mit Fragen zu löchern, die sie nicht beantworten konnte: Wie würden wir dorthin kommen? Wann? Wie war New York? Würde ich dort hinpassen? Englisch lernen können? Was war mit Mutti und Werner?

Sie wartete, bis ich endlich Luft holen musste, sagte, sie wisse es nicht, aber es sei Grund genug, mit einem Pudding zu feiern. Sie mahnte mich zur Geduld, denn niemand wisse, was zuerst komme, aber gleich wie, ich würde ganz sicher wieder mit Mutti und Werner vereint sein. Sie überließ mir den Topf, damit ich die dicke Schokoschicht vom Boden kratzen könnte. Während ich den altvertrauten braunen Topf umschlungen hielt, dachte ich an die kalten Tropfen Steckrübenbrühe, die ich in Bergen-Belsen abgefischt hatte. Jetzt war es warmer Schokopudding. Ich holte jeden letzten Rest heraus.

Mieke zuliebe sollte ich nie wieder eine Spinne töten, aber ich hatte für Insekten trotzdem nicht viel übrig. Jetzt, wo es heiß wurde, wimmelte es von Heuschrecken. Sie waren überall, schwirrten durchs Lager, prallten gegen Gebäude und Lastwagen, verhedderten sich in meinem verschwitzen Haar. Ich gab mir Mühe, sie nicht zu zertreten.

Dann beschloss Frau Roseboom, Lex' Mutter, dass es Zeit sei, uns das Schwimmen beizubringen.

»Am Wasser gibt es weniger Heuschrecken«, erklärte sie und wischte sich den Schweiß von der Stirn. »Außerdem ist es gefährlich, so dicht am Meer zu wohnen und nicht schwimmen zu können.«

»Wir wohnen aber doch seit Monaten am Meer«, flüsterte ich Lex zu. »Kommt das nicht ein bisschen spät?«

»Egal, das wird ein Riesenspaß«, sagte er.

»Sicher?«, fragte ich und sah hoch in seine braunen Augen.

Bisher kannte ich Wasser nur als Eis, auf dem man Schlittschuh lief, als seichte, plätschernde Wellen, in denen man waten konnte, und als Trinkwasser; nie war ich bis zum Hals drin gewesen. Wie sollte ich mich über Wasser halten? Ich watete Schritt für Schritt tiefer, hielt inne, ließ die Wellen meine Knöchel, die Knie und schließlich meine Taille umspülen. Keiner von uns hatte Badezeug. Und Hemden und abgeschnittene Hosen zogen, wie ich feststellen musste, eher herunter.

Mieke blieb etwas zurück und verfolgte meine Bewährungsprobe mit Skepsis. »Immer hat man mir eingeschärft, meine Sachen trocken zu halten, jetzt soll ich sie nass machen!«, lachte sie.

»Komm schon. Vorwärts!«, drängte ich.

»Ich gehe unter!«

Das Wasser war kühl, als ich bis zum Bauch eintauchte und das Geschiebe der Wellen spürte. Ich kämpfte gegen die Panik an, die in mir aufstieg, und konzentrierte mich auf Frau Rosebooms Ansagen.

»Das Salzwasser wird euch tragen«, versicherte sie.

Ich ging tiefer in die Knie, lehnte mich zurück und hoffte, das Wasser würde mich heben wie eine neue Matratze. Wasser schwappte mir übers Gesicht. Strampelnd und prustend kam ich wieder auf die Füße und wischte mir die schreckgeweiteten Augen.

»Toll, du bist richtig gut«, lachte Mieke.

»Versuch's noch mal, auf dem Rücken. Einfach treiben lassen.« Frau Roseboom sprach mir Mut zu. Ich holte tief Luft, legte den Kopf in den Nacken und ließ los, überließ mich dem Schaukeln der Wellen, begriff langsam, wann ich gefahrlos Luft holen konnte und wann ich sie anhalten musste. Es klappte. Das Wasser strömte mir in die Ohren, ich hörte meinen Atem. Ich verlangsamte ihn. Dann schlug ich die Augen auf. Eine beinweiße Möwe schwebte an einem Himmel so blau wie meine Augen. Ich senkte den Blick und starrte voraus, sah grüne, mit rosa Blütensträuchern wie mit verspritzter Farbe bekleckste Hügel. Ich hing zwischen Erde und Himmel.

Als ich wieder an den Strand stapfte, um mich abzutrocknen, staunte ich: Ich fühlte mich in einer Weise sauber und neu, die ich nie für möglich gehalten hätte.

»Ich kann es kaum erwarten, wieder ins Wasser zu kommen«, sagte ich.

Ab da ging ich jeden Tag schwimmen. Ich war nicht mehr zu bremsen. Ich hatte nie Gelegenheit bekommen, in der Schweiz Schlitten oder Ski zu fahren, aber das war mir egal. Das konnte unmöglich besser sein als das hier.

»Du bist ein Naturtalent«, sagte Frau Roseboom.

»Du bist ein Torpedo!«, fand Lex.

Ich durchpflügte die Wellen, hin und zurück, parallel zur Küste hin und zurück, am liebsten im Rücken- oder Bruststil. Ich passte meine Bewegungen dem Rhythmus des Meeres an und dachte an nichts sonst. Die Züge, Westerbork und Bergen-Belsen, all das sank auf den Grund. Trotz der Hitze waren meine Schwimmsachen permanent nass.

»Können wir nicht irgendwo Badeanzüge kaufen?«, fragte Mieke.

»Ich glaube kaum, dass es die hier gibt«, sagte Lex.

Das zu ändern schrieb sich Frau Roseboom nun auf die Fahnen. Sie schwatzte einer Freundin einen alten Pullover ab. Wir ribbelten die gelb-braunen Maschen auf, und sie half mir, aus der Wolle einen Badeanzug zu stricken. Dann brachte sie mich aufs Schwesternzimmer der Krankenstation, wo es einen großen Spiegel gab. Ich probierte den Anzug an.

»Beug dich mal vor.«

Das tat ich. Ich fühlte mich nackt.

Frau Roseboom spitzte die Lippen und murmelte: »Da müssen wir unbedingt noch was unternehmen.«

»Wie schaut's aus?«, fragte Lex vom Nebenraum.

»Gut, gut, mein Lieber. Bleib du erst mal noch da«, sagte seine Mutter.

Sie drehte mich hierhin und dahin, zupfte an den Säumen. »Sieht aus wie eine Pferdedecke«, rutschte mir heraus.

»Gefällt er dir nicht?«

»Doch ja, wunderbar. Ich bin Ihnen sehr dankbar.«

Frau Roseboom legte den Kopf auf die Seite. »Tja, weißt du, was ich denke?«

Ich schüttelte den Kopf, rechnete aber damit, dass sie mich zu wählerisch finden würde.

»Ich denke, es ist immerhin eine ganz hübsche Pferdedecke«, meinte sie.

Ich ignorierte die »Pferdedecke« und staunte über meine neue Gestalt. Vor kaum drei Monaten hätte der Badeanzug lose an mir herabgehangen wie eine Fahne an einem windstillen Tag. Jetzt hatte ich Kurven. War das wirklich ich?

Mutti hatte sich unlängst in einem Brief erkundigt, ob ich schon menstruiert hätte. Sie erklärte, Menstruation bedeute, dass ich zu einer bestimmten Zeit jeden Monat ein paar Tage da unten, im Schritt, bluten würde. Das sei normal, schrieb sie, ein Zeichen dafür, dass ich heranreifte und mein Körper sich veränderte. Normal oder nicht, es klang schrecklich. Und doch, dachte ich, als ich mich vor dem Spiegel hin und her wendete, wenn ich dafür so aussah wie jetzt, wäre es vielleicht nicht so schlimm.

»Können wir ihn an der Taille noch etwas enger machen?«, fragte ich.

»Er ist eng genug, meine Liebe«, entschied Frau Roseboom. Sie zupfte an der Bauchpartie und steckte das überschüssige Material an den Hüften ab. Sie raffte noch etwas im Kreuz und an der Taille und befand, das reiche.

»Damit wird dir das Schwimmen leichter fallen«, erklärte sie, und so war es. Ich kam mir schnell und stark vor. Ich malte mir aus, ich würde quer über den Ozean bis nach Amerika oder nach Italien oder sonst wohin schwimmen. Vielleicht hatte ja das Meerwasser, das mich umspülte, bereits die Ufer meiner künftigen Heimat berührt.

Nach etlichen Bahnen an dem außen gespannten Seil entlang, hielt ich inne und trat Wasser. *Ha*, dachte ich, da würde Werner aber staunen. Er konnte nämlich *nicht* schwimmen! Stolz maß ich die offene See und kam mir wunderbar klein vor. Das Meer war endlos, es lief nie auf einen stecknadelgroßen Punkt zu wie die sturen Züge auf ihren Schienen. Es konnte überallhin – wohin es wollte. Wohin *ich* wollte. Plötzlich riss mich etwas am Bein. Lex schoss rechts von mir hoch.

»Ha, hab ich dich!«, gluckste er.

»Woher …?«, blubberte ich.

»Tja, der Hai, der kennt Wege … besonders, wenn jemand nicht aufpasst.«

»Oho, das wirst du mir büßen«, rief ich und versuchte, ihn unter die Oberfläche zu drücken, glitt aber an seiner Schulter ab und ging selbst unter.

»Nur, weil du gut schwimmen kannst, heißt das noch lange nicht, dass du mich fängst«, spottete er und warf sich außer Reichweite herum. »Du bist vielleicht ein Torpedo, aber ich bin in meinem Element! Ich bin ›der Haifisch‹!«

Ich griff nach ihm, aber er war schon wieder abgetaucht. Ich fuhr herum, damit er mich nicht rücklings anfallen könnte, da schoss er direkt vor mir hoch, und als er kurz den Kopf geschüttelt hatte, hingen wir da, Auge in Auge.

»Du dachtest also, du hast mich?«, meinte ich.

»Hab ich doch.«

»Ja, hast du.«

Er schwamm noch näher heran, und da küssten wir uns, bis uns die Schwere unter Wasser zog. Es poppte in meinen Ohren. Ich schwelgte im Gefühl unserer verschlungenen Körper, bis ich Luft holen musste. Wir tauchten prustend auf.

»Hui!, sagte er. »Mehr sage ich dazu nicht.«

»Da hast du mich also, wie?«, wiederholte ich und rief dann: »Na warte, Bürschchen!«

Ich dachte, er würde mir wieder entgegenkommen, stattdessen aber schossen seine ernsten Augenbrauen in die Höhe. Er warf sich herum und pflügte durchs Wasser auf den Strand zu. Ich holte einmal tief Luft und tauchte ab. Wie ein Frosch stieß ich mich durchs Wasser, dem Strom seiner Luftblasen hinterher. Unter mir lichtete sich Dunkelblau zu Grün, der Sandboden hob sich mir entgegen. Über mir strampelten Lex' lange Beine, ich aber glitt weiter wie eine Flosse unter ihm dahin, während meine Lungen langsam zu brennen begannen. Seine Füße blitzten im Schaum, ich packte den rechten und wich aus, um nicht von links einen Tritt abzukriegen. Ich riss ihn zurück und drückte mich zugleich japsend hoch. Ich war benommen und zugleich überdreht.

»Hui, du bist aber wirklich schnell«, keuchte er und bespritzte mich. »Allerdings habe ich dich selbstverständlich aufholen lassen.«

»Ach, der Haifisch ist also Kavalier?«

»Der Haifisch wird angesichts von so viel Schönheit einfach schwach.«

Jetzt hatten wir Sand unter den Füßen, wir hievten uns hoch und aus dem Wasser heraus. Meine Beine zitterten. Noch nie war ich so lange geschwommen. Lex wickelte sich in ein Handtuch und schob dann den Arm um meine Taille. Und so, Arm in Arm, sandig und warm, gesellten wir uns wieder zu unseren Freunden.

»Ertappt!«, rief Ellen.

44

Zukunftsgedanken

Auffanglager Jeanne d'Arc und Philippeville, Juni 1945

Das Lager rumorte vor Ungeduld. Es wurden Länder erörtert, von denen ich noch nie gehört hatte, Uruguay zum Beispiel. Madame Benatar hatte von meinen amerikanischen Verwandten noch immer nicht die eidesstattlichen Versicherungen bekommen, die angeblich vor Monaten losgeschickt worden waren. Mutti äußerte in ihren Briefen Sorge, wie lange es wohl noch dauern würde, bis wir uns wiedersahen. Ich antwortete ihr, vielleicht sollten wir uns ein anderes Land überlegen, wenn es mit Amerika nicht klappte. Vielleicht könnten wir erst einmal in die Niederlande zurückkehren und einen Teil unserer Sachen holen. Warum nicht?

Wir machten Ausflüge nach Philippeville und schlenderten dort zum Zeitvertreib über den Markt. Ellen hielt Händchen mit ihrem Freund, einer der jugoslawischen Wachen; so offen wagten sie das nur außerhalb des Lagers. Mieke und ich bewunderten die Armbänder.

»Kriege ich auch eines?«, fragte Lex, der sich plötzlich zwischen uns schob und uns die langen Arme um die Schultern legte.

»Nein, die sind nur für Mädchen«, neckte ich ihn.

Er zeigte sein gewinnendstes Lächeln und zwinkerte.

Wir waren sehr aufgekratzt, denn wir hatten erfahren, dass es in der Stadt ein Kino gab, und wollten zu einer Vorführung. Seit Jahren waren wir alle nicht mehr im Kino gewesen. Es lief *Kleines Mädchen, großes Herz*. Der Film beruhte auf einem Buch, das ich tatsächlich vor den Lagern gelesen hatte.

»Hinein mit euch«, sagte Lex.

Als wir die Stufen hinaufgingen und Lex dem Mann mit dem Turban im Kassenhäuschen die paar Münzen übergeben hatte, wurden Erinnerungen wach. Es kam mir alles so normal vor und zugleich auf eine Art neu, die nicht selbstverständlich war. Ein Theater konnte für Filme sein, aber auch als Sammelstelle für Menschen dienen, die sterben sollen.

»Ist was?«, fragte Lex.

»Nur die Erinnerungen, weißt du?«

Wir suchten unsere Plätze. Die Wochenschau lief an, es ging darum, dass Japan weiter kämpfte, und dann, plötzlich, war ich wieder in Bergen-Belsen. Es waren unscharfe Schwarz-Weiß-Bilder, aber ich kannte jeden Winkel. Eine Stimme berichtete von dortigen Gräueltaten. Jedes Gesicht in Großaufnahme war mir womöglich bekannt gewesen. Jedes tote Gesicht. Dann erklärte der Sprecher, die Briten hätten beschlossen, dass es besser sei, die Anlagen niederzubrennen. Traktoren fuhren vor die Baracken vor, Flammenwerfer spien Feuer über alles, was wir gekannt hatten. Die nächste Einstellung zeigte den über dem Lager aufsteigenden Rauch.

Lex hielt meine Hand ganz fest, und ich weinte an seiner warmen Schulter. Ich kann mich an den Beginn des Films nicht erinnern, aber irgendwann versiegten die Tränen.

»Entschuldige, ich habe dir das Hemd versaut«, flüsterte ich.

»Schon gut«, meinte er. »Wenigstens kriegst du jetzt noch was von dem Film mit.«

Nach dem Abspann schlenderten wir wieder hinaus in die warme Nacht und zu dem Lkw, der uns ins Quartier Jeanne d'Arc zurückbringen würde.

»Wir müssen uns langsam Gedanken über die Zukunft machen, Reni«, sagte Lex. »Die Niederlande sind befreit! Das Leben wird sich in ... weiß nicht ... ein paar Monaten vielleicht langsam normalisieren.«

»Ich möchte, dass Mutti und Werner hierherkommen«, sagte ich. »Ins Jeanne d'Arc. Das wünsche ich mir über alles. Dann sehen wir weiter.«

»Du musst aber auch daran denken, was danach kommt, Reni. Ich spreche von der wirklichen Zukunft – in vielen Jahren –, weit fort von hier und auch von Bergen-Belsen.« Er reckte triumphierend die Faust. »Ich werde nach Amsterdam zurückkehren, unser Haus ausfindig machen und, wenn es zerstört ist, wieder aufbauen. Ich werde herausfinden, was mit dem Geschäft meines Vaters passiert ist – er hat Jutesäcke hergestellt, weißt du – und es wieder in Gang bringen.«

Ich sah zu ihm hoch; seine Entschlossenheit war bewundernswert. Ich wäre auch gern so klar gewesen, konnte aber nicht über das Wiedersehen mit Mutti und Werner hinaus denken.

Die nächsten Tage fühlte ich mich nicht recht wohl. Ich hätte aus der Haut, aus meinem sich verändernden Körper fahren können. Der Bauch tat mir weh, also blieb ich daheim bei den Joskis. Als ich nach einem Nickerchen aufwachte, war es zwischen meinen Beinen nass. Mir war aber nicht so heiß, dass ich hätte schwitzen müssen, dachte ich noch auf dem Weg ins Bad. Es war Blut. Ich wechselte die Kleider und schob die besudelten unter mein Bett. Ich machte mich auf die Suche nach Frau Joski. Ich schaute in der Küche und auf ihrem Zimmer nach, ich rief nach ihr, aber es zeigte sich niemand. Ich trat hinaus auf den Rasen und rief noch mal. Ich machte mich auf den Weg zur Kantine.

»Reni«, staunte Dr. Joski, »solltest du nicht im Unterricht sein?«

»Schon«, sagte ich, »aber ich suche Frau Joski.«

»Sie besucht auf der Krankenstation eine Freundin«, erklärte er und musterte mich von oben bis unten. »Alles in Ordnung?«

»Nicht so richtig«, brachte ich tränenerstickt hervor.

»Was fehlt dir denn? Bist du krank?«

»Ich weiß nicht«, sagte ich und entzog ihm meinen Arm.

»Hast du irgendwo Schwerzen?«

»Ja, der ganze Bauch tut mir weh und ...« – ich zögerte und sagte dann – »da ist Blut ... ich glaube ... vielleicht ...« Ich schielte, um Worte verlegen, zu ihm hoch.

Er sah mir in die Augen.

»Ach, liebes Kind«, sagte er, führte die Hände zum Gebet an die Lippen und legte mir dann die Rechte auf die Schulter. »Kopf hoch. Es zeigt, dass du kerngesund bist; dir fehlt gar nichts.«

Auf der Krankenstation flüsterte Dr. Joski seiner Frau etwas ins Ohr; sie erhob sich und schloss mich in die Arme. Sie sagte ihrer Freundin, sie müsse sich jetzt erst einmal um mich kümmern, und die beiden verabschiedeten sich.

»Ach, Reni«, begann sie warmherzig, »das ist eigentlich ein Mutter-Tochter-Gespräch ...«

Ich erzählte ihr von Muttis Brief und der Frage nach dem Menstruieren.

»Nun, sie ist leider nicht da, aber ich. Also«, sagte sie und gab mir links und rechts einen Klaps auf die Wange. »Masel tov! Du bist jetzt eine Frau!«

Ich muss ziemlich dumm geguckt haben.

»Das ist Tradition, die Mädchen bei ihrer ersten Regel zu ohrfeigen – Regel sagen die meisten dazu. Es soll dich aus der Kindheit schrecken, aber du bist ja längst gezwungen worden, erwachsen zu sein, nicht wahr? Deshalb nur ein kleiner Klaps.«

Sie holte eine Schwester, und die brachte mir die nötigen Sachen und zeigte mir, wie sie zu benutzen waren. Beide herzten und drückten mich strahlend.

»Deine Mutti wird stolz auf dich sein«, sagte Frau Joski.

Ich trat hinaus, um zu unserer Hütte zurückzukehren. Sah ich jetzt anders aus? Ich gab mir Mühe, mit erhobenem Haupt und durchgedrücktem Kreuz zu gehen, auch wenn mir der Bauch so wehtat. Eine Frau? Ich fühlte mich genauso wie vorher. Ich fühlte mich dem allen nicht gewachsen, aber Frau Joski hatte recht: Ich hatte viel gesehen und viele erwachsene Aufgaben übernommen. Aber ich sprach trotz unseres Unterrichts nicht sonderlich gut Englisch oder Französisch, und ich wusste noch immer nicht genau, ob es mich nach Amerika oder wohin sonst verschlagen würde, und wann. Ich hätte mich immer noch am liebsten klein zusammengerollt und von Mutti umsorgen lassen. Sie an meiner Seite gespürt, sie mir das Haar hinters Ohr streichen lassen, die Stirn fühlen oder zum Trost mein Leibgericht kochen. Noch immer sehnte ich mich nach Papis schützender Hand. Warum musste Frauwerden so viel Verlust und Ungewissheit bedeuten?

45

Ein Film weckt dunkle Erinnerungen

Auffanglager Jeanne d'Arc, Juni und Juli 1945

Nach ein paar Tagen Pause freute ich mich, wieder schwimmen gehen zu können. Einige von uns trauten sich sogar über die gespannten Seile hinaus. Aufgeregt gackernd, gaben wir sehr genau Acht auf den geringsten Sog einer Strömung, der anzeigen könnte, dass es höchste Zeit war, umzukehren. Es gab keinen. Hinterher lagen wir am Strand und sonnten uns. Mutti und Werner würden mich kaum wiedererkennen – so kurvig und braun war ich.

»Ich schwimme zu und zu gern«, schwärmte ich rücklings im Sand, den Arm über die Augen gelegt.

»Du kannst es ja auch richtig gut«, meinte Mieke. »Wahrscheinlich von uns allen am besten, und dabei bist du Anfängerin!«

»Ja. Weißt du, es ist das erste Mal, dass ich bei etwas richtig gut bin. Bei uns in der Familie war das nie so. Es waren ja alle älter als ich und deshalb in allem besser.« Ich fühlte mich schuldig. Hoffentlich war es nicht schlimm, so obenauf zu sein.

»Du bist eben wie ich das Nesthäkchen«, meinte Mieke, »aber wir sind keine Babys mehr.«

Was über Bergen-Belsen ans Licht kam, in den Zeitungen und in den Wochenschauen, wurde immer schlimmer. Die Pressefotos, die uns nun im Lager erreichten, waren so vertraut wie greulich. Berge verrenkter, von britischen Planierraupen in große Gruben geschobener Körper. Unsere zurückgelassenen Freunde waren wahrscheinlich für immer verloren. Von niemandem hatten wir noch gehört. Ich dankte Gott, dass er Papi, wo immer er nun war, diesen schrecklichen Ort erspart hatte. Zugleich machte es mich traurig, dass Papi meine jetzige Welt nicht mehr hatte erleben dürfen – den gleißenden Strand und das erquickende Meerwasser, das er so geliebt hatte.

So sehr mich die Bilder der Massengräber in Bergen-Belsen schaudern machten und so unendlich dankbar ich war, entkommen zu sein, ging mir das Lager doch nach und ließ mich nicht los. Ich suchte die körnigen Zeitungsfotos nach vertrauten Blickwinkeln, Gebäuden und Gesichtern ab, holte aus den Lücken zwischen den schwarzen Pünktchen heraus, was ich konnte. Ich sehnte mich wohl deshalb zurück, weil ich so sehr bei meiner Familie sein wollte. Immer würde ich mich zu dem Ort hingezogen fühlen, und sei es bloß, um noch einmal zu sehen, wo mein Vater zuletzt am Leben gewesen war: die unerbittlichen Holzlager, -böden, -tische, die verlauste, zerlumpte Kleidung, den Matsch, Wind und Dreck, das stundenlange Appellstehen mit den mir liebsten Menschen. *Vorwärts, Hasenbergs*, tönte Papis Stimme. Der wir unweigerlich folgten. Gemeinsam, untrennbar, bis die Reise zu meiner allein wurde.

Fast täglich flogen nun Briefe hin und her. Eidesstattliche Versicherungen und Unterlagen waren unterwegs, und es sah immer mehr danach aus, als würden Mutti, Werner und ich in Amerika landen, wenn auch wahrscheinlich zu verschiedenen Zeiten. Ich bekam Briefe von Vera, meiner lieben alten Freundin Vera, und auch von anderen in Amsterdam, die uns rieten, lieber nicht dorthin zurückzukehren. Zwar sei der Krieg vorbei, aber wie lange es dauern würde, bis die Wunden verheilten, lasse sich kaum sagen. Essen werde rationiert, es gebe keine Arbeit. Wenn es je einen geeigneten Moment für einen Neuanfang gegeben habe, dann jetzt. Und dann erhielt das erste Lagerkontingent tatsächlich die Erlaubnis zur Abreise. Es würde in die Niederlande gebracht werden, darunter Lex und seine Familie.

»Komm mit«, sagte Lex. Wir beobachteten abends nach dem Essen, wie die Sonne hinter den Hügeln versank. Das trockene Gras juckte, winzige Fliegen umschwirrten die Blumen.

»Komm mit nach Holland. Es ist deine Heimat. Deine Mutti und Werner können ebenso gut dort zu dir stoßen. Es ist so viel näher als Amerika. Nicht einen ganzen großen gefährlichen Ozean entfernt ...«

»Ich kann nicht, Lex«, sagte ich.

Ich sah ihm in die traurigen braunen Augen.

»Das weißt du. Alles ist in Bewegung. Ich muss zu meiner Familie. In Holland gibt es für mich nichts mehr: keine Familie, kein Zuhause.«

»Es gibt mich«, sagte er.

»Mit dir *würde* ich gern zusammensein«, sagte ich. »Mit Mutti und Werner *muss* ich zusammen sein.«

Er blickte über das Meer, die sirrenden Insekten und das im Wind wogende Gras hinaus. In der Ferne krochen Schiffe übers Wasser. Da erzählte ich ihm, als müsste ich mich irgendwie erklären, von den Wundern, die mich und – fast – meine ganze Familie gerettet hatten: die unerwartet in Westerbork eintreffenden Pässe; der uns ersparte Abtransport nach Auschwitz; die Verwechslung von mir mit meiner Mutter. Papis

Anstrengungen, seine Familie vor den Lagern zu bewahren, hatten gefruchtet. Jetzt lag es an mir, den Traum vollends wahr zu machen. Wir drei Überlebenden mussten zusammenbleiben.

»Wer weiß«, meinte Lex, »vielleicht klappt es mit Amerika am Ende gar nicht. Dein Englisch ist ja nicht so berühmt. Vielleicht landest du doch noch in Holland.«

»Kann schon sein.«

»Versprich mir, dass wir immer Freunde bleiben und uns irgendwann eines Tages wiedersehen.«

»Das verspreche ich«, sagte ich feierlich und meinte es auch.

Wir blieben dort sitzen, bis die Dunkelheit ins Gras und übers Meer sickerte. Tief unter uns sprangen in Philippeville Lichter an, und im Widerschein zeigten sich die Umrisse der dahinziehenden Schiffe. Die Sterne glimmten.

Tags drauf nahmen Lex und ich tränenreich voneinander Abschied. Ich drückte ihn fest, versuchte, mir sein Bild tief einzuprägen, denn ich besaß kein Foto. Ich schwor mir, an ihn zu denken, wann immer ich ans Meer dachte und dessen unablässige, lebensvolle Bewegung.

46

Abschied und Aufbruch

Auffanglager Jeanne d'Arc,
September und Oktober 1945

Mutti schickte Aufnahmen von sich und Werner; es war der erste Blick auf sie seit einem halben Jahr. Ich nahm sie genau unter die Lupe. Werner sah großartig aus, seine Frisur makellos. Wer meine Mutti kannte, hätte beteuert, dass sie genauso aussähe wie früher, und wer sie nicht kannte, hätte gestaunt, wie jung sie trotz der langen Krankheit wirkte. Ich schrieb ihnen, ich müsse abnehmen. Ich müsse eine Diät machen.

Das Lager leerte sich zusehends. Die Leute packten, bestiegen Busse und entschwanden. Lange sahen wir den zu den Fenstern hinaus winkenden Händen hinterher. Eine Übersiedlung nach Amerika verlangte von allen Zielen offenbar den größten bürokratischen Aufwand, und so sollten die, die in die Vereinigten Staaten wollten, zunächst nach Algier verlegt werden und dort auf die nächsten Schiffspassagen warten.

Die Abrahams umarmten mich zum Abschied am Bus. Herr Abrahams streckte mir etwas hin, und ich sah in seiner Hand 200 Francs.

»Da, nimm. Aus Freundschaft zu deinem Vater.«

»Herr Abrahams. Ich danke Ihnen.«

Am schwersten fiel der Abschied von den Joskis und der Clique. Ich hatte in meinem ganzen Leben nicht so viel und so oft umarmt. Frau Joski erklärte mich zum Prachtmädchen.

Dr. Joski und Ellen pflichteten ihr bei, während Robbi mich ermahnte, nach dem Genuss von Datteln ja bloß einen Zahnstocher zu benutzen, wenn ich je einen Freund haben wolle.

Die Wolf-Familie würde mit mir nach Algier weiterziehen, auch Mieke, der allerdings der Abschied vom Quartier Jeanne d'Arc schwerfiel. Hier war ihre Mutter gestorben. Hier war ihre Familie zuletzt heil gewesen.

Mein Traum von Papi am Strand veränderte sich. Er erschien nicht mehr an Land im Anzug oder schwamm im Badeanzug davon. Er befand sich zwischen den Welten, stand im seichten Wasser, das plätschernd den Saum seines dicken weißen Bademantels erfasste. Ich blinzelte mit zusammengekniffenen Augen im gleißenden Licht der Sonne, des Himmels und der Reflexe, konnte ihn nicht fixieren, sondern wusste einfach, dass er es war und dass er lachte. *Vorwärts, Hasenbergs*, drängte er mich. *Verstehe*, Papi, sagte ich, *aber jetzt noch nicht. Ich komme nach*. Als er sich abwandte, empfand ich weder Angst noch Trauer. Mir war wohlig warm, während er ins oder übers Wasser schritt – schwer zu sagen. Spielte es eine Rolle? Er war es zufrieden, also war ich es auch.

Ich würde immer sein »kleiner Herzensdieb« sein, egal wie alt. Denn wie er's geschrieben hatte, würde es immer bleiben.

Papi hatte unsere kleine Familie gerettet. Sicher, es war Glück im Spiel gewesen, aber nicht nur. Mutti, Werner und ich wären nicht am Leben und auf dem Weg zueinander, hätte er nicht alles getan, um Wunder zu wirken. Wenn je einer den Beweis dafür geliefert hat, dass es auf jeden Einzelnen ankommt, dann Papi. Ich beschloss, dass ich sein Andenken am besten ehren konnte, indem ich mich stets für das Recht einsetzte, selbt wenn mir der Einsatz jämmerlich klein oder überwältigend groß erschiene. Klein: wie Vitek ein wenig die

Verzweiflung zu nehmen, groß: wie einen Ozean zu überqueren, um bei meiner Familie zu sein.

Ich streifte durch die Blumen und um die Felsen herum an den Strand und watete hinaus ins Wasser. Es war niemand da. Die Seile und Bojen waren eingeholt worden, aber ich wollte ein letztes Mal ins Wasser. Die Wellen widersetzten sich mir, aber es war mir egal. Immerzu schoben und zogen sie, hatten es vor meiner Ankunft getan und würden es noch lange danach. Ich tauchte, kam kräftig durchziehend wieder hoch und pflügte mühelos durchs Wasser. Ich wusste nicht, wann ich Mutti und Werner wiedersehen würde, nur dass. Ich wusste nicht, was mich morgen erwartete, nur dass ich es schaffen würde. Ich war vierzehn Jahre alt und sicher, dass ich mich würde über Wasser halten können.

Nachtrag

Dezember 2017

Ich blicke gut siebzig Jahre zurück auf den Dezember 1945. Ich hätte mir denken können müssen, dass die Reise von der Küste Algeriens an die Gestade Amerikas nicht leicht sein würde.

Nachdem das Quartier Jeanne d'Arc im Spätsommer 1945 aufgelöst worden war, verbrachte ich drei Monate in Algier, der wunderschönen weißgetünchten Hauptstadt des Landes, und wartete dort auf ein Schiff nach Amerika. Es war schwer, überhaupt eines zu finden, das bereit war, Passagiere an Bord zu nehmen. Denn nach Kriegsende hatte die Regierung der Vereinigten Staaten vor allem ein Ziel: Hunderttausende von Soldaten zum Weihnachtsfest heimzuholen. Als die Nachricht eintraf, dass ich eine Schiffspassage hätte, lag das Schiff fast 250 Kilometer weiter im Hafen von Bougie. Es sollte am nächsten Tag auslaufen.

Zusammen mit Flüchtlingsfrauen aus Polen brach ich in einem Konvoi aus Taxi und einem kleinen Laster auf zur Überquerung der Berge und der Wüste. Staubwolken, aufgewirbelt bei der stürmischen Fahrt über holprige Sandpisten, drohten uns zu verschlingen. Mitunter konnten wir kaum noch etwas sehen, und bei einer solchen Gelegenheit rammte unser Taxi schließlich in einer Steilkurve den Laster. Unsere Habseligkeiten segelten durch die Luft. Ein paar Frauen brachen sich die Knochen, ich hatte nur Prellungen. Da hockten wir nun mitten in der Wildnis und konnten von Glück reden, noch am Leben zu sein. Während die Fahrer sich redlich mühten, das Taxi, das nicht mehr anspringen wollte, wieder flottzumachen, harrten wir in der Hitze aus und versorgten notdürftig unsere Wunden. Stunden vergingen. Schließlich stotterte der Motor los, und sogleich rasten wir weiter, dem Ozean entgegen. Wir schafften es in letzter Sekunde noch an Bord der *ss Cleveland Forbes*.

Man hätte meinen sollen, dass die Abenteuer damit ein Ende gehabt hätten, aber dem war keineswegs so. Ich überquerte den Atlantik auf einem Liberty-Frachter, einem für Stückgut und nicht etwa zum Personentransport gedachten Schiff. Es hatte hohe Geschütztürme, große Kanonen und Zwischendecks, die bei Seegang fürchterlich ächzten und kreischten. Ich erlebte drei Wochen dunkelgrauen Wassers, hellgrauen Himmels und eisiger Gischt – ganz anders als das ruhige, türkisblaue Wasser des Mittelmeers, in dem ich schwimmen gelernt hatte. Ein mitreisender Arzt erzählte mir, die amerikanischen Liberty-Frachter seien so hastig und schlecht zusammengeklatscht worden, dass manche im Sturm entzweibrächen und nur die Hälfte mit dem Schiffsmotor noch einen Hafen erreichte. Ich weiß heute, dass er mich bloß foppen wollte, aber damals versetzte er mich in Angst und Schrecken. Stürme gab es genug, und ich sah zu, dass ich mich ja nicht zu weit vom Maschinenraum und dem Motor entfernte. Bei schwerer See mussten wir Flüchtlinge auf den Bänken der Schiffsmesse schlafen, die näher am Oberdeck und den Rettungsbooten lagen als unsere Kojen. Einmal ergoss sich nachts wegen der rollenden See rasselnd das Besteck aus einer ungesicherten Schublade. Während Gabeln und Löffel über den Fußboden hin und her schepperten, blieb ich wach und horchte ängstlich nach Zeichen für einen Schiffbruch.

Tage später schoben wir uns unter einem klirrenden blauen Himmel so weit durchs Eis in den Hafen von Baltimore vor, bis wir nicht mehr vorankamen. Ich musste in ein Rettungsboot umsteigen, es wurde zwischen die Schollen herabgelassen, und so gelangte ich schließlich an Land; es war der 25. Dezember 1945. Ich war fünfzehn Jahre alt, Flüchtling mit gerade mal sechs Jahren Schulbildung, nur gebrochenem Englisch und einem kleinen Rucksack mit Habseligkeiten.

Meine Lebensreise war mir bis dahin diktiert worden und nicht frei gewählt. Papi und Mutti hatten nicht nach Amsterdam ziehen wollen, sie waren dazu gezwungen. Wir hatten nicht durch die Lager geschleift werden wollen, wir wurden gezwungen. Ich hatte nicht allein in Algerien leben wollen, ich war dazu gezwungen. Doch hier in Amerika hatte ich plötzlich die Wahl und konnte mich aus freien Stücken entscheiden. Es gab keine Schranken. Keine gelben Sterne an den Kleidern. Keine bewaffneten Männer, die einen anhielten und nach Papieren fragten. Meine Verwandten und die herrliche Stadt New York empfingen mich mit offenen Armen.

Sechs Monate nach mir trafen Mutti und Werner ein. Werners Umarmung werde ich nie vergessen. In den anderthalb Jahren seit unserer letzten Begegnung in der Schweiz war er deutlich größer und kräftiger geworden. Wir hielten uns in starken, strammen Armen, drückten nicht bloß Knochen. Wir waren wohlauf, und wir waren zusammen.

Wir wohnten bei den Kaplans, einer Cousine Muttis und deren Mann, und es gab nur eine Regel: Wir müssten von vorne anfangen. Also keine Erwähnung der Vergangenheit, besonders der Kriegsjahre. Keine Grübeleien, kein Jammern. Ein Neuanfang erforderte ein Vergessen.

Werner und ich gingen auf die Highschool. Es war hart, weil mir drei Jahre Schule fehlten, aber aufregend, wieder in einem Klassenzimmer sitzen und lernen zu können! Die Highschool war im Vergleich zu den Lagern ein Kinderspiel. Mutti arbeitete kurzzeitig in einer Fabrik. Sie fand sich viel schwerer zurecht. Einst die Frau eines wohlhabenden Bankiers in Berlin, war sie nun Witwe und zuletzt schlechtbezahlte Kassiererin. Ich selbst dachte tagtäglich an Papi, ihr aber fehlte ein Teil ihrer selbst.

Mieke und Jaap Wolf landeten ebenfalls in New York. Anfangs sahen wir uns noch ein paarmal, dann verloren wir uns aus den Augen. Man würde vielleicht erwarten, dass wir uns nach den gemeinsamen Erlebnissen aneinanderklammerten, doch uns lag daran, zu vergessen, und vergessen war ohne ständige Erinnerung leichter. Selbst zu Lex verlor ich den Kontakt. Wir schrieben uns ein paarmal, und er schickte mir ein Foto von sich in Amsterdam, forderte mich zur Rückkehr auf, meinte, die Stadt habe sich verändert und ich sei hochwillkommen. Ich antwortete ihm nicht. Ich hatte einen eigenen neuen Lebensentwurf.

Nach der Highschool studierten Werner und ich am Queens College, wohnten aber weiterhin zu Hause. Werner arbeitete tagsüber bei einem Versicherungsunternehmen und besuchte danach Abendkurse, ich hielt es umgekehrt, besuchte tagsüber Seminare und hatte abends zwei Jobs: als Verkäuferin im Warenhaus und zusätzlich in einer Bäckerei. Ich studierte im Hauptfach Wirtschaft, weil es mir gefiel, zu begreifen, wie die Welt funktioniert. Ich schwärmte aber auch für Philosophie und Kunstgeschichte. Ich wollte weiter studieren und lernen, es war, als müsste ich fast ein ganzes Leben nachholen. Ich bewarb mich um ein Aufbaustudium, wurde an der Duke University angenommen und fand mich unter den Ökonomen als einzige weibliche Doktorandin wieder; meinen Abschluss machte ich 1960.

Dabei lernte ich auch meinen Mann kennen. Charlie war ein Kommilitone von der neurowissenschaftlichen Fakultät. Er war fesch, begabt, gütig und anständig. Papi hätte er gefallen. Meine Dissertation schrieb ich in Amsterdam, wo wir beide auch 1957 heirateten. Ich traf mich sogar wirklich mit Lex, der inzwischen selbst verheiratet war und Familie hatte.

Charlie und ich lehrten bis zur Emeritierung an der University of Michigan in Ann Arbor, er als Neurowissenschaftler, ich im Bereich Public Health. Mein Schwerpunkt waren Gesundheitswissenschaft und -management speziell von Frauen sowie Studien zur Abwanderung hochqualifizierter medizinischer Fachkräfte. Charlie und ich bekamen zwei Kinder, unsere Tochter Ella und unseren Sohn Noah, beide inzwischen längst erwachsen. In unserem bewegten Leben war aber stets Raum für anderes, für die Kunst, besonders die moderne Kunst, für Musik und Freude. Auch Werner heiratete, bekam einen Sohn und eine Tochter und ließ sich in Washington D. C. nieder.

Von der Vergangenheit sprach ich sehr selten. Sie ging in der Arbeit, den Familienpflichten und vielen Unternehmungen unter, nur gelegentlich fröstelte mich. Etwa wenn ich mit unserem gelben Labrador Jubilee am Ufer des Huron Gassi ging und ein Zug vorbeifuhr: ein Pfiff, das Stampfen der Stahlräder auf den Schienen. Während Jubilee ungeduldig an der Leine zerrte, stand ich gelähmt vor Angst da, bis das Ungetüm in der Kurve verschwand. Oder wenn ich bei Freunden mal eine Steckrübensuppe vorgesetzt bekam und den Löffel nicht an die Lippen brachte. Oder wenn meine Kinder nicht aufaßen und ich die Reste aufhob, und sei es eine Brotrinde. Wenn im Fernsehen oder in den Nachrichten etwas über den Holocaust kam, schaltete ich rasch um.

1986 wurde ich eingeladen, mich an einer Podiumsdiskussion des Detroit Holocaust Center zu Anne Frank zu beteiligen. Jüdische Freunde ahnten von meiner Geschichte genug, um meine Teilnahme vorzuschlagen. Das war ein Wendepunkt. Die Fragen im Anschluss machten mir klar, dass Anne Frank sich nicht mehr äußern konnte, ich aber wohl. Ja, es gab das Tagebuch, aber sie selbst und sechs Millionen andere waren zum Schweigen gebracht worden. Ich war mittlerweile sechsundfünfzig und hatte es vorgezogen zu schweigen.

Ich hatte überlebt. Warum? Was hatte mein Überleben zu bedeuten? Erlegte es mir etwas auf? Ich hatte es so gut. Ich war beruflich erfolgreich, führte eine glückliche Ehe, hatte wunderbare Kinder. Was konnte ich im Gegenzug für das Geschenk, überlebt zu haben, tun? Ich erkannte, dass ich Zeugnis ablegen musste von dem vielen Leid und durch meine Erfahrungen die Last anderer lindern. Ich wollte mich aber nicht als Opfer sehen, sondern als Überlebende und damit verpflichtet, die Gunst des Schicksals und meine Kraft gezielt zu nutzen. Der berühmte Holocaust-Überlebende Elie Wiesel sagte einmal:

Wer dort war, wer die Luft geatmet und das Schweigen der Toten gehört hat, der muss weiter Zeugnis ablegen ... damit die Toten nicht ein zweites Mal sterben.

Mein Schweigen hatte es anderen leichter gemacht, den Holocaust zu vergessen, und wenn ich weiter schwiege, wären die Toten unbeachtet gestorben. Aber es fiel schwer, einen Anfang zu machen. Ich war es zu sehr gewohnt, zu schweigen, und ich hatte Angst, zu tief in die Vergangenheit einzutauchen – manche Erinnerungen schnitten ins Herz. Doch es kam letztlich nicht mehr infrage, zu verschweigen, was mir in den Jahren des Holocaust widerfahren war. Ich dachte an meine Eltern, besonders meinen Papi, und wie viel sie für mich geopfert hatten. Ich musste einen ähnlichen Mut finden und die Stimme erheben, die anderen verwehrt war.

Also begann ich zu reden und höre seither nicht mehr auf. Was mich am meisten überraschte, war, dass Schüler so alt wie ich damals, als ich den Holocaust durchlebte, sich für meine Geschichte interessierten! Anfangs traute ich mich kaum, vor Hunderten von Schülern der Mittel- und Oberstufe meine Geschichte zu erzählen. Im Rückblick fürchtete ich wohl vor allem, verlacht, beurteilt, missverstanden zu werden oder mich einem Saal voll gähnender Gesichter und leerer Blicke gegenüberzusehen. Doch es kam ganz anders. Nicht nur hörten mir Schüler zu und stellten gute, schwierige Fragen, sondern sie schrieben mir anschließend sogar Briefe mit Gedanken zu meiner Geschichte und schilderten eigene Erfahrungen. Sie erzählten vom Verlust naher Menschen, von Schikanen, von einigen wenigen, die sich für sie einsetzten, und anderen, für die sie selbst sich eingesetzt hatten, von Diskriminierung, von der sie sich nicht beirren lassen wollten.

An den Problemschulen Detroits, an Highschools in Ann Arbor und in der Mittelstufe der Schulen in Dexter im Bundesstaat Michigan, in dem ich unterdessen lebe, sind Schüler mehr als willens, sich darin bestärken zu lassen, gegen Hass,

Schikane, Unterdrückung und Diskriminierung Stellung zu beziehen. Für sie liegt es offenbar nahe, sich in die Lage anderer zu versetzen, mit ihnen zu fühlen. Ihre Texte, Zeichnungen und Gedichte machen mir Mut und spornen mich an, bei allem Schmerz weiter zu erzählen und zu teilen.

> »Ich finde es toll, wie viel Hoffnung Sie sich bewahrt haben und wie Sie unbeirrt ihre Ziele verfolgt haben. Ich hoffe, ich werde mal wie Sie.«
>
> Cora, 7. Klasse, Discovery Middle School
> Canton, Michigan

An meine deutsche Kindheit oder an die Niederlande kann ich nicht mehr denken, ohne dass die Worte solcher Schüler mich an die Grachten in Amsterdam begleiten, ohne dass ihre Bilder aus dem grauen Himmel über Bergen-Belsen regnen. Sie wissen, dass wir alle füreinander Verantwortung tragen, unabhängig von Hautfarbe, Glaube oder Herkunft. Wir alle brauchen Geschichten der Zuversicht und der Überwindung von Tragödien.

> »Ihre Geschichte hat meine Sicht auf die Welt verändert. Ihre Mahnung, dass wir uns gegenseitig schützen und unsere Unterschiede akzeptieren müssen, hat uns tief beeindruckt.
>
> Anthony, 11. Klasse, Henry Ford Academy
> School for Creative Studies, Detroit

Der Vorsatz »nicht tatenlos zusehen« zu wollen, sich auch für die einzusetzen, die nicht zur eigenen Community gehören, begleitet mein Lebenswerk. Er hat mich veranlasst, an der University of Michigan die Vortragsreihe »Wallenberg Lecture Series« ins Leben zu rufen. Der Schwede Raoul Wallenberg – kein Jude –, riskierte und verlor Ende 1944 sein Leben im Bemühen, Zehntausende ungarische Juden zu retten. Er ist einer der größten Helden des Krieges. Seit 1990 wird jedes Jahr ein herausragender Streiter für Menschenrechte als Redner und Inspiration eingeladen und ausgezeichnet. Motto der Reihe ist der Gedanke, dass jeder von uns entscheidend zu einer besseren Welt beitragen kann. Ich denke dabei an Papis Mittelsmann und an den Schweden, der uns zu ecuadorianischen Pässen verhalf. Ich werde vielleicht nie erfahren, wer diese Männer waren – Raoul Wallenberg war nicht der besagte Schwede –, aber sie riskierten etwas, um zu helfen, obwohl es gute Gründe gab, das nicht zu tun.

Außerdem habe ich mit anderen Frauen eine Organisation gegründet, die sich nach dem arabischen Namen für den Olivenbaum (al Zaytouna), Symbol des Friedens, Zeitouna nennt. Sie will eine Brücke zwischen Bevölkerungsgruppen schlagen, die allzu oft wenig vereint. Sechs arabische und sechs jüdische Frauen gehören Zeitouna an. Wir weigern uns, Feinde zu sein, wir suchen Gemeinsamkeiten, eine gemeinsame Sprache, wir sind sogar gemeinsam nach Israel und Palästina gereist, um unsere Heimatregionen zu erkunden.

Ich bin heute einundneunzig und habe, wie viele betagte Frauen, große Freude an meinen Enkelkindern. Meine Enkelinnen kamen in Israel zur Welt, Kinder einer jüdischen Mutter – meiner Tochter – und eines palästinensischen Vaters. Das war nicht immer leicht. Aber meiner Erfahrung nach wird Friede am ehesten möglich, wenn das Andere zum eigenen wird. Mein Enkelsohn in San Francisco ist mit seinen zehn Jahren das jüngste der Kindeskinder. In wenigen Jahren wird er so alt sein, wie ich es war, als meine Lagerjahre begannen. Er blickt mit staunenden Augen auf die Welt und großer Lust zur Erkundung. Um seinetwillen rede ich von meiner Vergangenheit. Er ist immerhin Papis Urenkel. In ihm lebt die Geschichte fort. Ich tue es aber genauso für seine Klassenkameraden, für Viteks Enkel (die er sicherlich hat) und für die Jugend überall. Diese Heranwachsenden lassen mich hoffen, dass wir unsere Differenzen überwinden und gemeinsam eine bessere Welt schaffen können. Eine Welt, eine Familie.

Kurzbiographien der erwähnten Personen

Die Abrahams
Siegfried (1899–1974), Vater
Gerda (1911–2000), Mutter
Hans (1933–2006), Sohn
Ruth (*1938), Tochter
Die Abrahams waren Nachbarn und Freunde aus Amsterdam. Siegfried war zudem ein Geschäftsfreund Papis. Wie wir wurden auch sie 1943 aus Amsterdam nach Westerbork verschleppt und acht Monate später, 1944, nach Bergen-Belsen. Sie wurden im Januar 1945 zum Austausch in die Schweiz transportiert und schließlich ins Auffanglager der Nothilfe- und Wiederaufbauverwaltung der Vereinten Nationen UNRRA geschickt, das Quartier Jeanne d'Arc in Philippeville (heute Skikda), Algerien. 1946 konnten sie nach New York auswandern.

Hélène Cazès-Benatar (1898–1979)
Madame Benatar war im Quartier Jeanne d'Arc für die Rückführung und Emigration zuständig. Die jüdische Anwältin und Zionistin stammte aus Marokko. Im Krieg war sie Nordafrika-Vertreterin des American Jewish Joint Distribution Committee (JDC), der Hilfsorganisation US-amerikanischer Juden in New York, wo sie mit großem Engagement die Unterstützung des JDC für jüdische Flüchtlinge aus dem Nazibesetzten Europa koordinierte.

Gerda Bosch Schotanus (*1937)
Ich war sieben Jahre älter als Gerda, frisierte aber in Amsterdam furchtbar gern die langen Locken dieses kleinen blonden Mädchens. Ihre Eltern hatten in unserer Straße ein Milchgeschäft, wir kauften dort ein. Die Boschs waren keine Juden, blieben jedoch Freunde und halfen uns auch während der Besatzung. Gerdas große Schwester Greetje machte für uns Besorgungen, als für Juden schon Sperrzeiten galten. Die Eltern Bosch ließen Papi mal bei sich übernachten, als es hieß, er solle verhaftet werden. Gerda hat vor fünf oder sechs Jahren übers Internet wieder Kontakt aufgenommen, und wir haben unsere Freundschaft wiederbelebt. 2017 habe ich sie in Holland besucht.

Stien Bremekamp (?-1980er) und **Max Wulf** (?-1980er) sowie ihre Untermieterin **Ri Ritsema** (?)
Stien Bremekamp und ihr Lebensgefährte Max Wulf wohnten in Amsterdam einen Stock höher. Sie waren eng mit meinen Eltern befreundet. Max Wulf war Sänger, Schubertlieder waren seine Spezialität, und wir besuchten häufig seine Konzerte. Ri war Fotografin. Diese netten Menschen versteckten für uns vor der Aushebung einige unserer kostbarsten Schätze, darunter mein Poesiealbum, Schmuck, Porzellan und einige der Fotos, die in diesem Buch zu sehen sind. Mutti und Werner brachten diese wenigen Sachen mit, als sie Anfang 1946 als Flüchtlinge in den USA eintrafen. Nach dem Krieg besuchten wir Stien und Max mehrfach; die herzerfrischenden Wiedersehen sind mir gut in Erinnerung.

Leo Buschoff (1883–1944)
Leo war der beste Freund meines Vaters aus dem Ersten Weltkrieg, in dem sie als jüdisch-deutsche Offiziere beide

dienten. Leo war zur selben Zeit wie wir in Westerbork, und meinen Eltern zufolge verdankten wir es ihm, dass unsere Namen nicht auf eine Auschwitz-Transportliste kamen. Er selbst wurde jedoch schließlich nach Auschwitz deportiert; er und seine Frau Else (1885–1944) wurden dort ermordet.

Frau Eisenberg
Über diese Frau weiß ich nichts weiter, als dass sie sich auf der Zugfahrt von der Schweiz nach Marseille meiner annahm.

Anne Frank (1929–1945)
Anne bleibt die meistbewunderte und -gelesene Jungautorin der Welt. Sie kam in Frankfurt am Main zur Welt und floh vor den Nazis in die Niederlande. Unsere Familien wohnten in Amsterdam im selben Viertel, hatten aber keinen engen Kontakt. Die Familie Frank versteckte sich 1942 und wurde im August 1944 aufgespürt und nach Westerbork gebracht. Im Monat darauf wurde sie mit dem allerletzten Transport aus Westerbork nach Auschwitz geschickt. Im Oktober wurden die Franks getrennt: Anne und ihre Schwester Margot wurden nach Bergen-Belsen verlegt, dort begegneten Hanneli und ich Anne ein letztes Mal. Die Schwestern starben im Februar oder März. Nur der Vater überlebte. Ich werde wegen unserer ähnlichen Herkunft und Erfahrungen oft aufgefordert, über Anne zu sprechen.

Hannah »Hanneli« Pick-Goslar (*1928)
Hanneli stammte aus Berlin, wo ihr Vater, ein hoher Regierungsbeamter, gezwungen war, den Dienst zu quittieren, als Hitler 1933 an die Macht kam. Die Goslars zogen nach Amsterdam, dort besuchte Hanneli dieselbe Montessorischule

wie Anne Frank und freundete sich mit ihr an. Hannelis Familie wurde 1943/44 zunächst nach Westerbork, dann nach Bergen-Belsen deportiert, wo wir in derselben Baracke wohnten. Hannelis Mutter war bei der Geburt ihres dritten Kindes gestorben. Um ihre jüngere Schwester Gabriela, »Gigi«, kümmerte sich fortan Hanneli. Sie und ich wurden Freunde und hüteten gemeinsam die kleineren Kinder. Herr Goslar starb in Bergen-Belsen. Hanneli und Gigi wanderten nach Kriegsende nach Israel aus, wo ich sie in den 1980er Jahren in Jerusalem wiedersah.

Die Hasenbergs

John (1892–1945), Vater
Gertrude (Trudi) Mayer (1903–1988), Mutter
Werner (1928–2012), Sohn
Irene (*1930), Tochter
Meine Eltern haben 1927 in Berlin geheiratet. Nach dem Krieg bewies Mutti in den USA als alleinerziehende und -verdienende Mutter viel Mut und Anpassungsfähigkeit. Als Bankiersfrau hatte sie nie eine höhere Bildung genossen oder außerhalb des Heims gearbeitet, sich als Fabrikarbeiterin und Kassiererin durchschlagen zu müssen, war schwer für sie. Trost fand sie in der Musik, der Kunst und der Natur, Interessen, die sie an ihre Kinder und Enkelkinder weitergab.

Werner und ich hatten in unserer Jugend viel Freude und viel Leid geteilt. Wir haben immer zusammengehalten und uns gegenseitig unterstützt. Werner war und blieb der große Bruder, bei dem ich Rat suchte, weil er die Lage oft viel besser einschätzen konnte als ich. Als Mutti, Werner und ich in Amerika eingetroffen waren und zusammen eine Wohnung beziehen konnten, übernahm er die Rolle des Haushaltsvorstands. Er studierte Wirtschaftswissenschaften und arbeitete fast sein Leben lang im amerikanischen Handelsministerium in Washington D. C. Werner heiratete Geraldine Barkan, aus der Ehe gingen zwei Kinder hervor, eine Tochter und ein Sohn.

Papi war im Ersten Weltkrieg Offizier gewesen und dann hochangesehener Bankier und Bürger. Wir drei verdanken ihm unser Überleben. Daran und an ihn denke ich jeden Tag.

Als wir seinen Leichnam am Bahnhof der deutschen Stadt Biberach zurücklassen mussten, bestattete man ihn, wie ich Jahre später erst erfuhr, auf einem kleinen jüdischen Friedhof bei Laupheim. Ich habe sein Grab inzwischen mehrfach besucht und mich mit den wunderbaren Betreuern angefreundet. Der Friedhof wurde 1970 restauriert, und die Stadt legt großen Wert auf die Instandhaltung. Nachfahren von dort begrabenen Juden werden mit offenen Armen empfangen. Schüler helfen bei der Pflege der Anlagen und erfahren viel über den Holocaust. Es ist mir ein großer Trost zu wissen, dass Papi eine würdevolle letzte Ruhestatt gefunden hat.

Bei meinem letzten Besuch war ich Gast der Familie Schick, die sich sehr um die Friedhofspflege und das Gedenken verdient macht, sie hält die Erinnerung an Leben und Kultur der örtlichen Juden vor dem Holocaust wach. Michael Schicks Aufforderung, Schülern der Oberstufe in Laupheim meine Geschichte zu erzählen, wurde zum Anlass, mich nach Jahrzehnten der Weigerung, Deutsch zu sprechen oder hören, wieder mit meiner Muttersprache anzufreunden. Die Erfahrung trug wieder ein wenig zur Versöhnung bei.

Betty Ischenhauser (1923-?)
Betty und ihre Mutter Ada (1892-?) überlebten Bergen-Bel-

sen. Obwohl Betty ihre Ausbildung wegen ihrer Deportation nicht hatte beenden können, half sie als Schwester auf dem Krankenrevier in Bergen-Belsen und auch auf der Zugfahrt im Januar 1945, als wir sie ins Abteil riefen und sie uns bestätigen musste, dass Papi gestorben war. Von Algerien aus emigrierte Betty nach Palästina; ihre Mutter kehrte nach Holland zurück. Betty heiratete, gründete eine Familie und verbrachte den Rest ihres Lebens dort. Trotz einer Polioerkrankung konnte sie ihre Ausbildung in der Gesundheits- und Krankenpflege abschließen und den Beruf lange Jahre ausüben. Wir haben uns wenige Jahre vor ihrem Tod noch einmal in Jerusalem getroffen.

Die Joskis
Siegfried (1899–1970), Vater
Hilde (1899–1993), Mutter
Ellen (1924–2000), Tochter
Robert (1931–2014), Sohn
Die Joskis stammten aus Berlin. Sie wurden nach Bergen-Belsen deportiert, wo Hilde und Ellen derselben Baracke zugeteilt waren wie Mutti und ich. Die beiden Frauen freundeten sich an. Die Joskis waren später im Quartier Jeanne d'Arc meine größte Stütze, sie nahmen mich als einziges unbegleitetes junges Mädchen aus Bergen-Belsen bei sich auf. Hilde umsorgte mich liebevoll und berichtete Mutti in der Schweiz von meinem Befinden. Siegfried, Hilde und Ellen kehrten nach dem Krieg nach Deutschland zurück, Robert übersiedelte in die Vereinigten Staaten und ließ sich in der Nähe von Seattle nieder, heiratete und gründete eine Familie. Leider nahmen die Joskis und ich nach unserem Abschied 1945 in Algier den Kontakt nicht mehr auf. Ich verdanke ihnen viel.

Vera Kan (*1930)
Vera war auf der indonesischen Insel Java zur Welt gekommen und wurde nach der Rückkehr ihrer Familie nach Holland 1940 meine engste Freundin. Veras Mutter war jüdisch, ihr Vater hingegen nicht; die Nazis betrachteten sie nicht als Juden. Während der deutschen Besatzung durften wir einander nicht besuchen und vertrieben uns stattdessen die Zeit draußen. Der Krieg riss uns auseinander, doch Vera spürte mich in Algerien auf und schrieb mir. 1947 schickte sie mir die Erstauflage des Tagebuchs von Anne Frank auf Niederländisch: *Het Achterhuis*. Mit ihrem Mann lebte Vera lange auf Aruba, zog dort drei Kinder groß und kehrte in fortgeschrittenem Alter nach Holland zurück. Zu unserer Freude haben wir seit zehn Jahren wieder regen Kontakt und treffen uns auch.

Die Löwenbergs
Die Löwenbergs waren vor unserer Verschleppung Freunde meiner Eltern in Amsterdam. Auf dem Weitertransport aus dem Durchgangslager von Westerbork nach Bergen-Belsen teilten wir uns mit Lucie (1885-?) und ihrem Mann (?-1944) ein Abteil. Herr Löwenberg starb im Lager, Lucie gelangte ins Quartier Jeanne d'Arc. Sie wanderte nach dem Krieg nach Südafrika aus.

Frau Blumfeld
Den Namen habe ich geändert. Frau Blumfeld war eine meiner ersten schweren Lektionen in Sachen Verständnis und Vergebung. Dem trage ich Rechnung, indem ich ihr und ihren Nachfahren Anonymität gewähre.

Tantetje **Alice Mayer** (1902–1943) und Oom **Paul Ullendorff** (1898–1943)
Muttis einzige Schwester Alice war mit Oom Paul verheiratet. Sie zogen vor uns von Berlin nach Amsterdam. Mein Onkel arbeitete dort für ein Pharmaunternehmen, die Familie wohnte an einer der Grachten, an denen Werner und ich so gern entlangradelten. Die beiden wurden Anfang 1943 nach Westerbork deportiert. Kurz nach unserer Ankunft dort wurden sie ins Konzentrationslager Sobibór transportiert und wenig später ermordet.

Opa **Julius Mayer** (1863–1942) und Omi **Pauline Mayer** (1879–1942)
Mein Großvater mütterlicherseits besaß in Berlin ein Bankhaus, Papi war Teilhaber. Als Hitler an die Macht kam, wurde die Bank enteignet. Opa und mein Vater durften nicht arbeiten. Papi fand schließlich eine Stelle in Amsterdam. Opa und Omi wurde die Ausreise mit uns nicht gestattet. Sie wurden ins Konzentrationslager Theresienstadt deportiert und ermordet. Dank Gunter Demnig, dem deutschen Künstler, der die »Stolpersteine« schuf, gibt es vor ihrem einstigen Haus in Berlin zwei dieser Gedenktafeln mit ihren Namen. Diese Tafeln markieren die Wohnstätten derer, die Opfer des Holocaust wurden, und erinnern uns, dass sie einst lebten. Es freut mich, dass die Toten auf diese Weise verortet und benannt sind.

Fräulein **Pino** und Herr **Pinto**
Diese beiden Lehrer waren mir auf der Grundschule in Amsterdam die liebsten: Fräulein Pino von der ersten bis zur dritten Klasse, Herr Pinto in der vierten und fünften. Beide sind

mir in Erinnerung geblieben, und mein Poesiealbum enthält von beiden aufmunternde Verse.

Höhenflüge ohne Flügelschläge
tragen nicht weit.
Weiter kommt
und klüger wird,
wer zur Mühe bereit.

Fräulein Pino, 1941

Und wenn einst trübe Tage kommen,
verzage nicht so schnell;
bewahr im Herzen Sonnenschein,
einst wird es wieder hell.
Geh aufrecht nur und ehrlich
durchs Leben, liebes Kind,
so rät es dir dein Lehrer
und hofft, dass es gelingt.

Herr Pinto, 1942

Die Roseblooms

Abraham (1898–1947), Vater
Karoline (1900-?), Mutter
Alexander »Lex« (1928–1998), Sohn
Vater Roseboom war sehr groß, bullig, schlau und dem Auftreten nach ein »Macher«, wodurch es ihm in Bergen-Belsen gelang, bei den Nazis für sich und seine Familie die weniger strapaziösen, beliebteren Arbeiten zu sichern, für seine Frau etwa in der Küche. Karoline lehrte mich in Algerien schwimmen. Lex war ein hoch aufgeschossener, hübscher Kerl und in Algerien mein Freund. Die Roseblooms kehrten im Herbst

1945 nach Holland zurück, und Lex half seinem Vater, die einstige Sackfabrik wiederaufzubauen. Er heiratete eine Klassenkameradin von mir aus der Grundschule, sie bekamen drei Kinder. Irgendwie schaffte es Lex, sich im Februar 1946 nach seiner Rückkehr in die holländische Heimat als Letzter in mein Poesiealbum einzutragen, vermutlich kurz bevor er es mir in die USA nachschickte. Er klebte ein Foto von sich ein, recht schmuck in Anzug, Schlips mit Hut und Zigarette in der Linken. Um das Foto herum hatte er auf Englisch »Do Not Forget Me!« geschrieben und dazu auf Niederländisch:

Saßen wir am Strand oder schlenderten durch Hafen an jenem herrlichen Meer,
machte uns das größte Leid von Bergen-Belsen nichts mehr.

Rudi (Berg?), (*ca. 1929-?)
Leider ist mir Rudis Nachname entfallen, und ich weiß über sein weiteres Schicksal nur, dass er und seine Familie nach Auschwitz deportiert wurden.

Omi **Silten** (etwa 1878–1944)
Omi Silten war die Großmutter meiner entfernten Cousine Gabriele »Gabi« Silten, Tochter von Ilse und Fritz Silten. Gabi, ihre Eltern und ihre Omi wohnten in Amsterdam in unserer Nähe und wurden am selben Tag wie wir, am 20. Juni 1943, abgeholt. Omi war eine sehr warmherzige, kontaktfreudige Person und für Werner und mich auch »unsere« Omi. Sie litt schon in Westerbork sehr unter den Bedingungen, und als die Familie erfuhr, dass Omi nach Auschwitz deportiert werden sollte, bat sie Fritz, der Apotheker war, ihr

zu ermöglichen, sich umzubringen. Durch diese Tat ersparte Fritz seiner Mutter die Ermordung durch die Nazis. Gabi und ihre Eltern wurden im Januar 1944 ins Konzentrationslager Theresienstadt gebracht. Alle drei überlebten und übersiedelten bei Kriegsende nach England. Wir trafen uns mehrmals, ehe Gabi in die Vereinigten Staaten zog, wo wir engeren Kontakt pflegen konnten.

Die Sussmanns
Friedrich (1900–1990), Vater
Margaret (1896–1988), Mutter
Peter (1928–1995), Sohn
Die Sussmanns stammten ursprünglich aus Deutschland und wurden aus Amsterdam ebenfalls nach Westerbork verschleppt. Der Vater war in der Buchbranche tätig, die Mutter war Sozialarbeiterin, der Sohn Peter mit Werner in einer Klasse. Unsere Wege führten uns alle über Westerbork und Bergen-Belsen ins Quartier Jeanne d'Arc. Peter und sein Vater reisten gegen Ende 1945 auf einem Schiff ausschließlich für Männer in die USA, Margaret und ich folgten rund vier Wochen später auf einem Schiff voller Frauen. Nach einer gewissen Zeit in New York übersiedelten sie in die Schweiz, doch Peter landete schließlich im US-Bundesstaat Colorado, wurde erfolgreicher Anwalt, lernte dort seine Frau Genifer kennen und bekam mit ihr drei Kinder. Die Sussmanns und ich blieben lange Jahre befreundet.

Vitek
Was nach unserer gemeinsamen Zeit im UNRRA-Auffanglager Jeanne d'Arc in Algerien aus diesem Jungen wurde, weiß ich nicht.

Vogeltje, »Vögelchen«
Ich vermute, es handelt sich um Vogeltje Groen-Knoop (1874–1944), Ehefrau Abraham Groens (1873–1940), die in Bergen-Belsen starb.

Die Wolfs
Henri (1898–1974), Vater
Sara »Lien« Swaab (ca. 1906–1945), Mutter
Jacob »Jack« bzw. »Jaap« (1929–2014), Sohn
Marie »Mieke« (1933–2009), Tochter
In Amsterdam wohnten die Wolfs ganz in unserer Nähe. Werner und Jaap waren auf der Grundschule Klassenkameraden. Henri Wolf war zu der Zeit Sprachlehrer. Die Familie wurde zusammen mit unserer nach Westerbork und Bergen-Belsen und schließlich mit mir nach Algerien ins Quartier Jeanne d'Arc transportiert. In Algier starb Sara kurz nach unserer Ankunft an Krebs. Mieke und mich verband der Schmerz, unmittelbar nach unserer Befreiung einen Elternteil verloren zu haben. Herr Wolf erteilte der Jugend im Quartier Sprachunterricht, mit seiner Hilfe erwarben wir Grundkenntnisse in Englisch und Französisch. Die Wolfs ließen sich wie wir 1945 in New York nieder, und dort trafen Mieke, Jaap, Werner und ich uns häufig am Wochenende. Herr Wolf übernahm in einem Büro Verwaltungsaufgaben. Jaap studierte und schlug eine Laufbahn bei den Sozialversicherungsbehörden ein, wo er bis zu seiner Pensionierung blieb. Mieke betreute Patienten im Krankenhaus. Obwohl sie alle nicht mehr leben, schätze ich mich glücklich, mit zwei von Miekes Töchtern, Lorrie und Patrice, weiterhin guten Kontakt zu haben.

Dank

Mein Dank gebührt den Hunderten von Schülern, die mir im Laufe von gut dreißig Jahren zugehört, mich mit Briefen, Zeichnungen und Gedichten bedacht und mir versichert haben, wie viele Berührungspunkte es zwischen meiner Geschichte und Erfahrungen gibt, die sie im Leben gemacht haben. Die vielen schwierigen Fragen, die mir Schüler stellten, haben nicht nur meinen Erinnerungen mehr Tiefe verliehen, sondern mich auch dazu angeregt, dieses Buch zu schreiben. Dankbar bin ich natürlich auch den vielen Lehrern, die mich eingeladen haben, in den Vereinigten Staaten, in Deutschland und Israel mit ihren Schülern zu sprechen. Mehr als einmal war ich in den Schulklassen von Jon Berger, Suzanne Hopkins, Ton Broos, Annemarie Teobosch, June Griffenhagen und Hank Greenspan. Sie haben es mir dankenswerterweise ermöglicht, mit einer neuen Generation von Schülern in Kontakt zu treten.

Ich habe das Glück, gute Freunde zu haben, die sich mit dem Schreiben auskennen. Die bekannte Kinder- und Jugendbuchautorin Louise Borden hat mir im Laufe unserer langjährigen Freundschaft wertvolle Hinweise zum Schreibprozess geben können und mich stets ermutigt, dranzubleiben. Penny Schreiber, ebenfalls Autorin und zudem Lektorin, war so großzügig, im Anfangsstadium viele Stunden darauf zu verwenden, mir dabei zu helfen, dem Buch Struktur zu verleihen. Mary Bisbee hat mich viel über die Buchbranche gelehrt. Mit Leslie Stainton und Michelle Segar habe ich mich rege über die einzelnen Schritte und Phasen ausgetauscht, die aus einem Vorhaben ein Buch werden lassen. Jan Jarbou Russell trug zur Klärung eines wichtigen Aspekts meiner Reise bei, der mir erst wirklich aufging, nachdem sie mich für einen Abschnitt ihres eigenen Buchs – *The Train to Crystal City* – interviewt hatte. Diese Freunde haben mir alle versichert, dass meine Geschichte unbedingt veröffentlicht werden müsse, und dafür bin ich ihnen dankbar.

Vor allem Kris Holloway und John Bidwell sind für ihre Hilfe bei der Entwicklung der wesentlichen Figuren und Stimmen zu preisen, die in *Wir hatten Glück, noch am Leben zu sein* die Dialoge tragen. Während der vielen Stunden unserer Treffen, Skype- und Telefongespräche ist es ihnen gelungen, die so gründlich in meiner Vergangenheit begrabenen Erinnerungen hochzuholen, zu beleben und zu vertiefen. Ohne ihren unerschütterlichen Glauben an die Bedeutung, Kraft und Eindrücklichkeit meines Weges wäre dieses Buch nicht das, was es geworden ist. Sie haben den Bericht einer Novizin in ein lesbares Buch verwandelt. Meine Dankbarkeit kennt keine Grenzen.

Eine wichtige Rolle kam schließlich meiner Familie zu. Mein Mann Charlie hat mich durchweg unterstützt, indem er mir den Raum und die zum Schreiben erforderliche Zeit ließ, auch wenn dabei andere Aspekte unseres gemeinsamen Alltags über Jahre zu kurz kamen. Von meinen Kindern Ella und Noah habe ich bei der Aufarbeitung meiner Holocaust-Erfahrungen viel gelernt. Ella bestand schon in jungen Jahren als Allererste darauf, dass ich ihr meine Geschichte erzählte. Noah hat mein Leben bereichert, indem er mir den Buddhismus und die Achtsamkeit nahebrachte. Beide haben mir gezeigt, was es bedeutet, als Kinder einer Holocaustüberlebenden aufzuwachsen, und mich gelehrt, wie wichtig es ist, das Schweigen zu brechen. Das waren wertvolle Geschenke.

Sollte ich versehentlich jemanden übersehen haben: danke.

Irene Butter
Ann Arbor, Michigan
im Dezember 2017

Editorische Notiz des Verlags

Kleinere Änderungen gegenüber der Originalausgabe wurden mit der Autorin abgestimmt.